Chefsache Fachkräftesicherung

Die Zugangsinformationen zum eBook Inside finden Sie am Ende des Buchs.

Petra Barsch · Gabriele Trachsel

Chefsache
Fachkräftesicherung

Petra Barsch
Berlin, Deutschland

Gabriele Trachsel
Uetikon am See, Schweiz

ISBN 978-3-658-17271-8   ISBN 978-3-658-17272-5 (eBook)
https://doi.org/10.1007/978-3-658-17272-5

Die Deutsche Nationalbibliothek verzeichnet diese Publikation in der Deutschen Nationalbibliografie; detaillierte bibliografische Daten sind im Internet über http://dnb.d-nb.de abrufbar.

Springer Gabler
© Springer Fachmedien Wiesbaden GmbH, ein Teil von Springer Nature 2018
Das Werk einschließlich aller seiner Teile ist urheberrechtlich geschützt. Jede Verwertung, die nicht ausdrücklich vom Urheberrechtsgesetz zugelassen ist, bedarf der vorherigen Zustimmung des Verlags. Das gilt insbesondere für Vervielfältigungen, Bearbeitungen, Übersetzungen, Mikroverfilmungen und die Einspeicherung und Verarbeitung in elektronischen Systemen.
Die Wiedergabe von Gebrauchsnamen, Handelsnamen, Warenbezeichnungen usw. in diesem Werk berechtigt auch ohne besondere Kennzeichnung nicht zu der Annahme, dass solche Namen im Sinne der Warenzeichen- und Markenschutz-Gesetzgebung als frei zu betrachten wären und daher von jedermann benutzt werden dürften.
Der Verlag, die Autoren und die Herausgeber gehen davon aus, dass die Angaben und Informationen in diesem Werk zum Zeitpunkt der Veröffentlichung vollständig und korrekt sind. Weder der Verlag noch die Autoren oder die Herausgeber übernehmen, ausdrücklich oder implizit, Gewähr für den Inhalt des Werkes, etwaige Fehler oder Äußerungen. Der Verlag bleibt im Hinblick auf geografische Zuordnungen und Gebietsbezeichnungen in veröffentlichten Karten und Institutionsadressen neutral.

Einbandabbildung: fotolia.de

Gedruckt auf säurefreiem und chlorfrei gebleichtem Papier

Springer Gabler ist ein Imprint der eingetragenen Gesellschaft Springer Fachmedien Wiesbaden GmbH und ist ein Teil von Springer Nature
Die Anschrift der Gesellschaft ist: Abraham-Lincoln-Str. 46, 65189 Wiesbaden, Germany

Vorwort

Das vorliegende Buch beschäftigt sich mit den beiden Komponenten der Fachkräftesicherung, zum einen mit den Anforderungen an einen ergebnisorientierten Recruiting-Prozess und zum anderen mit zukunftsfähiger Mitarbeiterentwicklung. Das Hauptaugenmerk liegt dabei auf dem sich verändernden Kräfteverhältnis zwischen Unternehmen und Fachkräften.

Der Arbeitsmarkt entwickelt sich derzeit mehr und mehr zu einem Mitarbeitermarkt. Mitarbeiter wollen zunehmend entscheiden, bei wem sie arbeiten, wie sie sich weiterbilden und wie sie ihre Karriere gestalten. Das zu akzeptieren und das eigene Unternehmen danach auszurichten, ohne dass Chaos und Anarchie herrschen, ist für viele Unternehmen eine große Herausforderung für die Zukunft. Schon jetzt ist es schwer Bewerber zu finden, die passenden schon fast unmöglich. Das vorliegende Buch zeigt auf der Grundlage von Interviews mit Mitarbeitern und Bewerbern sowie Praxisbeispielen, wie eine Adaption auf gängige und moderne HR-Tools gelingen kann, wie ein solcher Wandel vollzogen werden kann, welche Gefahren lauern und dass in diesem Prozess nicht alles planbar ist. Industrie 4.0 ist in Unternehmen angekommen und erfordert eine offenere und transparentere Herangehensweise an HR-Fragestellungen.

Was umfasst das Buch Chefsache Fachkräftesicherung?
Interviews mit verschiedenen Alters- und Berufsgruppen, Ableitungen und Anwendungsbeispiele entlang der HR-Kette: Recruiting, Personalentwicklung, Quereinsteiger und Generalisten versus Spezialistentum. Alle Bereiche werden arbeitnehmerorientiert behandelt. Bekannte HR-Tools werden ebenso zu Wort kommen, wie neue z. B. Agilität und Digital Leadership u. a.

Aus welchen Gründen ist das Buch interessant?
Mitarbeiter fordern Offenheit, Transparenz, eine an ihnen interessierte Personalarbeit, entsprechende Kommunikationsstrukturen und Sinnhaftigkeit in der Arbeit. Eine gute

Führungskraft, ein zukunftsorientiertes Unternehmen wollen und müssen sich darauf einstellen. Das vorliegende Buch zeigt auf, wie das in den Arbeitsalltag integriert werden kann, wie die Erwartungen der Arbeitnehmer konkret aussehen und wie sie sich mit den Arbeitgeberinteressen verbinden lassen.

Die Kernaufgabe **Personalrecruiting** wird von Gabriele Trachsel im ersten Teil des Buches umfassend, anschaulich und mit vielen Praxisbeispielen sowie Anregungen beleuchtet. Sie folgt dem Recruiting-Prozess in seinen Phasen und erstellt für jede einzelne nachvollziehbare Handlungsoption. Dabei geht sie genauso auf die Fragestellungen ein, die bei der Vorbereitung eine entscheidende Rolle spielen, wie dem Anforderungsprofil, der Zielgruppen- und Unternehmensanalyse und auf die modernen Recruiting-Wege. Dabei informiert sie über Möglichkeiten des Einsatzes verschiedener Instrumente von der Stellenanzeige bis zum Einsatz von Recruiting-Software. Im Anschluss unterstützt sie den Leser bei der Personalauswahl, indem sie sich beim Check der Unterlagen und bei der Vorbereitung des Auswahlgespräches über die Schulter schauen lässt. Sie betrachtet verschiedene Auswahlmethoden vom klassischen Gespräch bis zu KI-basierten Interviews.

Der gesamte Prozess wird immer aus der Sicht von Unternehmen und Bewerbern dargestellt und so Verständnis hergestellt. Gabriele Trachsel zeigt auf, wie sich Unternehmen den Bewerbern annähern und sich die besten Mitarbeiter sichern können. Als erfahrene Expertin auf dem Gebiet des Recruiting gibt sie dabei so manchen Hinweis, der Sie zum Sieger um die begehrten Fachkräfte macht.

Gabriele Trachsel zeigt anschaulich auf, welche Methoden und Instrumente sich für den Einsatz wann eignen und wie Sie wirklich den Besten für Ihr Unternehmen finden können.

Im zweiten Buchteil beschäftigt sich Petra Barsch mit dem Themenkomplex der **Mitarbeiterbindung**. Sie verbindet wirksame und bereits erprobte Methoden und Modelle mit den neuen Entwicklungen, die seitens der sich derzeit stark verändernden Märkte großen Einfluss auf die Art und Weise, wie wir zukünftig arbeiten, haben. Dabei kommt den bekannten Arbeitszeitmodellen genauso ein Platz zu wie den Themen Agilität und New Work.

In ihren Ausführungen beschäftigt Petra Barsch sich mit dem „Warum" und dem „Wie" für den Einsatz der Bindungsinstrumente und untermauert deren Wirksamkeit mit praktischen Beispielen und Interviews. Sie zeigt Trends und ihre Auswirkungen auf und geht detailliert darauf ein, worauf es wirklich bei der Mitarbeiterbindung ankommt und welche Fehler häufig gemacht werden.

Petra Barsch beleuchtet die Unternehmenskultur sowie die Instrumente zur Steigerung der Arbeitgeberattraktivität. Ausführlich werden sämtliche Schritte und Instrumente der Mitarbeiterbindung von der Einarbeitung, über die Führung, die Kommunikation, die Potenzialanalyse bis hin zum professionellen Trennungsmanagement praxisbezogen erläutert und mit vielen Beispielen belegt.

Wegen der besseren Lesbarkeit haben wir auf die Doppelnennung für männliche und weibliche Sprachvarianten verzichtet. Sämtliche „männlichen" Formulierungen von Anreden und Bezeichnungen gelten daher selbstverständlich ebenso für weibliche Personen.
Wir wünschen Ihnen viel Freude beim Lesen.

Ihre
Gabriele Trachsel
Petra Barsch

Inhaltsverzeichnis

1	**Chefsache Recruiting**	1
1.1	Fachkräftemangel – Gibt es ihn wirklich oder ist alles nur Panikmache?.	4
1.2	Employer Branding	6
1.3	Zunehmende Bedeutung von Cultural Fit im Recruiting............	10
1.4	Zielgruppenmarketing	12
1.5	Zielgruppenanalyse und Zielgruppenansprache	13
	Literatur.	14
2	**Die besten Mitarbeiter finden**	17
2.1	Anforderungsprofil.	18
2.2	Active Sourcing	20
2.3	Mobile Recruiting	23
2.4	Inbound Sourcing.	25
2.5	Social Media Recruiting	27
	Weiterführende Literatur.	29
3	**Bewerbermanagement**	31
3.1	Grundsätze	33
3.2	Stellenausschreibungen	34
3.3	Bewerbermanagement-Systeme.	41
3.4	Festlegung der Anforderungen...............................	42
3.5	Grobauswahl	42
3.6	Feinauswahl	43
3.7	Entscheidung	43
3.8	Verhandlungen	43
3.9	Software-Produkt kaufen	43
3.10	Online-Bewerbungsverfahren	45
3.11	Tag der offenen Tür	46
3.12	Auswahlmethoden und Instrumente	47
	Weiterführende Literatur.	48

4	**Auswahlprozess**		51
	4.1	Bewerberkorrespondenz	53
	4.2	Bewerbervorauswahl	55
	4.3	Quereinsteiger	56
	4.4	Bewerbungsunterlagen – Botschaften der Bewerber	56
	4.5	Zeugnisgrundsätze und Zeugnistechniken	59
	4.6	Zeugnisbewertung	61
		4.6.1 Bewertung von Arbeitgeberzeugnissen	61
		4.6.2 Bewertung von Zertifikaten und Abschlüssen	62
	4.7	Referenzen	63
	Weiterführende Literatur		64
5	**Bewerbungsgespräch**		67
	5.1	Vorbereitung – Erfolgskonzept der Profis	68
	5.2	Gesprächsstruktur	69
	5.3	Auswertung des Interviews	72
	5.4	Fragetechniken	72
	5.5	Bewerbergespräche führen	78
	Weiterführende Literatur		79
6	**Testverfahren**		81
	6.1	Künstliche Intelligenz (KI)	81
	6.2	Persönlichkeitstest	83
	6.3	Persönlichkeitsmodelle	84
	6.4	profilingvalues	86
	6.5	Assessment Center	92
	6.6	Konzentrations- und Leistungstests	95
	6.7	Fortsetzung der Bewerbergespräche	96
	6.8	Einstellungsentscheidung	97
	Weiterführende Literatur		97
7	**Die Zukunft des Personalmarketings**		101
	Weiterführende Literatur		103
8	**Megatrends und ihre Auswirkungen**		107
	8.1	Megatrend: New Work	109
	8.2	Megatrend: Wissenskultur	109
	8.3	Megatrend: Konnektivität	110
	8.4	Megatrend: Individualisierung	110
	Literatur		113

9 Mitarbeiterbindung 115
9.1 Einführung 115
9.1.1 Was spricht für Mitarbeiterbindung? 116
9.1.2 Was erschwert Mitarbeiterbindung? 118
9.1.3 Bedeutung der Mitarbeiterbindung 118
9.1.4 Wichtige Kennzahlen zur Mitarbeiterbindung. 120
9.1.5 Fehler bei der Mitarbeiterbindung 121
9.1.6 Motivation 122
9.2 Arbeitgeberattraktivität 124
9.2.1 Mitarbeiterbefragung 125
9.2.2 Austrittsgespräche 129
9.2.3 Mitarbeitergespräche 130
9.2.4 Mitarbeiterbeurteilungen 131
9.3 Unternehmenskultur. 132
9.3.1 Was ist Unternehmenskultur? 132
9.3.2 Wie wichtig ist Unternehmenskultur? 132
9.3.3 Veränderungen der Unternehmenskultur 133
9.3.4 Unternehmenswerte 134
9.4 Agilität 136
9.4.1 Woher kommt Agilität? 137
9.4.2 Agilität in der Praxis 138
9.4.3 Was, wenn es nicht agil zugeht 142
Literatur. 143

10 Wichtige Instrumente und Potenziale 145
10.1 Einarbeitung. 145
10.1.1 Wann es beginnt 147
10.1.2 Onboarding-Instrumente 148
10.1.3 Befristete Arbeitsverhältnisse 149
10.2 Mitarbeiterführung. 150
10.2.1 Was ist gute Führung? 150
10.2.2 Woran misst sich Führung? 155
10.3 Interne Unternehmenskommunikation. 155
10.3.1 Die Bedeutung der internen Kommunikation 156
10.3.2 So gelingt gute Kommunikation 158
10.3.3 Kommunikation in Veränderungsprozessen. 159
10.4 Arbeitszeit- und Arbeitsortmodelle 161
10.4.1 Arbeitszeitmodelle. 161
10.4.2 Homeoffice. 163
10.5 Gesundheitsmanagement 163

10.6		Personal- und Karriereentwicklung	165
	10.6.1	Karrieremanagement	166
	10.6.2	Verantwortliche für das Karrieremanagement	167
	10.6.3	Aufbau einer Karrierekultur	168
	10.6.4	Karrieremodelle	168
	10.6.5	Talentmanagement	168
	10.6.6	Personalentwicklung mit System	170
	10.6.7	Personalentwicklung der Zukunft	171
	10.6.8	Instrumente der Personalentwicklung	174
	10.6.9	Die Rolle von Personalentwicklung	177
10.7		Generationenübergreifende Zusammenarbeit	178
	10.7.1	Nachkriegsgeneration	179
	10.7.2	Babyboomer	180
	10.7.3	Generation X	181
	10.7.4	Generation Y	181
	10.7.5	Generation Z	182
	10.7.6	Rückschlüsse	182
10.8		Trennungsmanagement	183
	10.8.1	Faire Trennungskultur	185
	10.8.2	Externe Beratung	185
	10.8.3	Phasen des Trennungsprozesses	185
	10.8.4	Arbeitsrechtliche Pflichten	186
10.9		Ungenutzte Potenziale	187
	10.9.1	Das weibliche Potenzial	188
	10.9.2	Die Kompetenz der Älteren	189
	10.9.3	Quereinsteiger – die willkommene Bereicherung	191
10.10		Mitarbeiterbindung im Kleinunternehmen	192
10.11		Fazit: Die 11 Top-Instrumente der Mitarbeiterbindung	192
Literatur			194

Über den Initiator der Chefsache-Reihe 197

Über die Autorinnen

Dipl. Ök. Petra Barsch ist Expertin für zukünftige Arbeitswelten. Im strategischen Consulting berät sie Unternehmen, wie diese das Arbeitsfeld so gestalten, dass ihre Mitarbeiter ihr volles Potenzial entfalten und vor allem bereit sind, an der Unternehmenszukunft mitzuwirken. In Zukunft werden die Unternehmen erfolgreicher sein, die es verstehen, ihr wichtigsten Kapital, den Mitarbeiter an sich zu binden. In der Einzelberatung mit High Potenzials, Projektmitarbeitern, Führungskräften und Managern ist ihr ein besonderes Anliegen, sie so zu positionieren, dass sie ihre Karriere pro-aktiv angehen, sich zukunftsfähig aufstellen und für Unternehmen attraktiv bleiben. Schon vor über dreißig Jahren fing sie an, sich für dieses Thema zu begeistern. Während ihres Studiums als Ökonomin und Wirtschaftshistorikerin in Berlin forschte sie zu den Einflüssen der Technik auf die Arbeitswelten und Lebensweisen der Menschen. Sie schloss ihr Studium mir einer wissenschaftlichen Arbeit zum Thema „Geld und Werttheorie in Deutschland im 19. Jhd." ab.

Petra Barsch ist überzeugt, dass Unternehmen in Zukunft nur dann attraktiv sein werden, wenn sie den Mitarbeitenden Freiräume bieten, die Selbstbestimmung zulassen und sogar fördern, wenn sie Mitarbeiter in die Gestaltung des Unternehmens einbinden und sich gleichzeitig für neue zukunftstaugliche Führungsstrukturen öffnen. Petra Barsch wandert gerne zwischen den Welten: Sie befasst sich einerseits gerne mit Zukunftsszenarien, die für Unternehmen, Mitarbeiter und Bewerber relevant sind. Andererseits ist sie eine konsequente Praktikerin, die nach wie vor gerne in den operativen Unternehmensalltag eintaucht. Sie war selbst jahrelang Führungskraft und Personalerin in diversen Unternehmen. Auf der

Basis ihrer empirischen Erfahrung entwickelte sie das praxisbewährte Konzept der „integrativen Flexibilität ©", mit dem sie den Unternehmen und Mitarbeitern dazu verhilft, den Wandel mit der Identität so zu verknüpfen, dass Zukunftsfähigkeit überhaupt möglich wird. Das Motto von Petra Barsch ist dabei: „Evolution muss keine Revolution sein. Evolution ist die Macht der kleinen Schritte, die zum Ziel führen."

Ing. Ök. Gabriele Trachsel ist eine erfahrene Partnerin an der Seite von kleinen und mittelständischen Unternehmen, die neue Mitarbeiter suchen oder ihre Teams optimal aufstellen und entwickeln möchten. Innovationskraft, Dynamik und zielorientiertes Management sind Beispiele unternehmerischer Erfolgsfaktoren. Dahinter stehen immer Menschen, die ihre Fähigkeiten und Erfahrungen an den richtigen Positionen einbringen. Persönliche Stärken des einzelnen Mitarbeiters benötigen dabei immer das passende Umfeld und Klima, um sich frei entfalten zu können. In der Praxis stellt Gabriele Trachsel oft fest, dass klassische Verfahren der Personalauswahl vor allem die fachlichen Qualifikationen bei der Besetzung offener Stellen im Blick haben. Innere Einstellungen und Wünsche bleiben unbeachtet. Die Folge: Oft stellt sich im Alltag heraus, dass der gewählte Mitarbeiter nicht die Erwartungen erfüllt oder nicht zum Unternehmen passt. Gabriele Trachsel ist es besonders wichtig, die Position eines Unternehmens im Wettbewerb durch engagierte Menschen auf allen Hierarchie-Ebenen zu stärken. Sie war als leitende Angestellte 18 Jahre u. a. für die Personalauswahl und das Recruiting verantwortlich. Seit 10 Jahren ist Gabriele Trachsel als Karriereberaterin und Trainerin selbstständig tätig und berät Unternehmen sowie Privatpersonen in Deutschland, sowie der Schweiz. Sie kennt die Probleme der Führung von Mitarbeitern, die an unterschiedlichen Standorten tätig sind, aus eigener Erfahrung sehr gut und steht als versierte Praktikerin den Fach- und Führungskräften bei der Positionierung und Vorbereitung auf Führungsaufgaben zur Seite.

Gabriele Trachsel ist gebürtige Berlinerin und lebt seit 2012 in der Schweiz am Zürichsee. Ihr Motto für den persönlichen Erfolg lautet: „Erfolg durch die eigenen Werte! – Mit Mut, Energie und Freude die Zukunft gestalten."

Chefsache Recruiting

Recruiting – vom Personalbeschaffer zum Talentmanager und Coach

1

> *Nicht die Talente, nicht das Geschick zu diesem oder jenem machen eigentlich den Mann der Tat: Die Persönlichkeit ist's, von der alles abhängt.*
>
> Johann Wolfgang von Goethe

Als externe Partnerin für kleine und mittlere Unternehmen (KMU) im Rahmen des Personal-Recruiting kenne ich die Fragestellungen, die Unternehmen und deren Führungskräfte bewegen. Firmeninhaber von KMU wünschen sich konkrete Lösungen für die Personalauswahl bzw. deren Probleme. Viele wissenschaftlich aufbereitete Materialien treffen häufig nicht das aktuelle Problem, weil sie u. a. zu komplex für kleine Organisationen sind. Aus diesem Grund habe ich viele Methoden und Instrumente, die gerade für Klein- und mittelständische Unternehmen von Interesse sein können, zusammengetragen und anhand von Beispielen erläutert sowie deren Wirksamkeit anhand von Studien belegt. Heute werden noch immer häufig Mitarbeiter aufgrund der Qualifikation eingestellt und innerhalb eines Jahres wegen der Persönlichkeit entlassen. Die Schuld daran ist kaum beim Bewerber zu suchen, denn er kann ja nicht wissen, welche Persönlichkeit gesucht wird. Wir haben viele Instrumente und Methoden, um herauszufinden, welche Person am besten zum Unternehmen passt. Es gilt, diese auch konsequent einzusetzen. Ansonsten ist aus meiner Sicht die Stellenbesetzung des Recruiters zu überdenken.

Es gibt nicht nur eine besondere Maßnahme, um die so begehrten Fachkräfte in das Unternehmen zu holen und zu binden, sondern es sind viele kleine Maßnahmen, die zum Erfolg führen. Welche für Sie die richtigen sind und was für Ihre Mitarbeiter wichtig ist, können Sie nur selbst bzw. mit Ihren Teams erarbeiten. Ich möchte Ihnen Praxistipps geben, die nach meinen Erfahrungen sehr gut umsetzbar und auch erfolgreich sind.

Die Credit Suisse hat im August 2017 eine Studie zu den Strategien gegen den Fachkräftemangel veröffentlicht und festgestellt, dass der Fachkräftemangel durchaus ein reales Phänomen ist. Die Aus- und Weiterbildung steht bei den meisten Schweizer Unternehmen neben der Rekrutierung an der ersten Stelle, wenn es um die Sicherung der Fachkräfte geht. Klein- und mittelständische Schweizer Unternehmen sehen in der kontinuierlichen Qualifizierung der Mitarbeiter die wichtigste Stütze für die wirtschaftliche Entwicklung der Unternehmen.

Laut Studie setzen die Unternehmen schwerpunktmäßig auf die Weiterbildung, um den zukünftigen Fachkräftebedarf abzusichern. Die Veränderung des Fachkräftemarktes wird in den kommenden Jahren durch die Digitalisierung und den demografischen Wandel geprägt. Bereits in fünf Jahren gehen die ersten Fachkräfte aus der Babyboomer-Generation in Rente. Die fehlenden Fachkräfte müssen ersetzt werden. Die Digitalisierung wird zu einem Wegfall von Berufsgruppen führen und viele Berufsbilder werden sich verändern. Von der Annahme auszugehen, dass der Stellenwegfall durch die Digitalisierung die fehlenden Fachkräfte aus dem demografischen Wandel kompensiert, wäre ein Trugschluss. Es werden viele neue Berufsbilder entstehen und es werden neue Aufgabenbereiche u. a. im Service und der Überwachung der Systeme entstehen. Fachkräftemangel besteht laut Studie vorwiegend bei Ingenieur-, Management und Technikberufen (vgl. Abb. 1.1).

Die Mangelsituation wird sich schrittweise durch die Umsetzung der Digitalisierungsprojekte verändern. Zukünftig wird der Bedarf an Programmier- und IT-Spezialisten, Ingenieuren, Analysten und Diagnostikern weiter steigen. Der Bedarf an Personal im Handwerks- und Servicebereich sowie der Pflege wird steigen, da durch den demografischen

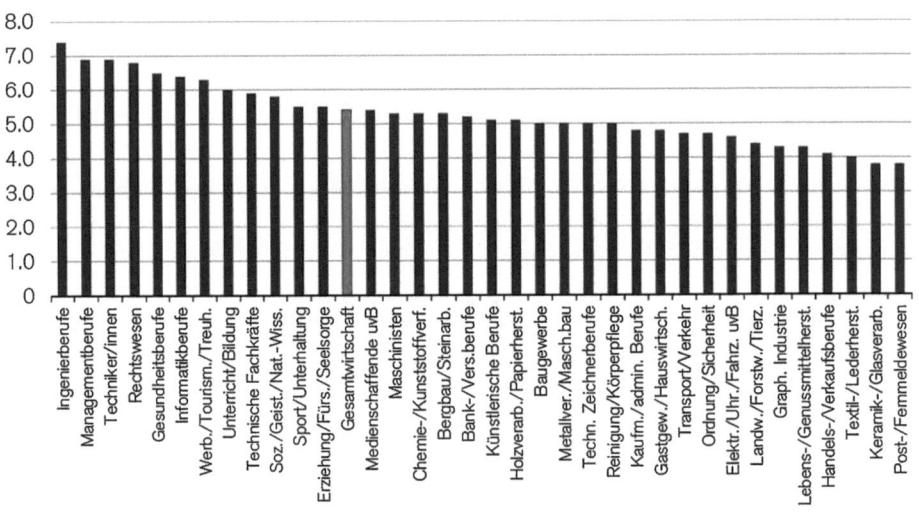

Abb. 1.1 Mangel an Ingenieur-, Management- und Technikerberufen. (Quelle: Staatssekretariat für Wirtschaft, Credit Suisse)

Wandel zukünftig nicht mehr ausreichend Fachkräfte vorhanden sind und die Digitalisierung in diesen Berufsgruppen keine oder kaum spürbare personelle Auswirkungen zur Folge hat. Im Handel, bei den Banken und weiteren Bürojobs, bei Post- und Kurierdiensten, in der Textil- und Nahrungsmittelindustrie werden wesentlich mehr Prozesse durch die Automatisierung ersetzt und der Bedarf daher stark rückläufig sein. Konzepte für Weiterbildungen und Umschulungen der betroffenen Mitarbeitenden sind bereits heute gefragt. Mit Menschen, die gezeigt haben, dass sie die Unternehmenswerte leben und loyal zum Unternehmen stehen, werden Sie auch die zukünftigen Aufgaben erfolgreich meistern und am Markt bestehen. Welche Veränderungen und Chancen sehen Sie für Ihr Unternehmen? Wie können Sie Ihre Belegschaft in die Entwicklung einbeziehen? Welche Weiterbildungen werden benötigt? Nutzen Sie die Chancen der Veränderungen, um die Mitarbeitenden an das Unternehmen zu binden.

Die Unternehmenswerte und die Kultur sind entscheidend für die Passung von Bewerbern, Mitarbeitenden und Unternehmen. Werte geben allen Beteiligten eine Orientierung und bestimmen auch das Verhalten. Wer sich mit den Werten identifiziert, wird seine Arbeitsaufgaben gern, ergebnisorientiert und verantwortungsbewusst erledigen. Diese Menschen fühlen sich in dem Arbeitsumfeld wohl und das hat Auswirkungen auf die eigene Motivation und auch auf das Betriebsklima. Für jede zu besetzende Position bilden die Berufserfahrungen und das Fachwissen die Grundlage für die Stellenbesetzung. Wie die Mitarbeitenden und Kandidaten mit den Kompetenzen und Erfahrungen umgehen, ist entscheidend für den Erfolg des Einzelnen im Team und damit für das Unternehmen.

Unternehmenswerte müssen gelebt und nicht nur auf schönem Hochglanzpapier zur Schau gestellt werden. Als mittelständisches Unternehmen werden Sie es wohl nicht unter die 100 beliebtesten Arbeitgeber schaffen, aber sie können durch ein kontinuierliches und gezieltes Personalmarketing die Mitarbeiter an das Unternehmen binden, die für die Entwicklung von Bedeutung sind. Heutzutage haben flexible Arbeitszeitmodelle meist einen höheren Stellenwert als das Einkommen. Welche Möglichkeiten sehen Sie für Ihr Unternehmen? Worauf legen Ihre bereits tätigen Mitarbeiter großen Wert und was ist für die Interessenten wichtig, die Sie als Mitarbeiter gewinnen möchten?

Der Bereich Human Ressources wird sich sehr stark zum Talentmanager und Coach entwickeln. Die Zeiten der „einfachen" Stellenausschreibung und Siebung der vielen Bewerber sind für viele Berufsgruppen schon längst Vergangenheit. Wir müssen akzeptieren, dass sich die Rollen verändern und wir auf die Menschen zugehen, die wir für das Unternehmen begeistern möchten. Warum also nicht als Talentmanager aktiv für das Unternehmen werben? Denken Sie an die Rolle des Fußball-Coach in den USA. Der Fußball-Coach geht raus und sucht die Talente und das mit großem Erfolg. Umso schneller Unternehmen die „alten Zöpfe" abschneiden und sich auf das moderne und aktive Recruiting einstellen, umso schneller werden die Mitarbeiter gefunden, mit denen die Aufgaben der Zukunft gemeistert werden. Die Wettbewerbsfähigkeit des Unternehmens, und letztendlich auch das Fortbestehen, werden entscheidend von der Qualität und Motivation der Mitarbeitenden bestimmt werden.

Laut der Studie der Credit Suisse (2017) haben bereits heute 45 % der Unternehmen Probleme geeignete Kandidaten zu finden.

Die Digitalisierung und deren Auswirkungen erleben wir bereits im täglichen Leben, bei der Buchung von Bahntickets, im Handel usw. Ich kenne viele Menschen aus allen Bildungsschichten und Altersgruppen, die dieser Veränderung ablehnend oder sehr kritisch gegenüberstehen. Denken Sie an das iPhone, das 2007 auf den Markt kam. Wer konnte sich vor der Einführung 2007 diese Speicher- und Rechnerleistung sowie Anwendungsmöglichkeiten vorstellen? Die Nutzung des Handys für die E-Mailbearbeitung schien inakzeptabel, und heute? Genauso werden wir uns auch an die kommenden Veränderungen durch die Automaten mit künstlicher Intelligenz gewöhnen. Sicher ist aus meiner Sicht nur eines, es wird viel schneller passieren, als wir erwarten. Unternehmen die sich darauf vorbereiten und die Belegschaft entwickeln, werden die Gewinner der Veränderungsprozesse sein.

1.1 Fachkräftemangel – Gibt es ihn wirklich oder ist alles nur Panikmache?

Die Frage ist Abhängigkeit von den Branchen verschieden zu beantworten, während in einigen Bereichen ein deutlicher Fachkräftemangel spürbar ist, sind andere Berufsgruppen gar nicht davon betroffen (vgl. Abb. 1.2). Es gibt unbestritten Berufsgruppen, für die bereits heute keine ausreichenden Fachkräfte am Markt vorhanden sind. Ansonsten erlebe ich auch einen künstlich erzeugten Fachkräftemangel. Unternehmen stellen beispielsweise an die zukünftigen Mitarbeiter sehr hohe Anforderungen, was die Qualifikation und Berufserfahrung betrifft und besetzten die Stelle eher nicht, bevor ein talentierter Bewerber mit weniger Berufserfahrung eingestellt wird. Hier ist aus meiner Sicht ein Umdenken dringend erforderlich. In Anbetracht des demografischen Wandels werden auf jeden von uns neue Anforderungen und Aufgaben zukommen. Es werden durch die Digitalisierung etliche Jobs und Aufgaben entfallen, aber dafür andere, anspruchsvollere, Aufgabenbereiche entstehen. Für die Umsetzung der digitalen Entwicklungen benötigen wir noch mehr von den derzeit schon begrenzten Experten im IT-Bereich. Schon heute hat jedes zweite mittelständische Unternehmen Probleme mit der Besetzung von offenen Stellen. Laut Studie der Credit Suisse ist die Suche von Fachkräften für das Baugewerbe und die Industrie besonders schwierig (vgl. Abb. 1.3).

In den kommenden fünf bis zehn Jahren werden die geburtenstarken Jahrgänge der sogenannten Babyboomer in Rente gehen. Um den Fachkräftebedarf auch zukünftig sicherzustellen, sind bereits heute entsprechende Maßnahmen einzuleiten.

Recruiter müssen Interessenten und zukünftige Mitarbeiter zum großen Teil über die Direktansprache gewinnen. Die Präsenz und Netzwerkpflege in den sozialen Medien ist heutzutage von großer Bedeutung. Unternehmen können Interessenten direkt durch News über aktuellen Entwicklungen zeitnah informieren. Laut der Studie „Recruiting Trends (2017)" des Institute for Competitive Recruiting (ICR) ist die Direktansprache von

1.1 Fachkräftemangel – Gibt es ihn wirklich oder ist alles nur Panikmache?

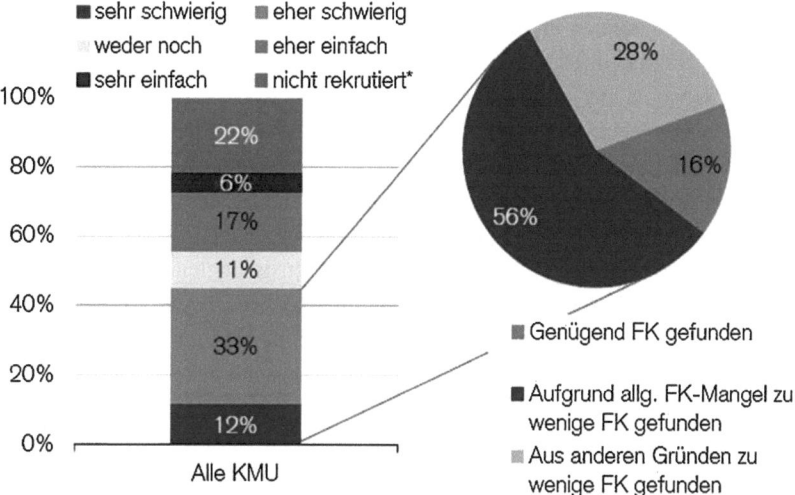

Abb. 1.2 45 % der Unternehmen haben Mühe Kandidaten zu finden. (Quelle: Credit Suisse KMU-Umfrage 2017; *in den letzten fünf Jahren nicht rekrutiert)

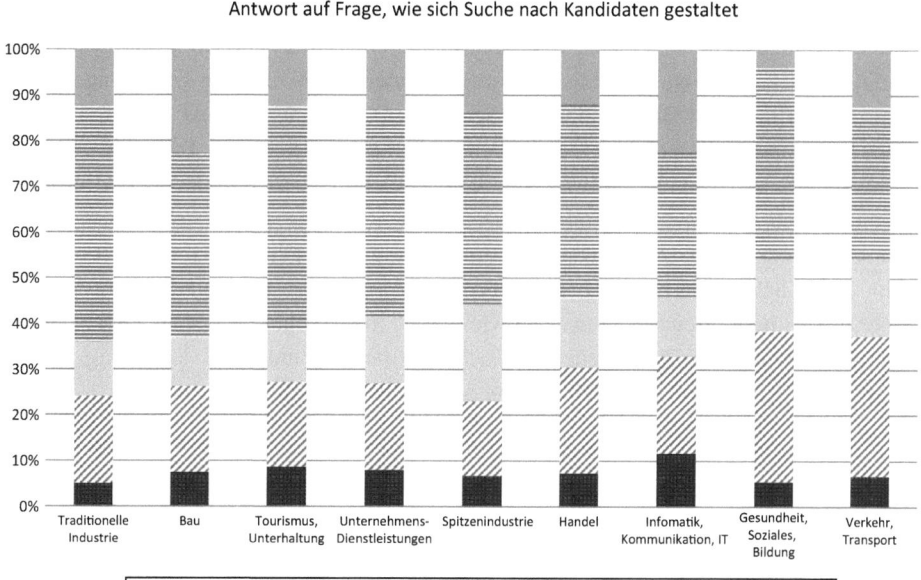

Abb. 1.3 Mangel in Bau und Industrie

potenziellen Kandidaten das Top-Thema im Recruiting. 80 % der Unternehmen setzen laut Studie die Direktansprache schwerpunktmäßig ein. Ein Ergebnis sind unter anderem die ständig wachsenden Mitgliederzahlen bei LinkedIn, XING, Facebook. Für den Arbeitgeber wird die Direktansprache auf Basis der hinterlegten Profile wesentlich erleichtert und auch Bewerber können unkomplizierter Kontakt zum Unternehmen aufnehmen oder sich über freie Stellen informieren. Eine kontinuierliche Pflege dieser Kanäle ist dabei enorm wichtig, wobei der zeitliche Aufwand für den Recruiter nicht unterschätzt werden sollte. Um den Veränderungen am Markt auch zukünftig gewachsen zu sein, benötigt jedes Unternehmen qualifiziertes Personal. Mittelständische Unternehmen können auf eine gelebte Firmen- und Wertekultur setzen, um die begehrten Fachkräfte zu gewinnen. Im Rahmen meiner Beratungen stelle ich immer wieder fest, dass das Onboarding neuer Mitarbeiter sowie die Entwicklung nicht so intensiv begleitet wird wie das Recruiting. Hier gilt es, der Entwicklung und der Bindung des Mitarbeiters an das Unternehmen wesentlich mehr Bedeutung zu geben. Die Neukundengewinnung ist mit der Gewinnung von neuen Mitarbeitern vergleichbar. Die Pflege der Bestandskunden ist uns sehr wichtig, weil wir einen großen Teil unserer Umsätze daraus erzielen und die Neukundengewinnung wesentlich aufwendiger ist. Den bereits tätigen Mitarbeiter sollten wir aus diesem Grund wesentlich mehr Bedeutung schenken. Es ist einfacher vorhandene Mitarbeiter zu entwickeln und damit an das Unternehmen zu binden, als neue zu rekrutieren. Unternehmen, die ihre Mitarbeiter als das wichtigste Kapital betrachten und auch so behandeln, haben die besten Voraussetzungen, um diese Fachkräfte an das Unternehmen zu binden.

> **Praxisbeispiel Ingenieurbüro**
>
> Frank ist Geschäftsführer eines Ingenieurbüros in Berlin. In seinem Team arbeiten fünf festangestellte Ingenieure und Architekten sowie bis zu 10 freie Mitarbeiter. Es gibt mehr Bauprojekte als realisiert werden können. Fachkräfte für diese Branche sind in der Berliner und Brandenburger Region kaum zu finden. Große Bauprojekte wie die Staatsoper und der Flughafen binden zusätzliche Kapazitäten. So haben es kleine Ingenieurbüros besonders schwer ihre Aufträge zu realisieren. Ohne neue Mitarbeiter keine neuen Aufträge. Die Konsequenzen kennen wir alle. Frank, der von einem vermeintlich echten Fachkräftemangel betroffen ist, geht aus diesem Grund andere Wege. Im ersten Schritt hat er die Kriterien für die Bewerber optimiert und „ältere" Bewerber sowie „junge Bewerberinnen mit Kleinkind" in die engere Auswahl einbezogen.
>
> Wie Frank neue Mitarbeiter für sich gewinnen konnte und langjährig an das Unternehmen binden, beschreibe ich in den folgenden Kapiteln.

1.2 Employer Branding

Für die Arbeitgebermarkenbildung, Employer Branding, werden Konzepte aus dem Marketing eingesetzt, um das Unternehmen als attraktiven Arbeitgeber darzustellen. Dabei geht es vor allem darum, aktive und strategische Maßnahmen, die sowohl für bereits

1.2 Employer Branding

tätige Mitarbeiter, Kandidaten und zukünftige Mitarbeiter attraktiv wirken, zu nutzen. Präsentieren Sie sich als Wunscharbeitgeber und stärken Sie Ihr Image nach innen und außen.

Das ganzheitliche Employer-Branding-Konzept basiert auf internen und externen Personalmarketinginstrumenten, wie u. a.:

- Unternehmenskultur und Unternehmenswerte
- Image des Unternehmens
- Führungskultur
- Personalentwicklungsmaßnahmen
- Vergütungssysteme
- Arbeitszeitmodelle
- Sozialleistungen
- Mitarbeiterumfragen
- Bewerbermanagement
- Medienpräsenz
- Sponsoring
- Praktika und Traineeangebote
- Präsenz an Schulen, Bildungseinrichtungen und Hochschulen
- Ausbildungsprogramme
- Vergabe von Bachelor- und Masterarbeiten

Wer sich heute für einen neuen Job interessiert, der ist auch an den Werten und der Unternehmensphilosophie des Unternehmens interessiert. Neben der Aufgabe, dem Arbeitsumfeld, der Arbeitszeit und der Vergütung nimmt im immer stärker zunehmenden Maße die Bedeutung der sozialen Faktoren zu. Je besser sich ein Unternehmen präsentieren kann, als umso attraktiver wird es bei potenziellen Kandidaten wahrgenommen. Gleichzeitig sind diese Maßnahmen im Rahmen der Bindung bestehenden Mitarbeiter sehr erfolgreich und wirken einer Fluktuation entgegen. Mitarbeiter, die dem Unternehmen loyal gegenüberstehen, fungieren in ihrem Umfeld ebenfalls als Markenbotschafter.

Für ein erfolgreiches Employer-Branding-Konzept müssen die Stärken und Schwächen des Unternehmens herausgearbeitet werden. Betrachten Sie dazu das Unternehmen aus der Sicht des Kunden, dem Markt, der Mitbewerber sowie Ihre Produkte bzw. Dienstleistungen. Mithilfe der SWOT-Analyse, einem häufig eingesetzten Instrument zur strategischen Positionierung, kann eine Standortbestimmung erarbeitet und eine Strategie entwickelt werden.

SWOT steht für:

Strengths – Stärken

- Was sind unsere Stärken und was können wir besonders gut?
- Wo sind wir besser als der Markt?

Weaknesses – Schwächen

- Was können wir nicht so gut?
- Was kann der Markt besser?

Opportunities – Chancen

- Welche Chancen existieren derzeit?
- Gibt es Trends, von denen wir profitieren können?

Threats – Bedrohungen

- Welche Trends könnten uns eventuell schaden?
- Welche Veränderungen wird die Digitalisierung für unseren Fachkräftebedarf mit sich bringen?
- Wie setzen wir unsere Stärken so ein, dass wir die Risiken minimieren können?

Die Positionierung ist für Unternehmen und Kandidaten unverzichtbar. Wir erwarten vom Bewerber, dass er sich deutlich positioniert, aber das erwarten die Bewerber auch vom Unternehmen. Eine Marke entsteht nicht durch Aussagen in Imagebroschüren und professionell aufbereiteten Homepages, sondern durch gelebte Erfahrungen, die von Mitarbeitern, Bewerbern, Kunden und allen Partnern des Unternehmens kommuniziert werden. Nicht nur unsere Kunden, sondern auch unsere Bewerber erwarten in hohem Maße Transparenz vom Unternehmen. Die Digitalisierung wird diesen Trend mit großer Sicherheit noch weiter beschleunigen und verstärken.

Wie sieht Ihr Unternehmenskonzept für die Positionierung als attraktive Arbeitgebermarke aus? Sind die Antworten zu den nachfolgenden Fragen Bestandteil Ihres Konzeptes?

- Was ist das Alleinstellungsmerkmal (USP – Unique Selling Proposition)?
- Wie stellen wir uns und das Unternehmen nach außen dar?
- Für welche Werte steht das Unternehmen?
- Welche Führungsgrundsätze leben wir?
- Wie wollen wir wahrgenommen werden?
- Wer ist unsere Zielgruppe?
- Was erwartet unsere Zielgruppe?
- Welche Mitarbeitenden und Kandidaten passen zu unserer Unternehmensphilosophie?
- Überprüfen Sie Ihr Konzept immer wieder auf Aktualität und Zielgruppenpassung.

In Großkonzernen wie BWM oder Siemens steht die Marke für das Employer Branding, und trotzdem investieren sie zusätzlich in Employer-Branding-Maßnahmen. Klein- und mittelständische Unternehmen müssen dagegen wesentlich mehr Aktivitäten für das Personalmarketing investieren, da deren Produkte als Marke nicht so bekannt sind und das Thema zur Chefsache erklären.

1.2 Employer Branding

Die möglichen Employer-Branding-Maßnahmen sind sehr vielseitig. In Anhängigkeit der Zielgruppen sowie der wirtschaftlichen und sozialen Ziele des Unternehmens, können aus allen Bereichen des Personalmarketings Themen einfließen.

Diese könnten beispielsweise auf folgenden Schwerpunkten basieren:

- Flexible Arbeitszeiten
- Mobile Arbeitsorte, zeitlich begrenzt oder unbegrenzt
- Kinderbetreuung – Organisation durch das Unternehmen bzw. finanzielle Zuschüsse
- Sport- und Freizeitangebote
- Zertifizierungen bzw. Gütesiegel der Produkte oder auch namhafte Zulieferbeziehungen

Wichtig ist, dass die Zielgruppe realistische Informationen zum Unternehmen sowie dessen Strategie und Philosophie und die gelebte Werte erhält.

Klein- und mittelständische Unternehmen haben aufgrund der Unternehmensgröße auch Vorteile gegenüber den Großunternehmen. Mögliche Vorteile sind:

- Flache Hierarchien und kurze Entscheidungswege
- Unternehmer ist nah an seinen Mitarbeitern und deren Problemen
- Mitarbeiter werden stärker in die Unternehmensentscheidungen einbezogen
- Entfaltung der Potenziale durch die Mitwirkung an komplexen Projektaufgaben
- Übernahme von Verantwortung für den Projektbereich
- Familiäres Betriebsklima

Für eine stärkere Außenwahrnehmung können selbstverständlich auch Anzeigen geschaltet werden. Diese sind sehr kostenintensiv, ohne Nachhaltigkeit, aber mit einer sehr guten Markenwirkung. In der Bevölkerung haben Arbeitgeber, die Personal einstellen, einen hohen Stellenwert, der sich nicht zuletzt auf das Kaufverhalten und Image auswirkt.

Wesentlich effektiver sind Online-Stellenausschreibungen und die Präsenz auf Messen sowie in den sozialen Medien. Der Kontakt zu Hochschulen, Schulen und Bildungsträgern trägt ebenfalls sehr zur Markenbildung bei. Schulen und Bildungsträger verfügen kaum über finanzielle Mittel. Hier könnten bereits kleine Spenden sehr wirksam sein.

Sie suchen Auszubildende und haben Probleme mit der Besetzung der Ausbildungsplätze? Ihre Active-Sourcing-Maßnahmen bringen nicht den gewünschten Erfolg? Employer Branding ist keine kurzfristige Maßnahme, sondern ein auf Nachhaltigkeit ausgelegter Prozess. Bauen Sie so früh wie möglich Kontakt zu den Schulen und Schülern auf. Beginnen Sie möglichst bereits mit dem Tag der Einschulung, durch kleine Spenden, Werbegeschenke, Betriebsbesichtigungen, Angebote für Schülerpraktiken, Ferienjobs, bis hin zum Tag der offenen Tür. Durch diese und andere Maßnahmen lernen die Kinder und Jugendlichen die Berufe, die Arbeitsatmosphäre und das Unternehmen über einen langen Zeitraum kennen und schätzen. So ganz nebenbei wird Ihr Unternehmen bei den Lehrern, Eltern und deren Umfeld in immer stärkerem Maße als Marke wahrgenommen und die jungen Menschen setzen sich mit den Ausbildungsberufen auseinander.

Heben Sie sich von den Mitbewerbern ab und präsentieren Sie Ihr Unternehmen auch in den sozialen Medien aussagefähig. Eine Homepage ist für die Auffindbarkeit im Word Wide Web schon längst nicht mehr ausreichend. Unternehmen müssen dort aktiv sein, wo sich die Zielgruppe informiert und aktiv ist. Online-Präsenz ist deshalb ein Muss für jedes Unternehmen. Die einfache Einstellung eines Firmenprofils, ohne weitere Netzwerkpflege, ist sinnlos. Die Nutzer wollen kontinuierlich mit kurzweiligen und unterhaltsamen bebilderten Beiträgen, Videos und relevanten Informationen versorgt werden. Employer Branding ist ein Chefsache-Thema. Beziehen Sie Ihre Belegschaft und auch Kunden in den Prozess ein und entwickeln für alle Beteiligten ein „Win-win"-Gefühl.

Wem es gelingt, reale Werte zu leben und diese für das Recruiting, die Motivation und den Erhalt der Belegschaft konsequent einzusetzen, schafft damit eine attraktive Arbeitgebermarke.

Employer Branding ist eng mit der Candidate Experience verbunden. Wir schaffen damit ein emotional positives Erleben der Arbeitgebermarke beim Bewerber.

1.3 Zunehmende Bedeutung von Cultural Fit im Recruiting

Cultural Fit drückt den Grad der Übereinstimmung der Unternehmenswerte mit dem der Bewerber bzw. bereits tätigen Mitarbeiter des Unternehmens aus. Mitarbeiter und Bewerber, bei denen die Wertevorstellungen mit denen des Unternehmens in starkem Maße übereinstimmen, haben einen hohen Cultural Fit Wert. Man geht davon aus, dass diese Gemeinsamkeit sich in einer hohen Mitarbeitermotivation und Mitarbeiterbindung auszahlen wird. Der Unternehmenskultur und den Unternehmenswerten wird aus diesem Grund ein hoher Stellenwert beigemessen, aber werden diese Werte auch gelebt? Wird die Übereinstimmung der Werte und Handlungsgrundsätze auch bei dem zukünftigen Bewerber überprüft? Wie erleben Bewerber den Prozess? Diese und weitere Fragen wurden in der Studie von meta HR und Employer (2017) ausgewertet. 80 % der Befragten Human-Ressource-Vertreter ist die unternehmenskulturelle Bewerberpassung sehr wichtig und fast jeder zweite ist der Auffassung, dass die Bedeutung als Einstellungskriterium zukünftig sogar noch ansteigt.

Candidate Experience ist aus diesem Grund ein Schwerpunktthema im Recruiting. Damit auch mittelständische Unternehmen den zukünftigen zusätzlichen Personalbedarf decken können, sind alle Aktivitäten dahin gehend auszurichten, dass Interessenten und Bewerber das Unternehmen positiv erleben. Die Übereinstimmung der Unternehmenskultur mit den Vorstellungen und Erwartungen der Bewerber ist eine optimale Basis. Ziel ist es, die Mitarbeiter zu finden, die die fachlichen Qualifikationen aufweisen und auch zu den Wertevorstellungen und Arbeitsweisen des Unternehmens passen.

Viele Beispiele aus dem Arbeitsleben zeigen, dass die fehlende Passung sogar das Betriebsklima nachhaltig belasten kann. Eine Versetzung in andere Bereiche ist bei mittelständischen Unternehmen aufgrund der Größe meist nicht möglich. Deshalb bleibt in diesen Fällen meist nur die Kündigung, obwohl die fachliche Eignung sehr gut sein kann.

1.3 Zunehmende Bedeutung von Cultural Fit im Recruiting

Im Rahmen einer Studie ist man auch der Frage zur Wichtigkeit des Cultural Fit von Bewerbern für verschiedene Funktionsgruppen nachgegangen. Die große Mehrheit der Befragten ist sich sicher, dass Cultural Fit im Top-Management sowie der mittleren Führungsebene ein wichtiges Einstellungskriterium ist.

Der Studie zufolge achten kleine und mittelständische Unternehmen stärker auf den Cultural Fit: „Im Durchschnitt sind für Personalverantwortliche Mitarbeiterbindung, Kostensenkung im Recruiting und eine höhere Mitarbeitermotivation die drei am häufigsten genannten Vorteile einer guten kulturellen Passung ihrer neuen Mitarbeiter" (Studie Cultural Fit, meta HR und Employour 2017).

Über die bisherigen Stellenausschreibungen, die teilweise kaum konkrete Informationen zur besetzenden Position beinhalten oder gar Textbausteine anderer Ausschreibungen kopiert wurden, sind heute keine Top-Bewerber zu finden. Es geht um die Berücksichtigung der Erwartungen und Bedürfnisse der Bewerber. Optimalerweise kennen Sie aus dem Feedback der Bewertungsportale die Wünsche der Bewerber und können die nächsten Schritte einleiten. In der Einzelberatung höre ich von meinen Coachees oft, dass allein die Ladegeschwindigkeit der Homepage bzw. Karriereseiten der Unternehmen zum Abbruch der Recherche führt. Jungen Bewerbern ist es wichtig, dass sie schnell und übersichtlich die relevanten Informationen entnehmen können und zusätzlich durch Videos einen persönlichen Eindruck gewinnen.

Der Cultural Fit eines Mitarbeiters hat eine große Wirkung auf die Kommunikation (vgl. Abb. 1.4). Ist die Übereinstimmung sehr gering, führt dies häufig zu Missverständnissen bis hin zum Frust des Mitarbeiters, der seinen Unmut im privaten Umfeld kommuniziert. Diese negativen Eindrücke können der Grund dafür sein, dass sich interessante Kandidaten nicht in Ihrem Unternehmen bewerben. Um den Cultural Fit

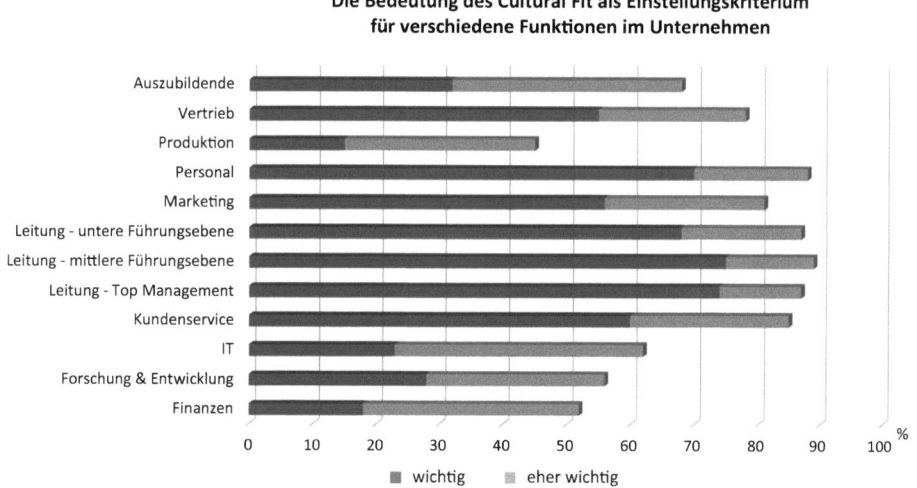

Abb. 1.4 Bedeutung Cultural Fit

erfolgreich nutzen zu können, ist eine eindeutige Unternehmenspositionierung mit den Werten und der Unternehmenskultur die entscheidende Basis. Nur so kann der Kandidat erkennen, ob er zum Unternehmen passt.

1.4 Zielgruppenmarketing

Das Marketing für Ihre Produkte bzw. Dienstleistungen ist eine Selbstverständlichkeit. Wie ist es aber um das zielgruppenspezifische Marketing für Ihr Personal bestellt? Setzen Sie Schritt für Schritt das Marketingkonzept auch für das Personalmarketing ein und behandeln den Bewerber wie Ihren wichtigsten Kunden. Richtig, wir bewerben uns bei unserem Bewerber. Aber welche Menschen suchen Sie?

- **Hochschulabsolventen und Nachwuchsführungskräfte:**
  Hochschulabsolventen nutzen in starkem Maße die sozialen Netzwerke. Diese Zielgruppe kann durch das internetbasierte Recruiting sehr gut erreicht werden. Die Vergabe von Praktika oder auch die Betreuung im Rahmen der Bachelor- und Masterarbeiten sowie Präsenz auf Messen für Hochschulabsolventen können weitere Zugangswege sein. Studierende sind sehr an Weiterbildungsmaßnahmen im späteren Beruf interessiert. Die Nutzung von mobilen Apps und virtuelle Rundgänge durch das Unternehmen sind nicht nur für diese Zielgruppe von Interesse.
- **Schulabgänger:**
  Diese Zielgruppe hat eine eigene Sprache und nutzt die sozialen Medien wesentlich stärker zur Unterhaltung. Gehen Sie auf die Sprache der jungen Menschen ein und nutzen u. a. Videos für die Unternehmensvorstellung und des Ausbildungsmarketings. Lassen Sie auch junge Auszubildende und Ausbilder zu Wort kommen, zeigen Sie das Unternehmen und die Aufgaben in einem realistischen Video. Wecken Sie Lust auf die Tätigkeit bei Ihnen und zeigen, dass Sie ein respektvoller und wertschätzender Arbeitgeber sind, dem seine Mitarbeiter wirklich wichtig sind.
- **Frauen:**
  Die Ausbildung und Karriere ist für Frauen ein selbstverständlicher Bestandteil des Lebens. Junge Frauen verfügen über sehr gute Ausbildungen und besitzen, wie die männlichen Kandidaten, viel Potenzial. Ein geschlechtsneutrales Personalmarketing ist aus diesem Grund genauso wichtig, wie Arbeitszeitmodelle zur Vereinbarung von Beruf und Familie. Gerade Klein- und mittelständische Unternehmen könnten sich auf diese Personengruppe konzentrieren, da Frauen, trotz der Qualifikation, nicht zu den Wunschkandidaten der Großunternehmen gehören. Dazu gehören auch ältere Arbeitnehmerinnen und Hochschulabsolventinnen ohne bzw. mit geringer Berufserfahrung.
- **Generation 50plus:**
  Ältere Mitarbeiter stehen immer mehr im Fokus, wenn es um die Fachkräftesicherung in mittelständischen Unternehmen geht. Neben der Fachkompetenz bringen sie umfangreiche Erfahrungen und ausgeprägte Sozialkompetenzen mit. Die Neurowissenschaftler

haben bewiesen, dass das Gehirn bis ins hohe Alter lernen kann. Sofern die Bereitschaft zur Weiterbildung da ist, kann diese Zielgruppe den Fachkräftebedarf zum Teil kompensieren.

- **Internationale Kandidaten:**
Der Einsatz von ausländischen Bewerbern sollte als Alternative ebenfalls in Betracht gezogen werden. Auch wenn die Personalsuche im Ausland aufwendiger ist, so können auch die Positionen besetzt werden, die ansonsten vakant geblieben wären.

Praxisbeispiel

Die Firma Bürkert Fluid Control Systems mit Sitz in Ingelfingen (in Deutschland etwa 1200 Beschäftigte) entwickelt, produziert und vertreibt Ventile, Sensoren, Regler und komplette Regelsysteme. Um qualifizierte Ingenieure für die eigene Forschung und Entwicklung zu gewinnen, besucht das Unternehmen Recruiting-Messen im Ausland.

Für die Auswahl der Messen spielen zwei Aspekte eine Rolle: Zum einen konzentriert sich das Unternehmen auf besonders renommierte Veranstaltungen weltweit, um Beschäfige unabhängig von ihrer Herkunft und ihrem aktuellen Lebensmittelpunkt zu gewinnen, damit diese neue Perspektiven und Sichtweisen ins Unternehmen einbringen können. So konnte über die European Career Fair am Massachusetts Institute of Technology (MIT) in Boston, einer der weltweit führenden Universitäten im Bereich technologischer Forschung und Lehre, bereits ein erster Ingenieur eingestellt werden.

Da der neue Mitarbeiter einen europäischen Hintergrund hat, gab es keine Schwierigkeiten mit der Aufenthalts- und Beschäftigungserlaubnis. Weitere interessierte Fachkräfte aus anderen Ländern nehmen derzeit an Vorstellungsgesprächen teil. Zum anderen werden bewusst Messen ausgewählt, die in der Nähe von Auslandsniederlassungen stattfinden. So kann auf die Expertise und Unterstützung der Unternehmensvertreter in den jeweiligen Ländern zurückgegriffen werden.

Häufig werden die neuen Mitarbeiterinnen und Mitarbeiter zunächst in der Auslandsniederlassung beschäftigt und später in Deutschland eingesetzt. Derzeit sind zwei Messebesuche in Straßburg und Zürich geplant, wo Bürkert Niederlassungen hat. Aufgrund des positiven Verlaufs hat Bürkert internationale Recruiting-Messen mittlerweile in das Standard-Programm seines Personalmarketings aufgenommen.
Quelle: Wirtschaftsministerium Baden-Württemberg (2008, S. 91).

1.5 Zielgruppenanalyse und Zielgruppenansprache

Eine Zielgruppenanalyse soll aufzeigen, welche Erwartungen die einzelnen Zielgruppen an einen attraktiven Arbeitgeber stellen. Als kostengünstiges Instrument kann die Mitarbeiterbefragung eingesetzt werden. Da die einzelnen Zielgruppen unterschiedliche Bedürfnisse haben, ist die Form der Ansprache und Angebote jeweils zu differenzieren. Hilfreich sind auch externe Studienergebnisse, die auf die unternehmensspezifischen Besonderheiten anzupassen sind.

Auf Basis der Mitarbeiterbefragung bzw. Studienergebnisse wird festgelegt, welche Informationen, Bilder und Videos für die Zielgruppe aufbereitet werden. Wenig aussagefähige Floskeln wie „Bei uns steht der Mensch im Mittelpunkt" oder „Unsere Mitarbeiter sind unser wichtigstes Kapital" sollten vermieden werden. Steht der Mensch im Mittelpunkt, dann bringen Sie das mit Beispielen zum Ausdruck. Denken Sie daran „Der Wurm muss dem Fisch schmecken und nicht dem Angler!" Aus diesem Grund ist die Ausrichtung der Aktivitäten auf die Erwartungen unserer Zielgruppe von so großer Bedeutung.

Im nächsten Schritt ist festzulegen, welche Medien für die Zielgruppen zum Einsatz kommen sollen. Wo wollen Sie Ihre Stellenausschreibung, neben den Karriereseiten der eigenen Homepage, platzieren? Welche sozialen Netzwerke sind die geeignetsten? Wo informiert sich Ihre Zielgruppe regelmäßig? Berücksichtigen Sie auch die Zeiten, an denen die Zielgruppe besonders aktiv in den sozialen Netzwerken unterwegs ist, damit Sie eine große Anzahl an Interessenten erreichen. Stellen Sie vor dem Start der Kampagne sicher, dass die Fragen und Kommentare zeitnah beantwortet werden.

Literatur

Credit Siusse, Dr. Sara Carnazzi Weber, Andreas Christen, Thomas Mendelin, Strategien gegen den Fachkräftemangel, Erfolgsfaktoren für Schweizer KMU 2017
Studie „Recruiting Trends 2017" Institute for Competitive Recruiting (ICR)
Studie von meta HR und Employer 2017
Wirtschaftsministerium Baden-Württemberg (2008): Fachkräfte für den Baden-Württembergischen Mittelstand, S. 91

Weiterführende Literatur

Berg, Elmar: Employer Branding als Fachkräftesicherung im Generationenwechsel, Diplomica Verlag GmbH Hamburg 2015
Bock, Laszlo: Work Rules, Verlag Franz Vahlen GmbH, München 2016
Candidate Journey Studie 2017, Prof. Dr. Peter M. Wald (HTWK Leipzig), Christoph Athanas (meta HR Unternehmensberatung GmbH), 2017
Eugster, Jörg: Übermorgen, Midas Verlag AG, Zürich 2017
http://www.faz.net/aktuell/beruf-chance/beruf/arbeitsmarkt-wandelt-sich-von-nachfrage-in-anbietermarkt-15296060.html – 23.11.2017
Geffroy, Edgar/Geffroy, Barbara: Die neue Macht der Mitarbeiter; GABAL Verlag GmbH, Offenbach 2017
Hackl, Benedikt/ Gerpott, Fabiola: HR 2020 Personalmanagement der Zukunft; Verlag Franz Vahlen GmbH, München 2015
Jannsen, Herbert: Die besten Mitarbeiter erfolgreich gewinnen, entwickeln und halten; PRAXIUM-Verlag, Zürich 2012
Jànszky, Gàbor Das Recruiting-Dilemma, Zukunft der Personalarbeit in Zeiten des Fachkräftemangels, Haufe Gruppe, 2014

Literatur

Kanning, Uwe P. Personalauswahl zwischen Anspruch und Wirklichkeit, Springer, 2015

Knoblauch, Jörg/Kurz Jürgen: Die besten Mitarbeiter finden und halten, Campus Verlag GmbH, Frankfurt am Main 2007

Knoblauch Jörg/Kuttler, Benjamin: das Geheimnis der Champions; Campus Verlag GmbH, Frankfurt am Main 2016

Kürschner, Isabelle: Wie wir morgen tun, was wir heute wollen, Goldegg Verlag 2015

Lang, Karl: Personalmanagement 3.0; Linde Verlag Ges.m.b.H., Wien 2014

Oelsnitz, Dietrich von der / Stein, Volker/ Habmann, Martin: Der Talente-Krieg; Haupt Verlag 2007

Rechsteiner, Frank Erfolgreiches IT-Recruiting trotz Fachkräftemangel, Methoden zur Personalbeschaffung und -bindung, Springer Gabler 2016

Rosenberger, Bernhard Hrsg.: Modernes Personalmanagement; Springer Gabler, Springer Fach Medien, Wiesbaden 2014

Studie Cultural Fit, Christoph Athanas (meta HR Unternehmensberatung GmbH), Studienleitung Philip Athanas (meta HR Unternehmensberatung GmbH), Eva-Maria Friese (Employour Gmbh – a Territory embrace company) Nick Pfisterer (Employour Gmbh – a Territory embrace company), 2016

Weckmüller, Heiko: Exzellenz im Personalmanagement, Haufe-Lexware GmbH 6 Co. KG, Freiburg 2013

zeag GmbH – Zentrum für Arbeitgeberattraktivität Trendstudie zum Thema Arbeitgeberattraktivität der Universität St. Gallen 2015

Zehrfeld, W. Axel: Fachkräftesicherung F.A.Z.-Management-, Markt- und Medieninformationen GmbH, Frankfurt am Main 2012

Die besten Mitarbeiter finden 2

Die besten Mitarbeiter zu finden ist Ziel jedes Unternehmens. Die Praxis zeigt, dass Unternehmen, die bei der Bewerberauswahl einen stärkeren Fokus auf die emotionale Intelligenz sowie die Passung der Persönlichkeit und Werte legen, wesentlich erfolgreicher sind als die Unternehmen, die den qualifiziertesten Kandidaten einstellen. Die Recruiting-Aktivitäten sind in jedem Unternehmen ganzheitlich und kontinuierlich zu optimieren, um die Bewerberquote zu erhöhen und die besten Mitarbeiter zu finden. Der gezielte Einsatz von Software führt langfristig zur Kostenreduzierung bei steigender Qualität. Ziel aller Aktivitäten ist es, zufriedene und engagierte Mitarbeiter langfristig an das Unternehmen zu binden.

Die Digitalisierung hat nicht nur das Recruiting schon heute sehr stark verändert. Die fortschreitenden Veränderungen zwingen Recruiter zum Umdenken. Vor 20 Jahren haben Bewerber ihre Unterlagen auf dem PC aufbereitet und per Post an das Unternehmen gesandt. Seit fast 10 Jahren kann der Bewerber seine direkte Bewerbung über Internetportale abschicken. Bereits heute werden im immer stärker werdenden Maße die sozialen Netzwerke für das Recruiting genutzt und auch Bewerber informieren sich fast ausschließlich über verschiedenste Onlineportale über das Unternehmen, Arbeitsbedingungen, Kulturen und Werte.

Aus diesem Grund ist eine einfache Stellenausschreibung heute nicht mehr ausreichend. Die Zeiten sind vorbei, in denen man lediglich eine Stelle ausgeschrieben und auf den Eingang von passenden Bewerbungen gewartet hat. Heute müssen Recruiter unterschiedliche Wege und Methoden nutzen, um erfolgreich die passenden Kandidaten zu finden. Das bedeutet, dass jedes Unternehmen sich mit den veränderten und neuen Möglichkeiten des Recruiting auseinandersetzen muss. Natürlich ist es möglich, diese Leistungen grundsätzlich an externe Partner auszulagern. Neben der fachlichen Eignung geht es immer stärker auch um die Passung der Unternehmenswerte mit dem Bewerber. Talentmanagement und Employer Branding sind eng miteinander verknüpft. Aus diesem Grund sollten geeignete Maßnahmen mit der Employer-Branding-Strategie verknüpft werden. Heute wird die „eierlegende Wollmilchsau" in fast allen Anzeigen gesucht. Bewerber mit der „vermeintlich" höchsten fachlichen Eignung werden ausgewählt. Der Persönlichkeit wird noch immer zu wenig Beachtung geschenkt. Ein großer Fehler aus meiner Sicht. Nach meiner Erfahrung werden Menschen in einem Unternehmen besonders erfolgreich, wenn neben der Fachkompetenz die Persönlichkeit mit den Wertevorstellungen zum Unternehmen passt. Sie sind sogar dann meist sehr erfolgreich, wenn die Einstellungsvoraussetzungen nicht vollständig erfüllt werden. Wirklich engagierte Mitarbeiter eignen sich das fehlende Wissen meist sehr schnell an, weil sie sich mit dem Unternehmen und der Aufgabe identifizieren. Sie denken mit und bringen sich aktiv in die Lösung von Problemstellungen ein. Um diese Mitarbeiter zu finden, ist es aus meiner Erfahrung erforderlich, dass wir uns nicht nur auf die Ausbildung und Weiterbildungen fokussieren, sondern auch auf das Potenzial eines Bewerbers. Die Anforderungen an den Mitarbeiter und die Führungskräfte von morgen werden sich rasant durch die fortschreitende Digitalisierung verändern. Wir werden uns alle mit sich sehr schnell verändernden Aufgaben und Prozessen auseinandersetzen müssen. Dafür brauchen wir Mitarbeiter, die aus den unterschiedlichsten Bereichen Kompetenzen und Erfahrungen einbringen können.

Für die Suche von geeignetem Personal müssen viele Kanäle und Medien genutzt werden. Die gute alte Stellenanzeige in den Printmedien gehört eher der Vergangenheit an. Modernes Recruiting beginnt mit einem Bewerbermanagement, um das kein Unternehmen in der Zukunft herumkommen wird. Die Homepage des Unternehmens muss um eine Karriereseite ergänzt werden. Hier wird im Rahmen der Stellenausschreibung um den Bewerber geworben werden. Eine wenig aussagefähige Stellenausschreibung „Wir suchen … zum …" wird keinen Interessenten ansprechen. Ein professioneller Arbeitgeberauftritt versteht sich von selbst.

Warum sollten sich Menschen für Ihr Unternehmen interessieren, wenn das Unternehmen kein wirkliches Interesse zeigt. Wie könnte beispielsweise das Kampagnenmanagement für Ihre nächste Stellenausschreibung aussehen? Wie sind die Wettbewerber aufgestellt? Was können Sie von denen lernen? Aus welchem Grund sollten sich Menschen für Ihr Unternehmen interessieren? Was sagen Ihre Mitarbeiter und Kunden über das Unternehmen?

2.1 Anforderungsprofil

Im Anforderungsprofil wird zusammengetragen, über welche Fähigkeiten, mit entsprechender Ausprägung, der Bewerber verfügen sollte bzw. welche er unbedingt mitbringen muss, also die detaillierte Passung für das Unternehmen, deren Kultur und Werte. Es werden die Kriterien für Fachkompetenzen, das Leistungs- und Sozialverhalten, die Kundenorientierung sowie das Führungsverhalten festgelegt. Es wird in „must have" und „nice to have" unterschieden und ein Ranking für die Bedeutung des jeweiligen Skills festgelegt. Mit dem Ranking legen Sie fest, wie wichtig eine Fähigkeit oder Berufserfahrung für die

2.1 Anforderungsprofil

Ausübung der Tätigkeit ist. Ich empfehle, die Kriterien sehr genau zu hinterfragen, um das Anforderungsprofil auch für nicht sehr erfahrene Kandidaten interessant zu gestalten. Für die Festlegung der Kriterien ist es unerheblich, ob die Besetzung intern oder extern erfolgt. Die Basis ist in der Regel eine ausführliche Stellenbeschreibung, in der sämtliche Aufgaben, Kompetenzen, Zeichnungsbefugnisse etc. beschrieben werden. Im Anforderungsprofil wird festgelegt, welche Kompetenzen, Erfahrungen und Ausbildungen der neue Stelleninhaber mitbringen muss. In meiner Beratungspraxis erlebe ich gerade in Klein- und mittelständischen Unternehmen, dass man sich dieser Frage eher selten und schon gar nicht so intensiv gewidmet hat. Dies ist insofern sehr bedeutsam, da in diesem Prozess die genauen Anforderungen festgelegt werden. Wie will man einen geeigneten Bewerber auswählen, wenn man nicht genau die Anforderungen und das Leistungsziel definiert hat?

> **Praxisbeispiel Anforderungsprofil**
> Vor ca. 10 Jahren sprach mich Frank, Geschäftsführer eines Ingenieurbüros, bei einem Unternehmertreffen an und bat mich um Unterstützung bei einem Auswahlverfahren. Wir verabredeten einen ersten Abstimmungstermin. Das Unternehmen benötigte dringend einen weiteren Architekten für ein Großprojekt. Als klar war, dass es kein Anforderungsprofil gibt, habe ich mit dem Geschäftsführer die erforderlichen Hard und Soft Skills besprochen.
>
> Beispielfragen:
>
> - Was ist das Ziel und die Hauptaufgabe?
> - Welche Anforderungen haben Sie an die berufliche Qualifikation und Berufserfahrungen?
> - Welche Soft Skills sind Ihnen besonders wichtig und warum?
> - Welche Befugnisse und Zeichnungskompetenzen erhält der Mitarbeiter?
> - Auf welcher Basis wurden die Zeitaufwände ermittelt?
> - Welche Aufgaben soll er selbstständig und eigenverantwortlich erledigen?
> - Wann muss er wem über welche Inhalte berichten?
> - Mit welchen Teammitgliedern oder Ämtern wird er zusammenarbeiten?
> - Welche Ziele soll der Mitarbeiter in den ersten Wochen und Monaten der Probezeit erreichen?
> - Gibt es Einschränkungen beim Geschlecht, Alter oder Arbeitszeit?
>
> Die Abklärung der Fragen zum Anforderungsprofil führte im Ergebnis dazu, dass ein Bauingenieur mit 80–100 % sowie eine kaufmännische Mitarbeiterin mit einem Pensum 20 % gesucht wurden. Keine Einschränkungen zum Geschlecht oder Alter bei der Stellenbesetzung.

Sorgen Sie für Transparenz und realistische Anforderungen im Bewerbungsprozess!
Bewerber erwarten informative und aussagefähige Stellenausschreibungen. Ein detailliertes Anforderungsprofil bildet die Basis und dient später für den Bewerberabgleich. Anhand der Ergebnisse kann dem Bewerber ein Stärken-Schwächen-Profil aufgezeigt werden. Dieser Service wird von den Kandidaten erwartet und geschätzt.

2.2 Active Sourcing

Active Sourcing, Direktansprache, bedeutet die direkte Ansprache einer Person mit dem Ziel, diese als potenziellen Kandidaten für das Unternehmen zu gewinnen. Dies ist eine anspruchsvolle und erfolgreiche Methode des Recruiting und wird in den kommenden Jahren immer mehr an Bedeutung gewinnen. Die Veränderungen des Arbeitsmarktes machen es erforderlich, dass auch kleinere Unternehmen aktiv auf Kandidaten zugehen.

Eine gute Vorbereitung und Recherche ist für den Erfolg unverzichtbar:

- Netzwerke für die Zielgruppe recherchieren
- Zielgruppenspezifische Ansprache erarbeiten
- Auseinandersetzung mit dem Profil des Kandidaten
- Karriereseite mit überzeugenden Argumenten sowie weiteren Informationen vorbereiten
- Kandidaten ansprechen
- Akzeptieren Sie auch ein Nein und fragen, ob Sie sich zu einem späteren Zeitpunkt wieder melden können oder ob der Kandidat sogar eine Empfehlung für das Unternehmen hat.

Ein zeitaufwendiger Prozess, keine Frage. Die Pflege und Aktualisierung ihres eigenen bzw. des unternehmensübergreifenden Talentpools kann durch den Einsatz der Bewerbermanagementsoftware erheblich optimiert werden. Sie könnten ihre potenziellen Kandidaten u. a. mit Newslettern versorgen und auch aktuelle Jobangebote zusenden. Bleiben Sie mit den Kandidaten im Dialog, sofern diese einer Kontaktaufnahme und gelegentlichen Informationen per Newsletter zustimmen.

Bewerber und Arbeitgeber tauschen beim Active Recruiting die Rollen. Heute investieren die Bewerber viel Zeit in die Recherche sowie Vorbereitung einschließlich der Unterlagenerstellung. Diese Rolle übernimmt beim Active Sourcing der Arbeitgeber. Dafür sind neben den personellen Kapazitäten auch entsprechende finanzielle Mittel bereitzustellen. Für mittelständische Unternehmen empfiehlt es sich deshalb, das Active Sourcing begleitend zu den Rekrutierungsmaßnahmen wie z. B. Karriereseite der Homepage, Online Stellenausschreibungen und der aktiven Werbung durch Mitarbeiter, entsprechend der personellen und finanziellen Kapazitäten, einzusetzen.

Im ersten Schritt wird, wie bei allen Methoden des Recruiting, die Zielgruppe auf Basis des Anforderungsprofils definiert, sowie die Keywords für die Suche festgelegt. Diese Keywords können dann später gezielt bei der Suche in den Onlinekanälen genutzt werden. 76 % der Internetnutzer sind in den sozialen Medien aktiv. In den Business-Netzwerken finden Arbeitgeber nicht nur viele Fachkräfte, sondern auch umfangreiche Informationen zur Ausbildung und Berufserfahrung. Diese können in den Netzwerken direkt bzw. durch Bewerbermanagementsoftware selektiert werden. Bedenken Sie bitte, dass die Kandidaten möglicherweise sehr häufig vom Recruiter kontaktiert werden und dadurch 0815-Kontaktversuche erfolglos abprallen. Etwas mehr Zeit für die Vorbereitung zu investieren bringt größere Chancen, um das Interesse der Kandidaten zu wecken. Ein Perspektivwechsel ist nach meiner Erfahrung immer hilfreich. Versetzen Sie sich in die Lage ihres Kandidaten. In den meisten Fällen ist er in einer festen Anstellung tätig. Warum sollte er sich für Ihr Unternehmen interessieren und welche Argumente würden Sie überzeugen?

Business-Netzwerke XING und LinkedIn
Das Business-Netzwerk XING verzeichnete im Mai 2017 12,75 Mio. User im DACH-Raum, davon 0,9 Mio. aus der Schweiz, 0,8 Mio. aus Österreich und weitere 950.000 Studenten (als gesonderte Gruppe gezählt). LinkedIn liegt mit 10 Mio. Usern knapp hinter XING.

XING-Mitglieder agieren stärker im deutschsprachigen Raum, wobei LinkedIn-Nutzer verstärkt in global agierenden Unternehmen beschäftigt sind. Sofern diese Netzwerke für Sie von Interesse sind, empfehle ich Ihnen, sich als Markenbotschafter eines attraktiven Arbeitgebers zu präsentieren. Verschaffen Sie sich einen Überblick, wie viele mögliche Kandidaten Ihrer Zielgruppe dort vertreten sind. Gleichzeitig können Sie auch prüfen, welche Unternehmen Ihrer Branche vertreten sind. Bei der Kandidatensuche können Sie neben den vorher festgelegten Keywords zusätzlich nach Branchen und Unternehmen suchen.

Soziale Netzwerke Facebook, Twitter, Google+, Pinterest, Instagram und YouTube
Facebook hat weltweit zwei Milliarden Nutzer, davon ca. 31 Mio. in Deutschland und 3,7 Mio. in der Schweiz, Stand Mai 2017. Auch hier ist die Einrichtung einer eigenen sogenannten Fanpage ein Muss, wenn Sie mit diesem Netzwerk Kandidaten auf das Unternehmen aufmerksam machen möchten. Für die Zielgruppenselektion stehen zusätzliche Möglichkeiten, wie die Standortwahl, demografische Details, Interessen etc., zur Verfügung. Ziel der Fanpage ist es, eine große Community aufzubauen, die die Beiträge liest, kommentiert und teilt und so auf Dauer Kandidaten für das Unternehmen zu gewinnen.

Twitter ist ein Tool für Kurznachrichten und eignet sich gut für Recherchezwecke. Sogenannte Hashtags (#) helfen bei der Zuordnung und Auffindung von Themen. Die verwendbaren Zeichen einer Nachricht wurden kürzlich von 140 auf 280 verdoppelt. News lassen sich über diesen Kanal schnell verbreiten. Auch hier ist der Aufbau einer eigenen Community für die rasante Nachrichtenweiterleitung wichtig.

Google+ setzt ebenfalls auf den Einsatz der Hashtags, die in zunehmenden Maße in der Google-Suche erscheinen. Die Nutzung von Google Hangouts, Videokonferenzen, kann auch von Vorteil sein. Die Verknüpfung mit Google-Angeboten ist ebenfalls möglich.

Pinterest eignet sich für alle Themen, deren Botschaften man mit Bildern transportieren kann.

Instagram erfreut sich bei den Teenagern größter Beliebtheit und wird stärker als Facebook von dieser Zielgruppe genutzt.

YouTube ist wohl die beliebteste Plattform. 90 % aller Internetnutzer schauen Videos auf YouTube.

Die Auswahl des richtigen Kanals ist entscheidend für den Erfolg. Nutzer holen sich die Informationen auf den Kanälen, die für sie interessant sind. Deshalb sind die Beiträge, Videos und Bilder entsprechend für die unterschiedlichen Alters- und Zielgruppen aufzubereiten und kontinuierlich zu aktualisieren. Da die Pflege dieser Kanäle sehr zeitaufwendig ist, empfehle ich zu prüfen, welcher der Kanäle der geeignetste für Ihre Zielgruppe ist und diesen entsprechend zu aktualisieren.

Recruiting heute bedeutet, geeignete Kandidaten für eine Stelle zu suchen. Die Zukunft wird vom Talent Relations Management bestimmt und es werden für geeignete Kandidaten Stellen gesucht. Um diese Form des Recruiting auch als mittelständisches Unternehmen nutzen zu können, wird die Vernetzung mit anderen Unternehmen unumgänglich sein. Aus Kosten- und Kapazitätsgründen rate ich kleinen Unternehmen ab, die Methode nur für das eigene Unternehmen zu nutzen. Die Fragen und Befürchtungen der Unternehmen, was die Abwanderung der Fachkräfte betrifft, kann ich gut nachvollziehen. Hier müssen aber auch die Chancen genau betrachtet werden. Ein unternehmensübergreifender Talentpool steigert intern und extern die Arbeitgeberattraktivität. Sie gewinnen zusätzliche Kandidaten. Mitarbeitende, denen Sie keine Entwicklungsmöglichkeiten bieten können, verlassen das Unternehmen trotzdem. Mit einem Talentpool können Sie die Weiterentwicklung im Unternehmensverbund ermöglichen. Sofern die Rahmenbedingungen beim Mitbewerber attraktiver sind, können Sie die Fluktuation kaum verhindern, aber an den eigenen Rahmenbedingungen arbeiten. Der Talentpool bringt perspektivisch einen großen Nutzen und reduziert die Rekrutierungsaufwände sowie den Einsatz der finanziellen Mittel.

Weitere Möglichkeiten bieten **Job- und Stellensuchmaschinen,** sogenannte Jobboards. Diese Suchmaschinen sind wichtige Rekrutierungsquellen.

Chatbots sind Systeme, die in Onlineplattformen potenzielle Kandidaten finden sollen und zukünftig durch den Einsatz von künstlicher Intelligenz auch ansprechen. Auch wenn das heute noch sehr futuristisch klingt, bleibt abzuwarten, welche Recruiting-Instrumente sich in fünf Jahren etabliert haben.

Nach der Festlegung des Suchkanals ist die Suche und Selektion anhand der definierten Keywords zu starten. Im folgenden Schritt ist die Ansprache des Kandidaten vorzubereiten. Bei der Ansprache gehen Sie bitte so vor, wie ein Bewerber, der sich bei Ihnen bewirbt.

- Informieren Sie sich über den Kandidaten.
- Gestalten Sie Ihre Information kurz und aussagefähig, wie sie es bei einem Anschreiben vom Bewerber erwarten und sagen klar, dass es um ein Jobangebot geht.
- Formulieren Sie ein paar Sätze zum Unternehmen, den Entwicklungsmöglichkeiten sowie der Begründung, warum es ein lohnendes Angebot für den Kandidaten ist.
- Beenden Sie Ihr Schreiben mit einer Handlungsaufforderung, z. B. für ein Telefonat.

Erhalten Sie keine Nachricht auf Ihre Anfrage, dann fassen Sie bitte nach, so wie es Bewerber heute im Bewerbungsverfahren auch tun. Eine gezielte Weiterbildung für Recruiter sollte Bestandteil der Personalentwicklung sein. Beim Active Recruiting muss der Recruiter häufig mit einem „Nein" des Kandidaten umgehen. Sie benötigen neben der starken Überzeugungskraft auch eine große Portion an Beharrlichkeit. Die Fähigkeiten sollten durch Trainings gestärkt und weiter ausgebaut werden. Der Einsatz von Active Sourcing ohne Training und Vorbereitung von individuellen Ablauf- und Gesprächsleitfäden ist nicht empfehlenswert.

2.3 Mobile Recruiting

Um Mobile Recruiting führt heute kein Weg mehr vorbei. Die Nutzung des Smartphone für die Jobsuche ist bereits Normalität. Trotzdem sind viele Karriereseiten der Unternehmen nicht für den mobilen Einsatz optimiert. Die Studie aus 2017 vom Online Portal meinestadt.de macht deutlich, dass eine hohe Zahl der Bewerber den Bewerbungsprozess abbrechen, weil eine Mobilbewerbung schlicht nicht möglich war. 76 % der befragten Fachkräfte nutzen das Smartphone für die Jobsuche. Diesem Nutzerverhalten müssen die Inhalte und Darstellung der Homepages angepasst werden. Wann haben Sie die Unternehmensdarstellung auf der Homepage das letzte Mal aktualisiert und die Darstellung auf dem Smartphone überprüft?

Laut Studie finden 65 % der Bewerber es wichtig, dass sie sich direkt per Smartphone bewerben können und 73 % würden sich mobil bewerben. 70 % der Befragten erwarten eine Rückmeldung vom Unternehmen innerhalb einer Woche und fast 59 % haben die Bewerbung abgebrochen, weil das Angebot mobil nicht gut nutzbar war. Wie sind die Reaktionszeiten in Ihrem Unternehmen? Ist das Thema Chefsache?

Für das Mobile Recruiting gelten besondere Anforderungen an die Form und den Inhalt. Eine Kurzbewerbung, die alle relevanten Daten enthält, ist optimal. Auch das Beifügen eines Anschreibens sollte für die Mobile Bewerbung überdacht werden, da es einen nicht unerheblichen zusätzlichen Aufwand für den Bewerber darstellt. Die Möglichkeit des Mobile Recruiting bietet dem Unternehmen und dem Bewerber viele Vorteile, aber nur dann, wenn die Prozesse und das Antwortverhalten entsprechend optimiert werden. Zu häufig werden die nicht akzeptablen Antwortzeiten von den Bewerbern zu Recht kritisiert. Ein konsequentes Zeit- und Organisationsmanagement können hier Abhilfe schaffen.

> **Beispiel Perspektivwechsel: Bewerber und Personalverantwortliche**
> Im Oktober 2017 habe ich einen Ausbildungskurs zum Thema Recruiting mit Zertifizierung für 25 Personalmanager durchgeführt. Die Teilnehmer kamen mit sehr unterschiedlichen Praxiserfahrungen in den Kurs. Auch sie beanstandeten das Antwortverhalten der Unternehmen und die langen Bearbeitungszeiten aus der Bewerbersicht. In der Rolle des Human-Ressource-Verantwortlichen fiel es ihnen schwer, einen strikten Zeitplan vorzubereiten und einzuhalten. Zu viele andere Aufgaben aus dem Tagesgeschäft würden dies, aus ihrer Sicht, nicht zulassen.

Die extremen Unterschiede aus den unterschiedlichen Rollen sind bemerkenswert. In meiner Beratungspraxis erlebe ich auch Widerstände für eine detaillierte Ablauf- und Terminplanung. Effektivität und Effizienz in der Arbeitsorganisation bestimmen den Arbeitserfolg. Für die effektive Nutzung der Kapazitäten ist das Eisenhower-Prinzip zu empfehlen.

Nach diesem Prinzip werden alle Aufgaben in vier Kategorien eingeteilt.

Kategorie A – Dringend und wichtig	Kategorie B – Wichtig, aber nicht dringend
Sofort selbst erledigen	Terminieren und später selbst erledigen
Kategorie C – Dringend, aber nicht wichtig	**Kategorie D – Nicht wichtig und nicht dringend**
Delegation an fachkompetente Mitarbeiter	Nicht bearbeiten! Im Papierkorb entsorgen!

Aus meiner langjährigen Erfahrung kann ich jedem nur empfehlen, den gesamten Prozess von der Planung der Aktivitäten, über das Feedback bis hin zum Gespräch sowie weiteren Auswahlinstrumenten sehr detailliert zu planen. So kann sichergestellt werden, dass das Antwortverhalten vom Bewerber als sehr positiv bewertet wird und er nicht abspringt. Die rechtzeitige Terminabstimmung für die gemeinsamen Auswahlgespräche aller Gesprächsbeteiligten sichert die Stellenbesetzung zum geplanten Termin.

Mobile Recruiting wird an Bedeutung sehr schnell zunehmen. Das Zitat „Wer nicht mit der Zeit geht, geht mit der Zeit" von Friedrich Schiller beschreibt den Prozess aus meiner Sicht sehr deutlich. Reagieren Sie jetzt und seien Sie den Mitbewerbern bei der Suche nach den so begehrten Fachkräften eine Nasenlänge voraus und schaffen die Voraussetzungen für das Mobile Recruiting. Bedenken Sie, dass Ihre Bewerber die Zeit u. a. in den öffentlichen Verkehrsmitteln nutzen, um nach Jobangeboten Ausschau zu halten. Ihre Angebote müssen neben der mobilen Anwendung kurze Ladezeiten aufweisen und natürlich leserfreundlich gestaltet werden.

Wichtige Bedingungen für ein effektives Mobile Recruiting sind:

- Optimierte Anpassung der Navigation für Mobilgeräte
- Zwischenspeicherung von Daten
- Download von Daten aus der Dropbox

Die Möglichkeit der Zwischenspeicherung von Daten ist sehr entscheidend, wenn man berücksichtigt, wo und wann Bewerber auf die Stellenausschreibung zugreifen. Die Möglichkeit, eine Bewerbung zu einem späteren Zeitpunkt abzuschließen, vermeidet unliebsame Abbrüche für den Bewerber und das Unternehmen.

2.4 Inbound Sourcing

Inbound Sourcing ist die kostengünstigste Methode Personal zu rekrutieren. Im Unterschied zum Active Sourcing haben Kandidaten bereits Kontakt zum Unternehmen bzw. sogar ihr Interesse bekundet. Man kann also von einem „warmen Kontakt", wie Sie es bereits aus der Neukundengewinnung kennen, sprechen.

Zunächst sollten Sie Ihre Belegschaft darüber informieren, dass das Unternehmen über Mitarbeiterempfehlungen aktuelle und zukünftige Positionen besetzen möchte. Dafür wird ein Talentpool angelegt bzw. der bestehende erweitert. Ihre Belegschaft wird dieses Instrument nur dann annehmen, wenn Sie die Ziele kommunizieren und auch die Personalentwicklungsmaßnahmen transparent und individuell für jeden einzelnen nachvollziehbar sind. Sehen Mitarbeiter die eigenen Entwicklungschancen bedroht, werden sie wohl kaum Empfehlungen für externe Stellenbesetzungen geben. Aus diesem Grund ist der Einsatz des Inbound Sourcing gut vorzubereiten und die Belegschaft sowie deren Vorschläge aktiv in die Maßnahmen einzubeziehen.

Was meinen Sie? Würden Ihre Mitarbeitenden das Unternehmen empfehlen? Herzlichen Glückwunsch, wenn Sie diese Frage mit „Ja" beantworten können. In der Einzelberatung kommen immer häufiger Menschen zu mir, weil sie innerlich gekündigt haben, das heißt die Menschen sind zwar noch im Unternehmen, aber nicht mehr an den Ergebnissen und Zielen interessiert. Würden diese Mitarbeiter das Unternehmen empfehlen? Wohl eher nicht! Wie beurteilen Ihre Mitarbeiter das Unternehmen? Haben Sie sich z. B. bei KUNUNU, dem größten Arbeitgeberbewertungsportal im deutschsprachigen Raum, Ihre Bewertungen einmal angeschaut? (vgl. Abb. 2.1) Hier können Mitarbeiter, Bewerber und Auszubildende jeweils anonym eine Bewertung abgeben. Unzufriedene Mitarbeiter und Bewerber sind eher geneigt eine Bewertung auf KUNUNU zu schreiben. Zufriedene Mitarbeiter beschäftigen sich mit der Bewertung des Unternehmens häufig erst dann, wenn sie darum gebeten werden, oder durch Diskussionen im Bekanntenkreis darauf aufmerksam gemacht werden. Gehen Sie aus diesem Grund in die Offensive und starten eine Mitarbeiterbefragung. Bitten Sie jeden Bewerber ebenfalls um ein Feedback. Das unterstreicht Ihre Transparenz im Bewerbungsverfahren. Unternehmen, die den Mut haben offen nach Feedback zu fragen, sind an der kontinuierlichen Verbesserung der Abläufe und Prozesse interessiert und das wird von Kandidaten und den Mitarbeitenden geschätzt.

6 Mitarbeiter   4 Bewerber

Vor dem Bewerbungsgespräch			Während des Bewerbungsgesprächs		
Zufriedenstellende Reaktion	4,00	★★★★☆	Professionalität des Gesprächs	3,00	★★★☆☆
Schnelle Antwort	3,75	★★★★☆	Vollständigkeit der Infos	2,75	★★★☆☆
Erwartbarkeit des Prozesses	3,25	★★★½☆	Angenehme Atmosphäre	3,75	★★★★☆
			Wertschätzende Behandlung	3,25	★★★½☆
Nach dem Bewerbungsgespräch			Zufriedenstellende Antworten	3,75	★★★★☆
Zeitgerechte Ab- / Zusage	1,25	★½☆☆☆	Erklärung der weiteren Schritte	3,75	★★★★☆

3,25
★★★½☆
BEWERBER

Abb. 2.1 Beispiel KUNUNU. (Quelle: KUNUNU, Auszug aus einer Arbeitgeberbewertung, ohne schriftlichem Kommentar)

KUNUNU Bewertung Arbeitgeber der Baubranche/Architektur

Eine detaillierte Beschreibung des Bewerbungsprozesses wird in der Regel ebenfalls dokumentiert, was, bei einer eher mangelhaften Bewertung, mögliche zukünftige Kandidaten von einer Bewerbung abhalten kann.

Eine Mitarbeiterbefragung durch einen externen Auftraggeber durchzuführen, stellt eine weitere Option dar. Diese Form der Befragung empfehle ich, wenn es in Ihrem Unternehmen viele Prozesse und Abläufe gibt, die zu optimieren sind und die Mitarbeitenden durch eine höhere Fluktuation auf die Rahmenbedingungen reagieren. Die anonyme Online-Bewertung können Sie nicht beeinflussen, aber das Feedback nutzen, um Veränderungsprozesse anzustoßen. Die Auseinandersetzung mit den Ergebnissen sowie den sich daraus ergebenden Veränderungen sind wirkungsvolle Maßnahmen, um das Employer Branding nach innen und außen zu optimieren. Mitarbeiter, die sich respektiert und wertgeschätzt fühlen, empfehlen das Unternehmen weiter und haben meist sogar ein großes Interesse daran, dass sich passende Kandidaten vorstellen.

Aus dem Marketing kennen Sie sicher die Aktion „Kunden werben Kunden" und haben diese vielleicht auch schon praktiziert. Haben Sie bereits über eine Aktion zum Thema „Mitarbeiter werben Mitarbeiter" nachgedacht? Die Aktion ist zwar nicht neu, aber immer wieder sehr wirksam. Ein finanzieller Anreiz schafft zusätzliche Motivation. Ihre Mitarbeitenden werden auch nur Menschen für das Unternehmen werben, mit denen sie gern zusammenarbeiten möchten und die somit zur Kultur des Unternehmens passen. Mitarbeiter halten über Alumni-Organisationen häufig Kontakt zu Studienkollegen bzw. ehemaligen Arbeitskollegen. Nutzen Sie dieses Potenzial um Fachkräfte gezielt anzusprechen. Mit großer Sicherheit kann man davon ausgehen, dass Mitarbeiter das Unternehmen nur dann empfehlen, wenn die Arbeitgebermarke nach innen und außen gelebt wird.

2.5 Social Media Recruiting

Moderne Bewerbermanagement-Systeme vereinfachen das Recruiting und die Direktansprache von potenziellen Kandidaten erheblich. Zum einen sind diese häufig in den sozialen Netzwerken aktiv und zum anderen können Recruiter anhand der hinterlegten Profile nach Kandidaten mit den entsprechenden Fachkompetenzen suchen und diese dann gezielt kontaktieren. Viele Unternehmen setzen Social-Media-Kanäle aus diesem Grund als festen Bestandteil des Employer Branding ein. Die steigenden Ansprüche der Bewerber an die Unternehmen und das Bewerbermanagement sowie der Fachkräftemangel machen diese Netzwerke auch für mittelständische Unternehmen interessant.

Laut der Aussage von den Betreibern der Businessplattform Xing (vgl. Abb. 2.2) gehört dieses Netzwerk mit knapp 13 Mio. Nutzern zu den erfolgreichsten Social-Media-Plattformen und verzeichnet einen starken Anstieg der Stellenanzeigen im Vergleich zu LinkedIn und Facebook (vgl. Abb. 2.3).

Soziale Netzwerke erfolgreich im Recruiting nutzen bedeutet aber auch, diese konsequent und kontinuierlich zu pflegen. Stellen Sie regelmäßig Unternehmensinformationen ein und informieren über aktuelle Entwicklungen. So erreichen Sie Nutzer, die Ihrem Unternehmen folgen und so auch schneller auf aktuelle Stellenangebote aufmerksam werden. Passende Stellenangebote werden den jeweiligen Nutzern als Vorschlag unterbreitet. Aktives Recruiting in den sozialen Netzwerken ist auch aus Kostengesichtspunkten für

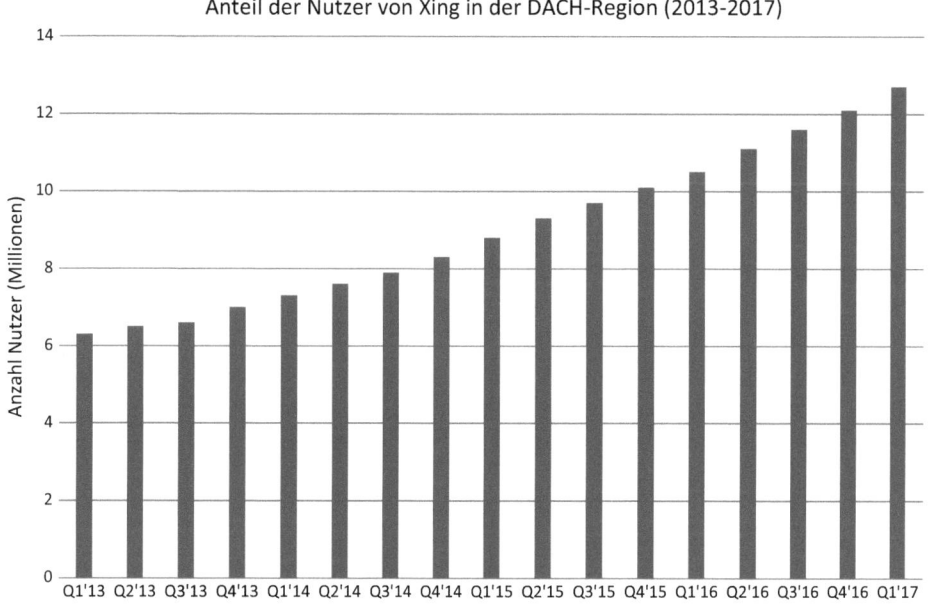

Abb. 2.2 Anteil der Nutzer von XING in der DACH-Region

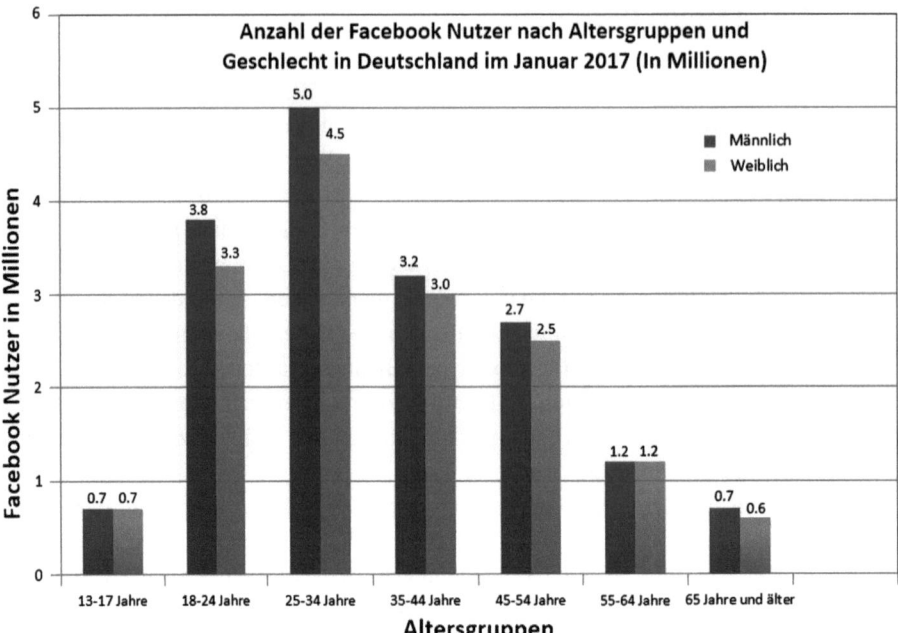

Abb. 2.3 Anzahl FB-Nutzer. (Quelle: We Are Social; Hootsuite: Digital in 2017 – Western Europe, 94)

das Unternehmen interessant, denn Kosten entstehen auf Basis der Klickzahlen auf die Stellenausschreibung. Im Gegensatz zu XING und LinkedIn wird Facebook noch nicht aktiv für das Recruiting genutzt, was sich jedoch in der nächsten Zeit ändern soll.

Um über Facebook Ihre Zielgruppe zu erreichen, benötigen Sie eine sogenannte Fanpage, deren Pflege und Aktualisierung dann zur regelmäßigen Routine gehört. Wählen Sie die Informationen, die für Ihre Zielgruppe wichtig sind. Sofern Sie Auszubildende suchen, nutzen Sie kurze Videosequenzen, um den Beruf von der praktischen Seite her vorzustellen, oder stellen Feedbackvideos der bereits tätigen Auszubildenden ein. Berücksichtigen Sie dabei immer, dass Facebook für kurzweilige Unterhaltungen und Informationen von den Nutzern eingesetzt wird. Ziel ist es, Aufmerksamkeit zu erzeugen und das Unternehmen als Marke bekannt zu machen.

Zielgruppengerechte Beiträge, Fotos und Videos werden von den Nutzern gelikt, kommentiert und geteilt. Damit ziehen Sie mögliche Kandidaten auf Ihre Homepage, um die gewünschten Aktivitäten wie Kontaktaufnahme oder Bewerbung auszulösen.

Um dieses Ziel zu erreichen, brauchen Sie Follower bzw. Fans, die Ihre Informationen regelmäßig lesen und auch teilen.

- Was sind Ihre nächsten Schritte?
- Welche der sozialen Netzwerke wollen Sie zukünftig nutzen?
- Welche Strategieziele verfolgen Sie?

Weiterführende Literatur

Geffroy, Edgar/Geffroy, Barbara: Die neue Macht der Mitarbeiter; GABAL Verlag GmbH, Offenbach 2017

Jannsen, Herbert: Die besten Mitarbeiter erfolgreich gewinnen, entwickeln und halten; PRAXIUM-Verlag, Zürich 2012

Jànszky, Gàbor Das Recruiting-Dilemma, Zukunft der Personalarbeit in Zeiten des Fachkräftemangels, Haufe Gruppe, 2014

Kanning, Uwe P. Personalauswahl zwischen Anspruch und Wirklichkeit, Springer, 2015

Knoblauch, Jörg/Kurz Jürgen: Die besten Mitarbeiter finden und halten, Campus Verlag GmbH, Frankfurt am Main 2007

Knoblauch Jörg/Kuttler, Benjamin: das Geheimnis der Champions; Campus Verlag GmbH, Frankfurt am Main 2016

Kürschner, Isabelle: Wie wir morgen tun, was wir heute wollen, Goldegg Verlag 2015

Lang, Karl: Personalmanagement 3.0; Linde Verlag Ges.m.b.H., Wien 2014

Maier, Norbert Erfolgreiche Personalgewinnung und Personalauswahl, Praxium-Verlag, Zürich 2008

http://unternehmen.meinestadt.de/blog/2017/01/candidate-focused-recruiting-stellenanzeigen-muessen-an-nutzungssituationen-angepasst-werden/

Oelsnitz, Dietrich von der / Stein, Volker/ Habmann, Martin: Der Talente-Krieg; Haupt Verlag 2007

Rechsteiner, Frank Erfolgreiches IT-Recruiting trotz Fachkräftemangel, Methoden zur Personalbeschaffung und -bindung, Springer Gabler 2016

Remdisch, Sabine Hrsg.: Human Performance Management; Haufe-Lexware GmbH 6 Co. KG, Freiburg 2014

Rosenberger, Bernhard Hrsg.: Modernes Personalmanagement; Springer Gabler, Springer Fach Medien, Wiesbaden 2014

Zürich 2006Stracke, Friedemann Menschen verstehen – Potenziale erkennen, Springer Gabler

Sprenger, Reinhard K.: Mythos Motivation; Campus Verlag, Frankfurt am Main 2014

Zehrfeld, W. Axel: Fachkräftesicherung F.A.Z.-Management-, Markt- und Medieninformationen GmbH, Frankfurt am Main 2012

zeag GmbH – Zentrum für Arbeitgeberattraktivität Trendstudie zum Thema Arbeitgeberattraktivität der Universität St. Gallen 2015

http://www.faz.net/aktuell/beruf-chance/beruf/arbeitsmarkt-wandelt-sich-von-nachfrage-in-anbietermarkt-15296060.html – 23.11.2017

Credit Siusse, Dr. Sara Carnazzi Weber, Andreas Christen, Thomas Mendelin, Strategien gegen den Fachkräftemangel, Erfolgsfaktoren für Schweizer KMU 2017

Candidate Journey Studie 2017, Prof. Dr. Peter M. Wald (HTWK Leipzig), Christoph Athanas (meta HR Unternehmensberatung GmbH), 2017

Studie Cultural Fit, Christoph Athanas (meta HR Unternehmensberatung GmbH), Studienleitung Philip Athanas (meta HR Unternehmensberatung GmbH), Eva-Maria Friese (Employour Gmbh – a Territory embrace company) Nick Pfisterer (Employour Gmbh – a Territory embrace company), 2016

Softgarden E-Recruiting GmbH, Umfrage 2015, Der Arbeitgeber als Dienstleister im Bewerbungsprozess

Bewerbermanagement 3

Ein effektives Bewerbermanagement soll die Kapazitäts- und Kostenaufwände optimieren und als Teil des Employer Branding die Arbeitgebermarke nach innen und außen stärken. Ziel ist es, die talentiertesten Bewerber zu finden und langfristig an das Unternehmen zu binden. Im Umgang mit den Bewerbern spielt die Außenwirkung des Unternehmens eine wichtige Rolle. Die Ausrichtung aller Recruiting-Maßnahmen auf die Ziele und Wünschen der Kandidaten bezeichnet man als Candidate Experience.

Das Bewerbermanagement, auch E-Recruiting genannt, wird durch Softwareangebote weitestgehend optimiert.

Dem Bewerbermanagement werden folgenden Aufgabenbereiche zugeordnet:

- Stellenausschreibung auf Basis des Anforderungsprofils
- Bewerberdatenverwaltung sowie schriftliche Kommunikation mit den Bewerbern, wie z. B. Eingangsbestätigung, Einladung zum Bewerbergespräch, Zwischenbescheid etc.
- Vorbereitung des Auswahlprozesses, wie z. B. wie Bewerbervergleich, Abgleich von Kompetenzen mit dem Anforderungsprofil etc.
- Schriftliche Kommunikation nach der Entscheidungsfindung, wie z. B. Zusage

Der Einsatz von unterstützender Software ist sehr empfehlenswert. Die Erfahrungen zeigen, dass in vielen Unternehmen aller Größen die Abläufe im Bewerbermanagement noch optimiert werden können. Klein- und mittelständische Unternehmen haben meist noch einen größeren Nachholbedarf, weil diese bisher die Prozesse manuell organisiert haben.

Die Auseinandersetzung mit den nachfolgenden Fragen soll aufzeigen, in welchen Bereichen das Unternehmen bereits gut aufgestellt ist und wo es Optimierungsbedarf gibt.

- Welche Wünsche und Erwartungen haben Ihre Bewerber an das Unternehmen?
- Welche Informationen können Bewerber aus der Karriereseite der Homepage bzw. Stellenausschreibung entnehmen?

- Wie lange dauert es, bis der Kandidat eine Antwort auf seine Bewerbung erhält?
- Wie lange dauert es, bis ein Termin für das Bewerbergespräch vereinbart wird?
- Wie lange dauert es, bis der Kandidat eine Antwort nach dem Bewerbergespräch erhält?
- Wie lange dauert der gesamte Prozess, von der Ausschreibung bis zur Stellenbesetzung?

Wir verlieren Bewerber, wenn der Zeitraum von der Stellenausschreibung bis zur Einstellungsentscheidung unverhältnismäßig lang ist und es keine Zwischenbescheide von Seiten des Unternehmens gab. Auch die Wahl der Software sowie die Antwortzeiten vom Server können dazu führen, dass Bewerber das Verfahren frühzeitig abbrechen. Neben den langen Antwortzeiten bemängeln Bewerber in Umfragen, dass zu viele Daten manuell eingegeben werden müssen.

Wir erwarten von einem Bewerber, dass er gut strukturierte und inhaltlich aussagefähige Unterlagen erstellt, sich kurz und prägnant im Vorstellungsgespräch präsentiert und auf unsere Fragen detailliert eingeht. Von daher scheint es doch auch sinnvoll, wenn wir das Unternehmen entsprechend präsentieren. Wir schauen fokussiert auf entsprechende Ausbildungen und Berufserfahrungen. Bewerber prüfen das Unternehmen ebenfalls selektiv, bevor sie sich intensiver mit unseren detaillierten Jobangeboten befassen.

Welche Antworten würden Sie einem Bewerber auf folgende Fragen geben?

- **Warum** tun Sie das, was Sie tun?
- **Wie** machen Sie das?
- **Was** ergibt sich daraus?

Dieses Fragenmodell basiert auf den Kommunikationsstrategien von Simon Sinek.

Apple kommuniziert nicht so:
   Wir stellen gute Computer her (Was).
   Sie haben ein attraktives Design, sind einfach zu nutzen und werden mit Benutzerfreundlichkeit entworfen (Wie).
   Möchten Sie einen Computer kaufen?

Sondern:
   Bei allem was wir tun, hinterfragen wir den Status quo. Wir glauben an das, was wir tun und an eine neue Denkweise (Warum)
   Wir hinterfragen den Status quo, indem wir Produkte mit einem schönen Design, die einfach zu nutzen und benutzerfreundlich sind, anbieten (Wie)
   Wir haben das Glück, gute Computer herzustellen (Was), möchten Sie einen kaufen?

▶ Menschen folgen nach Simon Sinek keiner Person, keinem Produkt oder Service, sondern einer Wertvorstellung, die sich mit ihrer eigenen deckt und genau diese Kandidaten wollen wir für das Unternehmen gewinnen.

3.1 Grundsätze

In Karriereportalen des Unternehmens sind die Vorteile darzustellen, die das Unternehmen als Arbeitgeber interessant machen. Wünschenswert sind auch Informationen zum Ablauf des Bewerbungsprozesses, mit Angabe der Dauer der Bewerbungsschritte. Hinweise zur Aufbereitung und Form der Bewerbungen sowie einem persönlichen Ansprechpartner sind ebenfalls hilfreich.

Die Auswahlprozesse sind so zu organisieren, dass möglichst innerhalb von zwei Wochen die ersten Bewerbungsgespräche stattfinden und auch ein Feedback zeitnah erfolgt. Noch immer kritisieren Bewerber den zum Teil sehr langen Prozess von der Eingangsbestätigung bis zur Einstellung. Dieser zieht sich teilweise über Monate hin. Bewerber erwarten eine schnelle Reaktion und auch Absage, wenn das Profil nicht zur Stelle passt.

Ein kontinuierliches und zeitnahes Zwischenfeedback ist unverzichtbar. Eine Eingangsbestätigung wird in der Regel häufig versandt, aber danach lässt die Bewerberkommunikation leider nach. Die Planung der Zwischenfeedbacks, während der einzelnen Bewerbungsschritte, ist sehr wichtig. Viele meiner Coachees berichten von einem sehr mangelhaften Informationsmanagement der Unternehmen und entwickeln daraus eine Abneigung. Teilweise melden sich Unternehmen erst nach Wochen bei dem Bewerber. Diese Form der Kommunikation hat Auswirkungen auf das Image, das auf keinen Fall unterschätzt werden darf. Negative Erfahrungen teilen Bewerber nicht nur mit Freunden und Studienkollegen. Die sehr guten Beispiele werden glücklicherweise in Alumni-Portalen ebenfalls kommentiert, leider bis heute erschreckenderweise noch immer in der Minderheit.

Werden im Rahmen des Auswahlprozesses Online-Assessments eingesetzt, wünschen sich junge Menschen einen persönlichen Mehrwert, z. B. Ergebnisse zu spezifischen berufsbezogenen Ergebnissen und auch Passung auf die ausgeschriebene Stelle.

▶ Instrumente der Personalauswahl können somit auch als Serviceleistung für den Nutzer eingesetzt werden und sind beim Bewerber beliebt.

Stellen Sie im Laufe des Auswahlverfahrens fest, dass ein Bewerber für die ausgeschriebene Position nicht geeignet ist, dann können Sie ihm vielleicht eine Alternative in einem anderen Bereich vorschlagen oder an ein Unternehmen aus der Region vermitteln. Immer mehr mittelständische Unternehmen vernetzen sich, um geeignete Kandidaten zu rekrutieren. Ein Modell, das gerade für projektbezogene Rekrutierungen immer stärker eingesetzt wird. Bewerber schätzen den Service der Weiterempfehlung für andere Positionen.

Ich empfehle mittelständischen Unternehmen in der Beratung immer einen Talentpool anzulegen. Bewerber, die für die aktuelle Stellenbesetzung nicht infrage kommen, aber ein interessantes Profil und Potenzial mitbringen, erhalten das Angebot, in einen Talentpool aufgenommen zu werden. Je nach Größe des Unternehmens ist es sinnvoll, einen unternehmensübergreifenden Talentpool aufzubauen. So steigt auch die Attraktivität des Angebotes für den Bewerber und Ihre Chance zukünftig geeignete Kandidaten zu finden.

3.2 Stellenausschreibungen

Die Stellenausschreibung zu formulieren ist eine anspruchsvolle Aufgabe, denn die Inhalte sind so aufzubauen, dass sie bei unserer Zielgruppe ein möglichst großes Interesse bewirkt. Wie sieht die Realität aus? Spiegeln die Ausschreibungen die tatsächlichen Anforderungen wider? Sind die Inhalte zielgruppenspezifisch aufbereitet? Nach meiner Erfahrung gibt es noch sehr viel Potenzial, um dieses Recruiting-Instrument zu optimieren. Teilweise werden einzelne Absätze von Konkurrenten kopiert oder die Informationen sind zum Teil missverständlich aufgebaut, sodass beispielsweise nicht klar ist, ob ein Teilprojektleiter oder Gesamtverantwortlicher für ein Projekt gesucht wird. Dies kann ja Absicht der Unternehmen sein, aber gezieltes Recruiting sieht anders aus.

Auch wenn die Jobsuche über die sozialen Netzwerke immer mehr an Bedeutung gewinnt, suchen derzeit die Mehrheit der Wechselwilligen auf den Karriereseiten der Unternehmen und in Online-Stellenportalen nach Angeboten. Die direkte Suche nach Jobangeboten in Google erfreut sich immer größerer Beliebtheit. Eine interessante Stellenausschreibung zu erstellen reicht heute nicht mehr aus, sondern Recruiter müssen dafür sorgen, dass diese in den Suchmaschinen auch gefunden wird. Gerade bei der Suche nach den so begehrten Fachkräften ist es von Bedeutung, dass Ihr Jobangebot nicht auf Seite 5 steht.

Die Texte und das Bildmaterial so aufzubereiten, dass die Zielgruppe sich angesprochen fühlt und daraus dann auch Bewerbungen entstehen, will gut durchdacht sein. Die Stellenausschreibung ist ein wichtiger Teil des Employer Branding und auch Candidate Experience. Lassen Sie den Leser die Arbeitgebermarke positiv erleben.

Schauen wir uns doch mal an, wie die Stellenanzeigen in der Regel aussehen.

- Wir sind …
- Wir suchen …
- Wir erwarten …
- Wir bieten …
- So bewerben Sie sich …

Immer häufiger lese ich Titel in den Ausschreibungen, mit denen ich inhaltlich nichts anfangen kann. Was wohl ein „Field Execution Spezialist" macht? Eine Brauerei hat mit dieser Bezeichnung einen Vertriebsmitarbeiter gesucht. Eine Versicherung suchte mit dem spannenden Titel „Referent Reservierung Spezial AVB K" nach einem Versicherungsmathematiker. Ob sich die richtigen Kandidaten angesprochen gefühlt haben?

Benennen Sie die zu besetzende Funktion so konkret wie möglich und verzichten auf neue, wenig aussagefähige Wortschöpfungen. Der Job-Titel ist ein wichtiges Selektionskriterium für die Kandidaten. Bennen Sie die zu besetzende Position daher so genau wie möglich und ergänzen den Titel ggf. mit einem konkreten Bereich, Arbeitspensum etc.

Auch die anderen Beispiele gibt es. Ausgeschrieben wird eine eindeutige Position, aber beim genauen Betrachten ist der Titel eher irritierend. Ein deutsches Kreditinstitut hat mit nachfolgendem Inserat Reinigungskräfte gesucht. Jetzt würde man annehmen, dass die Zielgruppe klar definiert ist. Die Anforderungen an diese Reinigungskräfte sind jedoch schon sehr speziell.

Beispiel: Stellenausschreibung zweifelhaft

Das Kreditinstitut unterhält Dienststellen an verschiedenen Standorten im gesamten Bundesgebiet.

Wir suchen für den Zentralbereich Verwaltung und Bau in unserer Zentrale in Frankfurt am Main

Reinigungskräfte (m/w)
Ihre Aufgaben

Sie reinigen Büroräume, Treppenhäuser, Sportstätten und sanitäre Anlagen und vertreten die Schwimmbadaufsicht in unserer Liegenschaft Wilhelm-Busch-Straße 5, in Frankfurt am Main. Außerdem vertreten Sie den Service- und Sitzungsdienst in unserem Gebäude in der Innenstadt. Ihre Tätigkeit beginnt im Frühdienst ab 5 Uhr.

Ihr Profil

- Mehrjährige, aktuelle und nachweisliche Berufserfahrung in der Raum- und Möbelpflege (bitte Arbeitszeugnis vorlegen)
- Gute Kenntnisse über Reinigungsmittel und -verfahren
- Inhaber/-in des Silbernen Rettungsschwimmerabzeichens des DLRG bzw. Bereitschaft dieses umgehend zu erwerben
- Erfahrung im Gastronomiebereich (insb. HACCP)
- PC-Erfahrung
- Gute Deutschkenntnisse und einwandfreie Umgangsformen
- Vertrauenswürdigkeit, Verschwiegenheit und ein gepflegtes Auftreten, Teamfähigkeit
- Engagement, zeitliche Flexibilität

Unser Angebot

Wir bieten Ihnen eine Anstellung mit verlässlichen Arbeitsbedingungen und den üblichen Sozialleistungen zuzüglich eines attraktiven Jobtickets.

Wir möchten den Frauenanteil erhöhen, deshalb freuen wir uns auf qualifizierte Bewerberinnen. Teilzeitbeschäftigung ist grundsätzlich möglich, Schwerbehinderte Menschen werden bei gleicher Eignung bevorzugt berücksichtigt.

Ihre Fragen beantwortet gerne Frau Müller unter 069 1234567.

Wir freuen uns auf Ihre Online-Bewerbung mit Lebenslauf und Zeugnissen (Tätigkeit Raum- u. Möbelpflege, Rettungsschwimmerabzeichen und Gastronomieerfahrung bis zum 01.01.2017 unter Kennziffer 985612354)

Der Titel der Ausschreibung wird kaum die gewünschten Kandidaten erreicht haben. Versierte Servicekraft bzw. Allrounder mit Schwimmbadbetreuung gesucht, wäre wohl eher zielführend. Wer kennt eine Reinigungskraft, die das Silberne Rettungsschwimmerabzeichen erworben hat, Erfahrungen im Gastronomiebereich besitzt, selbstverständlich über PC-Kenntnisse und einwandfreie Umgangsformen verfügt und obendrein ein absoluter Frühaufsteher ist? Die „eierlegende Wollmilchsau" wird so oft gesucht, wurde aber noch nie gefunden.

Verabschieden Sie sich von dieser Form der Stellenausschreibung und gehen anstatt dessen auf die Erwartungen der Zielgruppe ein. Vermeiden Sie unnötige Floskeln und beschreiben Sie das Unternehmen, die Aufgabe, die tatsächlichen Anforderungen sowie Ihre Zielgruppe sehr genau.

Verwenden Sie in Ihren Stellenausschreibungen Formulierungen wie „innovatives international agierendes Unternehmen" und bieten unseren Mitarbeitenden die Möglichkeit „zur Weiterbildung" sowie „eine attraktive Vergütung"? So klingen etliche Ausschreibungen, aber was soll der Leser sich konkret darunter vorstellen? Welche Zielgruppe möchten Sie erreichen?

Was erwarten Sie konkret vom Bewerber? Welche Ansprüche muss der Bewerber konkret erfüllen? In den Ausschreibungen findet man häufig Anforderungen an den Bewerber wie belastbar, engagiert, einsatzbereit, motiviert, strukturiert, kommunikativ und flexibel. Je deutlicher die Anforderungen und Aufgabenbereiche formuliert werden, umso nachvollziehbarer sind diese auch für den Leser.

Die Möglichkeit der direkten Bewerbung mit einem einfachen Klick auf die Stellenausschreibung, egal über welchen Kanal, sollte heute zur Selbstverständlichkeit gehören.

Eine zielgruppenbezogene interessante Stellenausschreibung erstellen Sie nicht mal so nebenbei. Versetzen Sie sich in die Situation Ihrer Zielgruppe. Mit welchen Erwartungen würden Sie diese Stellenausschreibung lesen und worauf legen Sie großen Wert? Die Qualität der Inhalte, die Visualisierung, die Plattform und der Zeitpunkt der Ausschreibung, sind entscheidende Erfolgsfaktoren. Ziel ist es, möglichst viele Bewerbungen von geeigneten Kandidaten zu erhalten und nicht eine hohe Anzahl an Bewerbungen, die die Anforderungen nicht oder nur kaum erfüllen.

Beispiel: Variante 1 einer Stellenausschreibung

Wir sind ein erfolgreich etabliertes und innovatives Unternehmen im Bereich der Metallbranche. Das Tätigkeitsfeld umfasst den Bereich der Veredlung und Oberflächenbehandlung von Metallen. Wir entwickeln und produzieren mobile Geräte für die Oberflächenbehandlung. Seit 2005 exportieren wir unsere Produkte erfolgreich in mehr als 10 Länder.

Zur Verstärkung unseres Teams in München suchen wir eine

Assistenz der Geschäftsführung (m/w) in Teilzeit
Ihre Aufgabenschwerpunkte

- Gezielte und effiziente Unterstützung der Geschäftsführung
- Betreuung und Koordination von Projekten

- Durchführung von Recherchen sowie Datenanalysen zur Entscheidungsvorbereitung
- Inhaltliche, fachliche und organisatorische Vor- und Nachbereitung von Meetings
- Betreuung und Koordination bereichsübergreifender Projekte

Ihr Profil

- Betriebswirtschaftliches Studium mit mindestens 5 Jahren Berufserfahrung
- Sicherer Umgang mit MS Office
- Gute Fremdsprachenkenntnisse
- Diskretion, Vertrauenswürdigkeit und Flexibilität
- Selbstständige und strukturierte Arbeitsweise
- Kommunikations- und Überzeugungsfähigkeit
- Engagement und Verantwortungsbewusstsein
- Hohe Sozialkompetenz und Teamfähigkeit

Wir bieten Ihnen ein abwechslungsreiches Aufgabengebiet, selbstständiges und eigenverantwortliches Arbeiten.

Wenn Sie diese interessante und vielseitige Aufgabe reizt, dann senden Sie uns Ihre vollständigen Bewerbungsunterlagen mit Angabe Ihres möglichen Eintrittstermins sowie Ihrer Gehaltsvorstellung.

Die Variante 1 der Stellenausschreibung für die Assistenz-Position in der Muster AG bei StepStone hat zu folgenden Ergebnissen geführt:

Variante 1 – Ergebnisse

Auf diese Ausschreibung sind ca. 120 Bewerbungen eingegangen. Das Ergebnis war ernüchternd. Keiner der Kandidaten war für die zu besetzende Position geeignet. Die Aufwände für die Sichtung der Bewerbungsunterlagen sowie die Führung der ersten Bewerbergespräche waren erheblich.

Variante 1 – Detaillierte Betrachtung der Aussagen

Die Informationen zum Unternehmen sowie deren Produkten sind wenig aussagefähig, hier sollte der Text optimiert werden, damit bei interessanten Kandidaten das Interesse geweckt wird. Die Unternehmensbeschreibung sowie der Stellentitel sind entscheidend, denn in den ersten 8–10 s entscheidet der Leser, ob er sich das Inserat bis zum Ende anschaut. Die Floskeln „erfolgreich, etabliert und innovativ" werden in vielen Anzeigen eingesetzt und verpuffen in der Wirkung. Im ungünstigsten Fall schaut der Kandidat sich gleich die nächste Bewerbung an. Nicht anders behandeln Arbeitgeber Bewerbungsunterlagen. Ist der erste Absatz im Anschreiben langweilig und beginnt „mit großem Interesse …" überfliegen wir den weiteren Text und entscheiden uns relativ schnell gegen den Bewerber. Ich finde es sehr interessant zu beobachten, wie schnell der Rollenwechsel stattgefunden hat und die Bewerber den Arbeitgeber sehr kritisch betrachten.

Der Titel kann um den konkreten Aufgabenbereich ergänzt sowie die Teilzeitformulierung mit dem Stundenanteil erweitert werden. Hilfreich wären bei dieser allgemeinen Information, wie diese Stelle im Organigramm eingebunden ist. Eine Assistenzstelle in Teilzeit als alleinige Funktion klingt unrealistisch.

Die Aufgabenschwerpunkte sind derart pauschal verfasst, dass der Leser kein wirkliches Bild von dem Aufgabengebiet erhält. Was hier fehlt, ist die Nennung der konkreten Aufgabenbereiche.

Das Profil ist eine Aneinanderreihung von Skills, ohne Bezug zur Aufgabe, Floskeln pur. Bewerber ohne BWL-Studium und Berufserfahrung sind wirklich nicht gewünscht? Sind Office-Kenntnisse wirklich ausreichend? Mit welchen Systemen arbeitet das Unternehmen? Sind Erfahrungen im Projektmanagement sowie Controlling wichtig? Welche Fremdsprachenkenntnisse werden in welcher Ausprägung benötigt? Welche Aussage erwartet der Arbeitgeber zu den aufgeführten Soft Skills?

Es ist möglich, dass es sich bei dieser Position um ein abwechslungsreiches Aufgabengebiet handelt, aber was genau dahintersteckt, erschließt sich dem Leser nicht. Das auf diese Ausschreibung sehr viele Bewerbungen eingegangen sind, ist verständlich, denn auf diese pauschalen Inhalte können Massen an Bewerbern passen. Der Aufwand für die Bewerberauswahl ist dadurch unnötig angestiegen. Auf dieser Basis einen wirklich passenden Kandidaten zu finden ist schon Glückssache.

Um den Erfolg der zweiten Stellenausschreibung sicherzustellen, wurde ein detailliertes Anforderungsprofil erstellt und die Zielgruppe konkret definiert. In der neuen Stellenausschreibung hat man auf Floskeln wie Teamfähigkeit, Diskretion und Flexibilität etc. verzichtet und das Angebot sowie die Anforderungen an den Bewerber deutlich formuliert.

> **Beispiel: Variante 2 einer Stellenausschreibung**
>
> Die Muster GmbH ist auf Technologien zur Oberflächenbehandlung für den gezielten Schutz sowie die Veredlung von Metall-Oberflächen spezialisiert. Das Unternehmen entwickelt und produziert mobile Geräte für die Oberflächenbehandlung und vertreibt diese weltweit. Die Muster GmbH beschäftigt am Firmenhauptsitz in München und in den Niederlassungen Schweiz, USA und China mehr als 250 Mitarbeiter.
>
> Zur Verstärkung unseres Teams suchen wir zum nächstmöglichen Zeitpunkt für unseren Standort München einen
>
> **Assistenten (m/w) Business Development (Teilzeit 30 Std/Woche), Industriekaufmann/-kauffrau, Außenhandelskaufmann/-kauffrau**
>
> **Ihre Aufgaben**
>
> - Sie steuern eigenverantwortlich die Prozesse in der Geschäftsfeldentwicklung
> - Sie unterstützen das Technische Board und nehmen im Projektcontrolling und – Management ebenfalls eine unterstützende Rolle ein

3.2 Stellenausschreibungen

- Sie überwachen die für die strategischen Projekte relevanten Aufträge
- Sie übernehmen die Vor- und Nachbereitungen von Abteilungs- und Teammeetings
- Sie sind für die Stammdatenpflege verantwortlich
- Sie übernehmen Aufgaben im Bereich der Exportkontrolle

Ihr Profil

- Sie haben eine kaufmännische Ausbildung (Industrie- oder Außenhandelskaufmann/-kauffrau) oder ein Bachelorstudium erfolgreich abgeschlossen und verfügen über erste Berufserfahrung im oben genannten oder in einem vergleichbaren Aufgabengebiet.
- Sie haben fundierte Kenntnisse im Projektmanagement und –controlling und haben idealerweise bereits mit einem ERP-System gearbeitet.
- Sie schätzen die Arbeit im Team, sind kommunikationsstark und dienstleistungsorientiert und bringen ein hohes Maß an Eigeninitiative mit. Sehr gute Englischkenntnisse in Wort und Schrift runden Ihr Profil ab.

Unser Angebot

- Wir bieten Ihnen vielseitige und herausfordernde Tätigkeiten in einem leistungsfähigen Team sowie internationalem Geschäftsumfeld, mitten in München.
- Wir legen Wert auf attraktive Arbeitsbedingungen, gute Sozialleistungen und eine individuelle Personalentwicklung.

Sie sind davon überzeugt, dieser anspruchsvollen Aufgabe gerecht zu werden und uns weiter voranzubringen?
  Dann freuen wir uns darauf Sie kennenzulernen. Senden Sie uns Ihre aussagekräftigen Bewerbungsunterlagen mit Angabe Ihrer Gehaltsvorstellungen und Ihres frühestmöglichen Eintrittstermins per E-Mail.
  jobs@muster.com
  www.muster.com
  Muster GmbH, Carola Minderheim (Personal), Florastr. 5, 12.345 München
  Telefon 089 – 12345678

Variante 2 – Ergebnisse
Mit dieser Ausschreibung war der Arbeitgeber erfolgreich. Er hat insgesamt 12 Bewerbungen erhalten und alle passten auf die Stelle. Mit 3 Bewerbern wurden Vorstellungsgespräche geführt und eine Assistentin eingestellt, die von der Kompetenz und der Persönlichkeit das Team in hervorragender Weise ergänzt.

Zusammenfassung

- Unternehmensvorstellung und Stellenbeschreibung sind Interessewecker
- Verwenden Sie konkrete Positionsbezeichnungen
- Benutzen Sie eine einfache und verständliche Sprache und vermeiden weitgehend Fremdwörter
- Nennen Sie die wichtigste Botschaft bzw. Anforderung als erstes
- Vermeiden Sie Füllwörter und Floskeln, auch bei der Unternehmensvorstellung
- Nennen Sie die wichtigsten Fakten
- Beschreiben Sie die Aufgabe so konkret wie möglich
- Formulieren Sie die Anforderungen realistisch. Was ist das „must have" bzw. „nice to have"?
- Schreiben Sie konkret was Sie zu bieten haben. Berücksichtigen Sie dabei die Erwartungen der Zielgruppe.
- Keywords für die Suchmaschinenoptimierung festlegen
- Geben Sie für Rückfragen eine Kontaktperson und Telefonnummer an.
- Und vor allem, bleiben Sie bei der Wahrheit.

Jetzt haben Sie Ihre Stellenausschreibung inhaltlich optimiert und wollen diese mit den im Anforderungsprofil vorbereiteten Keywords online schalten. Berücksichtigen Sie dabei, dass Stellen mit der Angabe des Ortes bei Google besser gefunden werden. Die Mehrzahl der Jobsuchenden nutzen Google für die Suche. Bei der Stellenanzeige gelten die gleichen Regeln, wie für die Auffindbarkeit der Homepage. Stellen Sie die wichtigsten Keywords an den Anfang Ihrer Anzeige.

Jobanzeigen werden vor allem in den Randzeiten morgen und abends gelesen. Berücksichtigen Sie dies bitte, bei der Schaltung von Anzeigen in den sozialen Medien. Dass jede Stellenausschreibung auch auf der eigenen Karriereseite zu finden ist, versteht sich von selbst. Vergleichen Sie die Anbieter der Jobportale und sozialen Netzwerke nach Trefferquote für Ihre Zielgruppe und natürlich den entstehenden Kosten. In Branchenjobbörsen wie z. B. „Hotelcareer" für die Hotelbranche oder „Staffbook" für die Gastronomie können Jobsuchende sich über branchentypische Ausschreibungen informieren. Zwischen den einzelnen Jobsuchmaschinen wie z. B. Indeed.com und Jobbörsen, z. B. wie StepStone.de, gibt es teilweise erhebliche Unterschiede, was die Kosten für die Schaltung sowie Anzeige der Stellenangebote für bestimmte Zielgruppen betrifft. Auf Jobbörsen werden Stellenangebote hochgeladen und zeitlich sortiert für die Jobsuchenden bereitgestellt. Jobsuchmaschinen suchen im Netz nach Stellenangeboten und stellen diese den Nutzern zur Verfügung. Dadurch finden Jobsuchende in den Jobsuchmaschinen ein größeres Angebot an freien Stellen. Auch hier setzt ein Verdrängungswettbewerb der Jobbörsen durch Jobsuchmaschinen ein. Indeed bietet beispielsweise neben der gezielten regionalen Ausschreibung eine Verwaltung der Bewerberdaten an, das ich persönlich als Kleinunternehmen für die Verwaltung der Bewerbungen sowie die erste Kommunikation mit den Bewerbern als sehr hilfreich empfunden habe.

3.3 Bewerbermanagement-Systeme

Die Entscheidung zur Implementierung einer softwarebasierten Lösung empfehle ich jedem Unternehmen, auch Kleinunternehmen. Umfragen der Softwareanbieter haben gezeigt, dass derzeit erst ca. 50 % der Unternehmen softwarebasierte Lösungen im Bewerbermanagement einsetzen. Die Vorbereitung und Durchführung von Auswahlprozessen ist sehr zeit- und kostenintensiv. Bewerber bemängeln die langen Antwortzeiten sowie den unverhältnismäßig langen Zeitraum, teilweise mehrere Monate, bis zur Stellenbesetzung. Dies hat zur Folge, dass Kandidaten ihre Bewerbung abbrechen oder nach der Jobzusage durch das Unternehmen das Angebot ablehnen. So verpuffen Ihre Employer-Branding-Maßnahmen und die Glaubwürdigkeit sowie das Image des Unternehmens nimmt Schaden.

Der Markt der Softwareanbieter wächst mit einer enormen Geschwindigkeit und die innovativen Softwarelösungen bieten für fast jedes Problem eine Lösung. Die Softwarelösungen ermöglichen die Ablösung von Teilbereichen sowie sämtlicher Tätigkeiten des Personalwesens. Diese Leistung hat natürlich auch ihren Preis. Die Angebotspalette erstreckt über folgende Bereiche:

- Bewerbermanagement
- Talentmanagement
- Digitale Personalakte
- Dokumentenmanagementsystem (DMS)
- Personalabrechnung (Payroll)
- Personaleinsatz
- Personalentwicklung
- E-Learning
- Personalführung
- Personalcontrolling
- Personalbeurteilung
- Mitarbeitergespräche
- Einsatz- und Nachfolgeplanung
- Personalfreisetzung

Um im nationalen und internationalen Verdrängungswettbewerb bestehen zu können, müssen auch kleine und mittelständische Unternehmen ihre Prozesse optimieren. Um den Problemen des demografischen Wandels entgegenzuwirken ist es erforderlich, dass der Bereich Human Resources so effektiv wie möglich aufgestellt ist. Die IT-Unterstützung ist nicht nur für die Personal-Informations-Systeme (PIS) relevant. Um den Kostendruck abfedern zu können, werden standardisierte Lösungen benötigt. Da für das Auswahlverfahren in der Regel nur begrenzte finanzielle Mittel zur Verfügung stehen, müssen die Prozesse möglicherweise an das System angepasst werden. Eine Anpassung der Systeme an die betrieblichen Prozesse ist zwar möglich, aber aus Kostengründen nicht zu empfehlen.

Bevor Sie sich für eine Software entscheiden, sollte eine gründliche Analyse durchgeführt werden.

Ist-Analyse:

- Was funktioniert bereits sehr gut und wo liegen die Kompetenzen der Mitarbeiter?
- Welche Abläufe und Prozesse müssen optimiert werden?
- Welche Schnittstellen müssen ggf. einbezogen werden?
- Wie viel Zeit ist für die einzelnen Prozesse erforderlich und welche können automatisiert werden?
- Welches Budget steht zur Verfügung?
- Ablösung von Prozessen kategorisieren in „must have" bzw. „nice to have"

3.4 Festlegung der Anforderungen

- Genaue Beschreibung der abzulösenden Prozesse bzw. Teilschritte
- Einbeziehung aller beteiligten Mitarbeitergruppen wie IT, Gehaltssachbearbeiter, Führungskräfte etc., die mit der Software später arbeiten
- Flexibilität der Teil- bzw. Gesamtlösung
- Geringer oder großer Funktionsumfang
- Mobile Funktionen sind ein Muss
- Erforderliche Berichtsfunktionen
- Wo sollen die Daten lagern? Eigener Server oder Cloud-Lösung
- Ist eine Option für die spätere Programmerweiterung wichtig?
- Kauf- oder Lizenzvertrag
- Datenmigration vorhandener Systeme
- Auf versteckte Kosten bei der Installation achten
- Leistungen Kundenservice
- Einhaltung der Datenschutzbestimmungen

3.5 Grobauswahl

- Einholung von Angeboten entsprechend der Anforderungen
- Preisangebot einholen
- Test von Demo-Versionen durch die Prozessbeteiligten
- Analyse der Vor- und Nachteile

3.6 Feinauswahl

- Festlegung von max. 3 Favoriten
- Benutzerfreundlichkeit überprüfen
- Möglichkeit der Anpassung von leicht konfigurierbaren Funktionen prüfen
- Software-Präsentation vor Ort vereinbaren

3.7 Entscheidung

- Diskussion/Workshop mit den beteiligten Anwendern
- Systemanforderungen und die Möglichkeit späterer Anpassungen überprüfen
- Entscheidung für ein Produkt treffen

3.8 Verhandlungen

- Testphase vereinbaren
- Kundenservice genau vereinbaren und auf versteckte Kosten prüfen
- Erreichbarkeit des Kundenservice und Antwortzeiten regeln
- Persönlichen Betreuer für den Support vereinbaren
- Daten-Schnittstellen prüfen
- Schulungen der Mitarbeiter abstimmen
- Software-Kompatibilität mit verschiedenen Betriebssystemen oder Internet-Browsern testen

3.9 Software-Produkt kaufen

Die Angebote der Softwareanbieter sind schwer vergleichbar. Der Funktionsumfang wird über die Homepage der Anbieter in der Regel nicht transparent dargestellt und es werden auch Synonyme für gebräuchliche Fachbegriffe, wie z. B. Human Capital Management vs. Talent Management, verwandt. Auch die Kosten sind bei vielen Anbietern nicht ausgeschrieben. Lassen Sie sich anhand der festgelegten Kriterien konkrete Angebote erstellen und entscheiden dann, welches das optimalste für Ihr Unternehmen ist.

Wählen Sie ein Preismodell, das Ihnen die gewünschte Flexibilität bringt. Sind Ihnen eher kürzere Kündigungsfristen und eine monatliche Zahlungsweise wichtig, dann ist ein Leasing- oder Mietmodell wohl eher geeignet. Die Software-Updates sind in der Regel eingeschlossen. Sofern Sie sich langfristig binden wollen und individuelle Aktualisierungen vornehmen möchten, dann ist der Kauf zu empfehlen. Egal wie Sie sich entscheiden, bedenken Sie bitte, dass ein späterer Wechsel zu einem anderen Anbieter wieder mit neuen Kosten verbunden ist und die bisherigen Daten oft nicht in die neue Software übernommen werden können, weil die Schnittstellen der neuen Programme die Zuordnung fast unmöglich machen. Aus Kostengründen ist von einer Programmierung für eine individuelle Datenmigration abzuraten. Deshalb sind bei der Kaufentscheidung auch mögliche perspektivische Anwendungen zu berücksichtigen. Ich empfehle Kleinunternehmen ein Mietmodell mit einem automatischen Software-Update.

Wichtig ist aus meiner Sicht, dass in der Testphase die zukünftigen Nutzer mit der Software arbeiten. Unabdingbar ist für mich der Support-Test, denn erst wenn es Probleme gibt, zeigt sich die Qualität des Anbieters. Auch ein persönlicher Ansprechpartner ist zu benennen sowie die Vereinbarung der Service- und Reaktionszeiten zu vereinbaren. Stellen Sie sich vor, es gibt einen Serverausfall und Sie müssen sich erst über die Hotline durchfragen und erhalten dann immer wieder von einer anderen Person eine Rückmeldung und niemand ist wirklich zuständig oder verantwortlich. Achten Sie auch auf versteckte Kosten für den Kundenservice. Beim Kauf der Software wird alles als selbsterklärend und unproblematisch dargestellt. Die Probleme entstehen dann meist erst in der täglichen Anwendung und dann fallen häufig Zusatzkosten für ggf. erforderliche Anpassungen an. Seien Sie deshalb vor dem Schaden klug und prüfen sehr genau, ob alle Anwendungen einwandfrei funktionieren und entsprechend den Anforderungen umgesetzt wurden.

Derzeit können Sie auf ca. 200 verschieden Softwareanbieter zurückgreifen und der Anbietermarkt wächst stark. Nachfolgend möchte ich Ihnen nur eine kleine Auswahl der Anbieter vorstellen.

SAP ist wohl der größte Anbieter mit den umfassendsten Angeboten, das aber für Klein- und mittelständische Unternehmen aus Kostengründen nicht infrage kommt. Rexx Systems, Softgarden, Succes Factors, Umantis, d.vinci, HR4YOU-TRM, Jacando, Coveto/arsmedia Software, OpenHire, Persis und Prescreen könnten Alternativen sein, um nur einige zu nennen.

d.vinci
Software wurde 2015 vom Institute for Competitive Recruiting (ICR) zur besten Bewerbermanagementsoftware gekürt und ist für alle Unternehmensformen geeignet.

Einsatz Bewerbermanagement, Personalberatung & Recruiting Service, Personalmarketing & Employer Branding, https://www.dvinci.de/bewerbermanagement-software-dvinci

Coveto/arsmedia Software
Coveto ist eine Recruiting-Software, die speziell für mittelständische Unternehmen Bewerberdatenbank, digitalen Bewerbermappe, Stellenverwaltung, Dokumentenverwaltung, Mehrsprachigkeit, Schnittstellen für den Datenimport und -export, Ein- und Ausgang von E-Mails und SMS, Web 2.0 wie RSS, Twitter, Facebook und Xing

Einsatz im Bewerbermanagement mit Talentpool, Bewerber Log-in, CV Parsing (automatisches Auslesen von Daten aus dem Lebenslauf), Dokumentenvorlage, papierloser Austausch von Bewerberdaten zwischen Recruiter und Entscheider, https://www.coveto.de/

Prescreen
Cloudbasiertes Bewerbermanagementsystem. Einsatz für die Jobinserat-Gestaltung, Verbreitung der Jobinserate sowie Reichweitenverstärkung, Karriereseitengestaltung, Sammlung und Verwaltung von Bewerbern sowie Bewerber-Screening (Recherche über Suchmaschinen und sozialen Netzen) und Kommunikation, https://prescreen.io/de/

Softgarden
Für alle Unternehmensformen geeignet. Einsatz: Automatisierte Kommunikation über Nachrichtenvorlagen; Terminierbare Absagen; Zwischenstand- oder On-Hold-Information; Mehrfach-Absagen oder Einladungen zum Assessment Center; lückenlose Dokumentation der internen und externen Kommunikationshistorie für jeden einzelnen Bewerber-Account; schnelle interne und externe Terminkoordination; Talentpool u. v. m., https://www.softgarden.de/

rexx system
Für alle Unternehmensformen geeignet. Einsatz: Recruitment, Digitale Personalakte, Talent- und Skill-Management, 360°-Feedback, Personalmanagement, Zeitwirtschaft, https://www.rexx-systems.com/

umantis
Für alle Unternehmensformen geeignet. Einsatz: Bewerbermanagement, Personalentwicklung, Lernmanagement, Zielvereinbarung, Vergütung, Nachfolgeplanung, Onboarding, Employer Branding, Business Analytics, https://www.umantis.com/

Die Prozesse werden Dank der Software-Unterstützung effizienter und binden weniger personelle Kapazitäten. Verschaffen Sie sich einen Überblick über die aktuellen Angebote und schauen sich die Vor- und Nachteile genau an und treffen dann Ihre Entscheidung. Aus Kostengründen empfehle ich im ersten Schritt vielleicht nur die Prozesse abzulösen, die effizienter abgewickelt werden müssen. Achten Sie darauf, dass Sie weitere Bausteine zu einem späteren Zeitpunkt problemlos ergänzen können.

3.10 Online-Bewerbungsverfahren

Auf die Einhaltung der Rechtsvorschriften im Zusammenhang mit den Persönlichkeitsrechten und dem Datenschutz ist nicht nur bei der Einrichtung eines Online-Bewerbungsverfahrens zu achten. Unternehmen nutzen die Einrichtung von Eingabemasken sehr gern. Bewerber geben ihre Daten direkt auf der Homepage ein und es werden auch keine wichtigen relevanten Daten wie z. B. der frühestmögliche Eintrittstermin vergessen. Die Bewerberdaten sind mit diesen Tools auch sehr gut vergleichbar. Bewerbungen per E-Mail sind unterschiedlich aufgebaut und nicht so leicht vergleichbar. Bei den Bewerbern sind diese Tools sehr unbeliebt, weil sie sehr zeitaufwendig sind und sämtliche Daten des Lebenslaufs in die Formularfelder eingetragen werden müssen und sich zum Teil auch Eingabeinformationen wiederholen. Bewerber erwarten einfach zu bedienende Portale, in denen Sie beispielsweise den vollständigen Lebenslauf hochladen können und diesen nicht nochmals abtippen müssen.

Bewerbermanagementsysteme ermöglichen die Datenmigration der sozialen Netzwerke wie XING und LinkedIn sowie von Jobportalen. Mit diesen Systemen entfällt, zum Teil bzw. vollständig, das zeitaufwendige Erfassung der Daten im Online-Bewerbungsverfahren. Aus diesem Grund führt heutzutage auch für kleine Unternehmen zukünftig kein Weg mehr an Bewerbermanagementsoftware vorbei.

In der Regel werden die Pflichtfelder mit den Anforderungen wie Studienabschlüsse, Ausbildungen, bestimmte Fähigkeiten wie z. B. Sprachkenntnisse bzw. branchenspezifische Details hinterlegt. Algorithmen übernehmen das Matching, also den Abgleich des Bewerberprofils mit dem Anforderungsprofil. Diese Übereinstimmung sollte möglichst hoch sein, so sehen es jedenfalls die meisten Recruiter. Dem stimme ich zu, wenn die Persönlichkeit des Bewerbers zu den Unternehmenswerten sowie der Kultur passt. Eine besonders hohe Passgenauigkeit bei den fachlichen Kompetenzen führt dauerhaft nur dann zu sehr guten Arbeitsergebnissen, wenn auch die Werte übereinstimmen.

Es gibt immer hard facts, die der Bewerber unbedingt erfüllen muss. Die Fähigkeiten, die der Bewerber benötigt, um seine Aufgabe gut zu erledigen, sollten in jedem Fall stark ausgeprägt sein. Die sogenannten Quereinsteiger fallen beim Online-Bewerbungsverfahren meist durchs Raster, da sie nicht in allen Bereichen punkten können. Gerade diese Kandidaten sind meistens sehr motiviert. Es fehlt aber die Berufserfahrung in der neuen Ausrichtung. Dafür können Sie aber Berufserfahrungen aus anderen Bereichen mitbringen, die es lohnt einmal anzuschauen. Eine Vorauswahl über das Matching zu treffen ist immer dann sinnvoll, wenn sie ausreichend Bewerbungen für eine ausgeschriebene Position erhalten und diese von den fachlichen und sozialen Kriterien her passen.

3.11 Tag der offenen Tür

Der Tag der offenen Tür ist bei Bewerben sehr beliebt. Die Unternehmen können neben den Ausbildungsberufen und Entwicklungsmöglichkeiten auch die Kultur und Unternehmensphilosophie vorstellen. So können junge Menschen auf das Unternehmen aufmerksam werden und auch Berufsbilder praktisch erlebt werden. Lassen Sie doch im Rahmen dieser Maßnahme Ihre Auszubildenden aus den einzelnen Ausbildungsjahrgängen berichten, wie sie die Ausbildung erleben, was ihnen gefällt und was nicht. Geben Sie den Besuchern die Möglichkeit selbst kleine Aufgaben zu erledigen. Gestalten Sie einen interessanten Tag mit Informationen zum Team, den Tätigkeiten, Karrierewege sowie Aus- und Weiterbildungsmöglichkeiten.

3.12 Auswahlmethoden und Instrumente

Die Anforderungen an die zu besetzende Stelle bestimmen den Einsatz der möglichen Instrumente.
Häufig eigengesetzte Methoden

- Analyse der Bewerbungsunterlagen
- Analyse von Online-Bewerberprofilen
- Telefonische Interviews
- Persönliche Interviews
- Assessment Center
- Persönlichkeitstest
- Weitere Testverfahren
- Referenzen
- Probearbeiten

Die Auswahlkriterien an einen Mitarbeiter im Produktionsbereich werden sich von denen einer Führungskraft erheblich unterscheiden. Die entscheidenden Informationen für die Auswahl entnehmen wir zunächst dem Anschreiben und dem Lebenslauf, unabhängig welche Stelle wir besetzen wollen. Daraus leiten wir entsprechende Fragen für das erste Bewerbergespräch ab. Beim Online-Bewerbungsverfahren übernehmen Algorithmen diesen Abgleich. Weitere Informationen über den Bewerber erhalten wir über die Zeugnisse und auch Referenzen, über Arbeitsproben sowie den Einsatz möglicher Testverfahren. Um die Kriterien des Anforderungsprofils für Kandidaten mit Führungsaufgaben zu überprüfen, sind aus meiner Erfahrung alle genannten Instrumente im Verfahren zu berücksichtigen, denn der vermeintlich fachkompetenteste Kandidat ist nicht immer der beste für das Team und Unternehmen. Neben der Fachkompetenz ist die Persönlichkeit, Motivation für die Bewerbung und die Passung zur Unternehmenskultur von entscheidender Bedeutung.

Den Einsatz von Arbeitsproben im Auswahlverfahren empfehle ich für alle zu besetzenden Positionen. Die Aufbereitung der Bewerbungsunterlagen stellt schon mal eine erste Arbeitsprobe dar. Wie aussagekräftig ist die Bewerbung? Ist die Motivation des Bewerbers ersichtlich? Sind die Unterlagen gut strukturiert? Diese Informationen lassen schon mal die ersten Rückschlüsse zu, wie dieser Bewerber z. B. die Aufgaben eines Assistenten strukturiert und organisiert.

Bei künstlerischen und kreativen Aufgaben sind Arbeitsproben ein Muss. Stellen Sie sich einen Landschaftsarchitekten vor, der seine Ideen nur beschreibt. Also warum nicht auch für andere Berufsgruppen dieses Instrument einsetzen.

Bei dem Einsatz von Testverfahren jeglicher Art ist die Einwilligung bzw. Zustimmung des Bewerbers einzuholen. Die Zustimmung des Betriebs- oder Personalrates, sofern vorhanden, versteht sich von selbst, da alle Phasen des Recruiting bis zur Einstellung mitbestimmungspflichtig sind.

Die softwaregestützte Bewerberauswahl kann das Bewerbermanagement erheblich erleichtern und ist für effiziente Recruiting-Prozesse unersetzlich. In welchen Umfang die Software eingesetzt wird, hängt von den Anforderungen und Zielen ab.

Weiterführende Literatur

Berg, Elmar: Employer Branding als Fachkräftesicherung im Generationenwechsel, Diplomica Verlag GmbH Hamburg 2015

Brockhoff, Stephan/Panreck, Klaus: Menschlichkeit rechnet sich, Campus Verlag GmbH, Frankfurt am Main 2016

Geffroy, Edgar/Geffroy, Barbara: Die neue Macht der Mitarbeiter; GABAL Verlag GmbH, Offenbach 2017

Hackl, Benedikt/ Gerpott, Fabiola: HR 2020 Personalmanagement der Zukunft; Verlag Franz Vahlen GmbH, München 2015

Jannsen, Herbert: Die besten Mitarbeiter erfolgreich gewinnen, entwickeln und halten; PRAXIUM-Verlag, Zürich 2012

Jànszky, Gàbor Das Recruiting-Dilemma, Zukunft der Personalarbeit in Zeiten des Fachkräftemangels, Haufe Gruppe, 2014

Kanning, Uwe P. Personalauswahl zwischen Anspruch und Wirklichkeit, Springer, 2015

Knoblauch, Jörg/Kurz Jürgen: Die besten Mitarbeiter finden und halten, Campus Verlag GmbH, Frankfurt am Main 2007

Lang, Karl: Personalmanagement 3.0; Linde Verlag Ges.m.b.H., Wien 2014

Rechsteiner, Frank Erfolgreiches IT-Recruiting trotz Fachkräftemangel, Methoden zur Personalbeschaffung und -bindung, Springer Gabler 2016

Remdisch, Sabine Hrsg.: Human Performance Management; Haufe-Lexware GmbH 6 Co. KG, Freiburg 2014

Rosenberger, Bernhard Hrsg.: Modernes Personalmanagement; Springer Gabler, Springer Fach Medien, Wiesbaden 2014

Schermuly, Carsten C.: New Work – Gute Arbeit gestalten; Haufe-Lexware GmbH 6 Co. KG, Freiburg 2016

Stracke, Friedemann Menschen verstehen – Potenziale erkennen, Springer Gabler 2014

Weckmüller, Heiko: Exzellenz im Personalmanagement, Haufe-Lexware GmbH 6 Co. KG, Freiburg 2013

Zehrfeld, W. Axel: Fachkräftesicherung F.A.Z.-Management-, Markt- und Medieninformationen GmbH, Frankfurt am Main 2012

zeag GmbH – Zentrum für Arbeitgeberattraktivität Trendstudie zum Thema Arbeitgeberattraktivität der Universität St. Gallen 2015

http://www.faz.net/aktuell/beruf-chance/beruf/arbeitsmarkt-wandelt-sich-von-nachfrage-in-anbietermarkt-15296060.html – 23.11.2017

Credit Siusse, Dr. Sara Carnazzi Weber, Andreas Christen, Thomas Mendelin, Strategien gegen den Fachkräftemangel, Erfolgsfaktoren für Schweizer KMU 2017

Candidate Journey Studie 2017, Prof. Dr. Peter M. Wald (HTWK Leipzig), Christoph Athanas (meta HR Unternehmensberatung GmbH), 2017

Studie Cultural Fit, Christoph Athanas (meta HR Unternehmensberatung GmbH), Studienleitung Philip

Weiterführende Literatur

Athanas (meta HR Unternehmensberatung GmbH), Eva-Maria Friese (Employour Gmbh – a Territory embrace company) Nick Pfisterer (Employour Gmbh – a Territory embrace company), 2016

Softgarden E-Recruiting GmbH, Umfrage 2015, Der Arbeitgeber als Dienstleister im Bewerbungsprozess

Auswahlprozess 4

Durch den Einsatz von Bewerbermanagement-Software lassen sich die Auswahlprozesse erheblich vereinfachen und optimieren. Es stehen u. a. Mustervorlagen für die Bewerberkommunikation zur Verfügung und das Einlesen der Daten erfolgt bei vielen Anbietern maschinell. Steht keine geeignete Software zur Verfügung, sind entsprechende Datenbanken für die Erfassung der Bewerbungen einzurichten und Musterschreiben vorzubereiten. Für mögliche Rückfragen der Bewerber sollte jederzeit ein Zugriff auf den aktuellen Bewerbungsstatus möglich sein.

Ablaufplanung „WER macht WAS bis WANN mit WEM"
Die Erstellung einer To-Do-Liste, mit Terminen und Verantwortlichkeiten ist für die Koordination und Kontrolle hilfreich.

1. **Planung des gesamten zeitlichen Ablaufs, einschließlich Terminierung für Gespräche und Testverfahren**
   Eine detaillierte Planung des gesamten Ablaufs sichert die Stellenbesetzung zum geplanten Zeitpunkt. Ist eine Stelle zum 01.10. zu besetzen und das Auswahlprozeder dauert ca. 2 Monate, dann sollte spätestens 6 Monate vorher die Stelle ausgeschrieben werden. Bei der Besetzung sind die regulären Kündigungsfristen beim bisherigen Arbeitgeber zu berücksichtigen.
2. **Stellenausschreibung**
   Neben der Karriereseite auf der Homepage ist die Online-Ausschreibung je nach Zielgruppe in Jobbörsen und/oder den sozialen Medien zu positionieren.
3. **Vorbereitung Standard-Bewerber-Schriftwechsel**
   Alle Aktivitäten richten sich auf die Erhöhung des Bewerberaufkommens von qualifizierten Kandidaten. Auch die Bewerber haben hohe Erwartungen an die Unternehmen. Eine professionell vorbereitete Bewerberkommunikation sollte selbstverständlich sein.

4. **Erfassung der eingehenden Bewerbungen sowie Versand der Eingangsbestätigung**
   Sofern eine softwaregestützte Verarbeitung der Daten nicht möglich ist, müssen die relevanten Daten unter einer fortlaufenden Nummerierung mit Name, sämtliche Kontaktdaten, Eingang der Bewerbung, Stellenbesetzung, derzeitige Tätigkeit und Beruf, Alter, Gehaltsvorstellung, möglicher Eintritt erfasst werden. Zusätzlich sind Felder für den weiteren Ablauf bzw. die Kommunikation vorzubereiten, z. B. Absage mit Standardtext am … versandt oder spezieller Brief am …, Zwischenbescheid am …, weitere Unterlagen angefordert am …, Bewerbergespräch vereinbaren … weitere Teilnehmer informieren …
5. **Bewerbervorauswahl, ggf. Referenzen einholen**
   Anhand der vorbereiteten Kriterien im Anforderungsprofil erfolgt die Bewerbervorauswahl. Fehlende Unterlagen sind anzufordern. Alternativ ist die Abgabe von Referenzen prüfen, sofern keine Arbeitgeberzeugnisse vorgelegt werden können.
6. **Telefoninterview**
   Ein Telefoninterview ist eine optimale Vorbereitung auf das Bewerberinterview und sollte maximal 20 min dauern. Hören Sie genau zu, was ist der Grund für die Bewerbung? Ist es der finanzielle Anreiz, die Aufgabe, ein eigenverantwortliches Projekt? Achten Sie, wie auch beim Bewerbergespräch, auf die Gesprächsanteile. Der Redeanteil des Bewerbers sollte bei 80 % liegen und nur 20 % beim Recruiter. Setzen Sie offene Fragestellungen ein.
7. **Einladung zum Bewerbergespräch versenden**
   Die Vorauswahl ist getroffen und die ersten Bewerber werden eingeladen. Stellen Sie sicher, dass der Eingeladene den Termin auch wahrnehmen kann und lassen den Termin bestätigen.
8. **Vorbereitung der Bewerbergespräche inhaltlich und organisatorisch**
   Neben der inhaltlichen Vorbereitung ist auch zu prüfen, welcher Raum im Unternehmen geeignet ist. Ein Besprechungsraum wäre optimal und das Angebot von Getränken ist für gute Gastgeber eine Selbstverständlichkeit. Unternehmen mieten vermehrt externe Besprechungsbüros für die Führung von Bewerbergesprächen an. Der Bewerberempfang sowie Service ist Bestandteil des Angebotes und die Gespräche können ohne Störung geführt werden. Planen Sie Pausen für die Interviewer zwischen den Gesprächen und eine kurze Vorbereitungszeit ein, um die Bewerbung sowie die vorbereiteten Fragen nochmals durchzugehen.
9. **Bewerbungsgespräche führen**
   Gehen Sie nicht unvorbereitet in das Gespräch (siehe Punkt 6. Bewerbungsgespräch)
10. **Entscheidung treffen und Zwischenbescheid bzw. Absagen versenden**
    Machen Sie sich nach dem Gespräch Notizen. Bewerten Sie die Eignung durch den Abgleich mit dem Anforderungsprofil.
11. **Ggf. Einladung zum Testverfahren**
    Für Führungskräfte empfehle ich einen Persönlichkeitstest, möglichst bereits vor dem ersten Bewerbergespräch. Die Testverfahren für Auszubildende sollten erst nach dem ersten Gespräch durchgeführt werden.

12. **Testverfahren durchführen**
    In Abhängigkeit des Testverfahrens ist vorab ein externes Beratungsunternehmen zu beauftragen bzw. eine Lizenz für das Testverfahren zu erwerben
13. **Einladung zum 2. Interview**
    Bereiten Sie für das zweite Interview die noch offenen Fragen aus dem ersten Teil bzw. den Testverfahren vor. Schwerpunktmäßig wird es um die Werte und den Charakter des Bewerbers gehen. Berücksichtigen Sie auch Zeit für die Ergebnisbesprechung der Tests, sofern diese noch nicht dem Bewerber übermittelt wurden.
14. **Entscheidung treffen**
    Die Entscheidung ist gefallen. Nun wird sich zeigen, ob auch der Bewerber sich für das Unternehmen entscheiden wird. Bereiten Sie entsprechende Argumente vor, die für das Unternehmen sprechen und dem Bewerber sehr wichtig sind. Gewinnen Sie den Bewerber für sich, indem Sie seine Stärken und die Passung zur Position nochmals deutlich hervorheben. Gehen Sie auf die Wechselgründe ein und zeigen nochmals die besprochenen Perspektiven auf, wie z. B. Vereinbarkeit von Job, Familie und Hobby oder die finanziellen Möglichkeiten etc.
15. **Kandidaten informieren, Vertrag erstellen**
    Lassen Sie den Bewerber genügend Zeit den Vertrag zu lesen und beantworten mögliche Fragen. Besprechen Sie die weiteren Modalitäten zur Tätigkeitsaufnahme und stellen ihn dann dem Team als zukünftigen Mitarbeiter vor.
16. **Controlling**
    Die Analyse der Prozesse gibt uns Aufschluss über die Erfolge je Kanal mit Zielgruppe und zeigt auch Optimierungsbedarf für die internen Abläufe auf.
    – Wie viel Zeit liegt zwischen der Stellenausschreibung und Stellenbesetzung?
    – Wie viel Zeit liegt zwischen der Stellenausschreibung und dem ersten Bewerbergespräch?
    – Welche Kosten sind je Kanal entstanden?
    – Welche Kosten sind je Bewerbung entstanden?
    – Über welchen Kanal sind die meisten Bewerbungen eingegangen?
    – Wie viele Bewerbungen sind durch Mitarbeiterempfehlungen eingegangen?
    – Über welchen Kanal sind die qualifiziertesten Bewerbungen eingegangen?
    – Welche Gesamtkosten für Inserat, Vorauswahl, Auswahl, Testverfahren etc., sind entstanden?
    – Wie viel Mitarbeiter sind nach Ablauf der Probezeit noch im Unternehmen?

4.1 Bewerberkorrespondenz

Die Bewerberkorrespondenz kann in Abhängigkeit der zu besetzenden Stelle recht umfangreich sein. Aus diesem Grund ist es hilfreich, einige Textbausteine vorzubereiten, um diese später für individuelle Rückantworten anpassen zu können.

Typische Anlässe für Bewerber-Korrespondenz sind:

- Eingangsbestätigung der Bewerbung
- Zwischenbescheid
- Anforderung von weiteren Unterlagen
- Geduldsschreiben, falls sich der Prozess verzögert, z. B. wegen unerwartet hohem Bewerberaufkommen
- Absage nach Bewerbungseingang
- Absage nach dem 1. Bewerbergespräch
- Absage nach dem 2. Bewerbergespräch
- Einladung zum Testverfahren
- Zusage

Bewerber erwarten eine individuelle Rückmeldung zu ihrer Bewerbung und darauf haben sie auch einen Anspruch. Wie sieht die heutige Praxis aus? Studien zeigen, dass Bewerber mit der Kommunikation häufig unzufrieden sind. Die Unzufriedenheit erstreckt sich über die Zeit bis zum Erhalt einer Eingangsbestätigung bis hin zur Zu- oder Absage. Auch die inhaltliche Form wird stark kritisiert. Der respektvolle und wertschätzende Umgang mit den Bewerbern muss sich auch in der schriftlichen Kommunikation widerspiegeln.

Software bietet für viele Probleme eine Lösung, so auch für die Bewerberkorrespondenz. Schnell ein paar Standardantworten anklicken und das Absageschreiben ist fertig.

Beispiel: Absageschreiben „So bitte nicht!"
Sehr geehrter Bewerber,

wir bedanken uns für Ihre Bewerbung und das damit zum Ausdruck gebrachte Interesse an einer Mitarbeit in unserem Unternehmen.

Wir haben Ihre Bewerbung im Kollegenkreis eingehend besprochen. Im Ergebnis müssen wir jedoch leider mitteilen, dass wir Ihnen die gewünschte Position nicht anbieten können. Wir bedauern, Ihnen keine günstigere Nachricht geben zu können und reichen die uns überlassenen Bewerbungsunterlagen anbei zurück.

Wir danken Ihnen für Ihr Interesse an einer Mitarbeit in unserem Unternehmen und wünschen Ihnen für Ihren weiteren beruflichen Weg alles Gute und viel Erfolg.

Mit freundlichen Grüßen

Wir erwarten von unseren Bewerbern, dass sie im Anschreiben kurz und aussagekräftig auf die Anforderungen der Ausschreibung eingehen. Bewerber, die derartige Absagen erhalten, werden das auch ihrem Umfeld mitteilen. Dem Arbeitgeberimage ist dies garantiert nicht zuträglich.

Schauen wir uns die einzelnen Textbausteine genauer an. Der Einstiegssatz „wir bedanken uns für Ihre Bewerbung ..." ist mit dem einfallslosen Standardsatz in Bewerbungen „Hiermit bewerbe ich mich ..." zu vergleichen. Wer ist nicht genervt, wenn er das liest. Bewerber kennen diesen Einstiegssatz vom Arbeitgeber ebenfalls zu genüge.

Der zweite Abschnitt hat es wirklich in sich. Vier Zeilen Text, ohne eine inhaltliche Botschaft für den Bewerber, außer dass er nicht geeignet ist. Was genau hat gefehlt?

Der Schlusssatz unterstreicht die Nichteignung, denn der Arbeitgeber wünscht dem Bewerber für den weiteren beruflichen Weg alles Gute und viel Erfolg – Wird er wohl brauchen, denn bisher hatte er anscheinend keinen Erfolg. Ironie!

> **Beispiel: Alternative zum Absageschreiben**
> Sehr geehrter Bewerber,
> vielen Dank für Ihre Bewerbung und für das Interesse, das Sie damit unserem Unternehmen entgegengebracht haben.
> Wir haben Ihre Bewerbung eingehend geprüft und bedauern, dass wir Ihnen die ausgeschriebene Stelle nicht anbieten können. Die Gründe liegen jedoch nicht in Ihrer Qualifikation. Uns liegen Bewerbungen vor, die hinsichtlich der Berufserfahrung und Spezialisierung besser auf die Besonderheiten unserer ausgeschriebenen Position passen.
> Wir sind überzeugt, dass Sie aufgrund Ihrer Ausbildung und Qualifikation schon sehr bald eine Position finden, die Ihren Vorstellungen entspricht.
> Mit freundlichen Grüßen

Eine Absage ist für den Bewerber immer eine Enttäuschung. Trotzdem sollten alle Personalverantwortlichen auch die Bewerberkommunikation mit Wertschätzung und Respekt gestalten.

4.2 Bewerbervorauswahl

Bewerber, die neben der Fachkompetenz und Motivation viele Erfahrungen aus anderen Bereichen mitbringen, sollten Sie sich genauer anschauen, auch wenn diese nicht genau auf das Stellenprofil passen. Es ist auch sinnvoll, sich mit Bewerbern zu unterhalten, die sich als sogenannte Seiten- oder Quereinsteiger im Unternehmen bewerben. In der Regel wird die Eier legende Wollmilchsau gesucht, die von der Fachkompetenz her am besten geeignet ist. Die Auseinandersetzung mit den erforderlichen Soft Skills bleibt leider meistens zum größten Teil unberücksichtigt. Kostenintensive Fehlbesetzungen sind häufig die Folge. Viele Unternehmen haben die Erfahrung machen müssen, dass Bewerber wegen ihrer fachlichen Eignung eingestellt, aber aufgrund ihrer Persönlichkeit nach wenigen Wochen oder Monaten wieder entlassen wurden. Daran werden auch die neuen softwarebasierten Modelle nichts ändern, denn nur wer genau weiß was das Ziel ist, kann es auch erreichen. Sollte es möglich sein, dass es einem Softwarehersteller gelingt ein Programm zu entwickeln, das die Anforderungen und das Potenzial sowie die Persönlichkeit des Menschen besser beurteilen kann als Führungskräfte und Human Ressource Manager, dann müssen wir uns im nächsten Schritt wohl eingestehen, dass auch die Führungsaufgaben von softwaregesteuerten Robotern übernommen werden können. Wollen wir das wirklich? Algorithmen über den Menschen stellen oder Menschen mit

Hilfe von Algorithmen auswählen? Das Programme Recruiting-Erfolge maßgeblich unterstützen können ist keine Frage, aber die Entscheidung wer zum Unternehmen passt und letztendlich eingestellt wird, muss die Führungskraft bzw. der Unternehmer selbst treffen und auch verantworten.

4.3 Quereinsteiger

Eine berufliche Neuorientierung wird heute von immer mehr Menschen angestrebt. Viele möchten nicht mehr lebenslang in einem Beruf verharren, sondern Neues lernen und möglichst viele Jobs ausüben. In meiner Beratung erlebe ich die Altersgruppe der 30- bis 35-Jährigen sehr stark in der beruflichen Neuorientierung. Einige, weil sie wollen und andere, weil sie müssen. Ich erkenne bei den Menschen enorm viel Potenzial und Motivation die Veränderungen anzugehen. Über reguläre Bewerbungen haben diese Menschen häufig keine Chance, weil sie als „vermeintlich" ungeeignet im Auswahlprozess aussortiert werden. Der geforderte Abschluss kann nicht nachgewiesen werden. Dies hat zur Folge, dass sich viele dieser Talente selbstständig machen. In der Zukunft wird der Anteil der Quereinsteiger stark ansteigen. Durch die Digitalisierung werden bestimmte Berufsgruppen fast vollständig vom Markt verschwinden und neue Jobs entstehen. Die Banken haben bereits umfangreiche Veränderungen für die Standorte angekündigt. Die betroffenen Berufsgruppen werden in absehbarer Zeit vor der beruflichen Neuorientierung stehen. Nutzen wir das Potenzial der Quereinsteiger, die Erfahrungen auch aus anderen Bereichen mitbringen. Es lohnt sich, diese Bewerbungen intensiver zu berücksichtigen. Nutzen wir die Chancen, die sich uns ergeben.

4.4 Bewerbungsunterlagen – Botschaften der Bewerber

Bewerber wenden in der Regel viel Zeit für die Erstellung der Unterlagen auf. Nehmen Sie sich bitte auch die Zeit, um nicht nur die vermeintlich geeigneten Bewerber herauszufiltern, sondern auch um Potenziale von Menschen zu erkennen, die für die zukünftigen Aufgaben und Anforderungen interessant sein können. Gerade Quereinsteiger haben es im Moment noch schwer, einen neuen Job zu finden. Zu Unrecht aus meiner Sicht, denn wenn Sie sich einmal intensiver mit den Potenzialen und Erfahrungen auseinander setzen, werden Sie erkennen, dass sich die Fähigkeiten und Erfahrungen, gerade in dem sich so schnell verändernden Markt, als wertvoll erweisen.

Die eingehenden Unterlagen, mehrheitlich per Mail, werden auf Vollständigkeit und Passung auf die ausgeschriebene Position überprüft. In der Praxis erlebe ich unterschiedliche Herangehensweisen. Eine Gruppe der Personalentscheider beschäftigt sich intensiv mit dem Anschreiben und dann mit dem Lebenslauf und eine andere Gruppe beachtet das Anschreiben kaum und analysiert intensiv den Lebenslauf. Ich empfehle Ihnen sich mit dem Anschreiben und dem Lebenslauf intensiv auseinander zu setzen, denn darin

4.4 Bewerbungsunterlagen – Botschaften der Bewerber

finden Sie die interessanten Themen, die Sie im Bewerbergespräch unbedingt hinterfragen sollten. Durch den Bezug der Fragen auf die Unterlagen und den konkreten Anforderungen an die zu besetzende Position, erreichen Sie eine hohe Akzeptanz bei den Kandidaten.

Das Anschreiben soll uns einen kurzen Überblick über die Motivation zur Bewerbung sowie den Hard und Soft Skills, mit Beispielen, geben. Auf den ersten Blick ist zu erkennen, ob es klar gegliedert und ordentlich gestaltet ist.

Folgende Fragen sollte der Bewerber mit dem Anschreiben beantworten:

- Aus welchem Grund erfolgt die Bewerbung?
- Welche besonderen Fähigkeiten hat der Bewerber?
- Hat der Bewerber ähnliche Aufgaben bereits gelöst?
- Stellt der Bewerber die geforderten Hard Skills und Soft Skills anhand von praxistauglichen Beispielen dar?
- Wann steht der Bewerber frühestens zur Verfügung?
- Hat der Bewerber entsprechende Einkommenserwartungen?

Ich kenne viele Personalverantwortliche, die dem Anschreiben einen sehr hohen Stellenwert einräumen und auch die Gruppe, denen das Anschreiben völlig egal ist und sie dem deshalb kaum Beachtung schenken. Zur Begründung höre ich oft, dass kommunikationsstarke Bewerber den Leser beeinflussen können. Aus diesem Grund zählen für sie nur die nachweisbaren Fakten aus dem Lebenslauf.

Der Lebenslauf dient dem Nachweis der bisher erbrachten Leistungen, konkreten Berufserfahrungen, Ausbildungen sowie Studium, Weiterbildungsaktivitäten, und weitere Kompetenzen, die im Zusammenhang mit der Position unabdingbar sind. Bei der Zeitfolgenanalyse wird das Augenmerk auf den Arbeitsplatzwechsel sowie Lücken im Lebenslauf gerichtet. Den Lücken im Lebenslauf wird häufig mehr Bedeutung beigemessen als der echten Berufserfahrung. Aus welchem Grund? Ein Arbeitnehmer, der seinen Job verliert, braucht in der Regel mindestens drei Monate bis zur neuen Anstellung. In Abhängigkeit der wirtschaftlichen Regionen, Berufsgruppen und Alter dauert dieser Prozess auch mehrere Monate. Schauen wir auf den Zeitraum von der Stellenausschreibung bis zur Einstellung müssen wir eingestehen, dass eine Lücke von drei Monaten im Lebenslauf unberücksichtigt bleiben kann. Voraussetzung dafür ist natürlich der Grund für die Beendigung des Arbeitsverhältnisses.

Bei der Positionsanalyse sind der berufliche Auf- oder Abstieg, sowie deren Ursachen, von Interesse.

Der Abgleich mit unserem Anforderungsprofil lässt die Kandidaten oft in 3 Kategorien unterteilen.

Kategorie A   Bewerberprofil stimmt mit dem Anforderungsprofil überein
Kategorie B   Bewerberprofil stimmt zum Teil mit dem Anforderungsprofil überein
Kategorie C   keine bzw. geringe Übereinstimmung mit dem Anforderungsprofil

C-Kandidaten erhalten in Regel sofort ein Absageschreiben.

B-Kandidaten erfüllen das Anforderungsprofil nur zum Teil und werden erst dann berücksichtig, wenn keiner der A-Kandidaten für die Position infrage kommt.

A-Kandidaten haben eine hohe Übereinstimmung mit den Anforderungen des Arbeitgebers an die Kompetenz und Persönlichkeit. Nun ist es die Aufgabe der Interviewer im persönlichen Gespräch herauszufinden, ob der erste Eindruck anhand der Unterlagen auch mit den Praxiserfahrungen übereinstimmt und auch die Persönlichkeit des Bewerbers mit den gelebten Werten des Unternehmens übereinstimmt. Bewerber, die im Interview sehr überzeugend waren, werden auch mit anderen Unternehmen Gespräche führen und auch von diesen möglicherweise ein Jobangebot erhalten. Die Vorbereitung und Durchführung des Auswahlverfahrens hat bei der Entscheidungsfindung des Bewerbers einen großen Anteil. Wir vergleichen die Bewerber und die Bewerber wiederum die Unternehmen.

Gerade in Klein- und mittelständischen Unternehmen gehen mehr Bewerbungen mit B-Kandidaten ein. Die Eingruppierung in die einzelnen Kategorien basiert auf den Fachkompetenzen und, soweit aus den Unterlagen zu erkennen, auf der Persönlichkeit. Durch Persönlichkeitstest sowie das Bewerbergespräch können wir uns einen Eindruck über die Persönlichkeit des Bewerbers schaffen. Wie wir wissen, ist die Passung der Persönlichkeit von entscheidender Bedeutung. Aus diesem Grund lohnt es sich mit den B-Kandidaten zu besprechen, wie das fehlende Fachwissen nachgeholt werden kann oder die fehlende Berufserfahrung durch Einarbeitungsprogramme und einen Mentor begleitet werden kann. Ein wirklicher Fachkräftemangel besteht erst dann, wenn es keine Bewerber mit der erforderlichen Ausbildung am Markt gibt. Alle weiteren Qualifikationen und Erfahrungen können durch Personalentwicklungsmaßnahmen, auch in Kleinunternehmen, „on the job" bzw. „off the job", entwickelt werden. Ausführliche Erläuterungen finden Sie im Abschn. 10.6 Personalentwicklung.

Beispiel: Auswahl Bauingenieur

In dem Berliner Ingenieurbüro war eine weitere Stelle als Bauingenieur in Vollzeit, mit der Spezialisierung Ausführungsplanung, zu besetzen. Aufgrund des ausgebrannten Arbeitsmarktes für Bauingenieure wurde die Stelle örtlich und im angrenzenden Bundesland ausgeschrieben. Auch die Mitarbeitenden wurden gebeten, geeignete Kontakte zu empfehlen.

Die Stellenausschreibung richtete sich an Bauingenieure mit Berufserfahrung sowie Berufseinsteiger. Neben dem abgeschlossenen Studium sollten die Bewerber die Ausführungsplanung mit CAD erarbeiten können, sich im Baurecht sowie relevanter Vorschriften gut auskennen und neben guten EDV-Anwenderkenntnissen auch über Kenntnisse der Bauphysik verfügen. Die Abstimmung und Einarbeitung der Leistungen weiterer Planungsbeteiligten ist ebenfalls Bestandteil der Aufgabenbeschreibung.

Der Arbeitgeber erwartet eine zielstrebige und ergebnisorientierte Arbeitsweise sowie eine ausgeprägte Analyse- und Problemlösefähigkeit.

Auf diese Ausschreibung sind 15 Bewerbungen eingegangen.

Bewerbern mit einer Ausbildung zum Bauzeichner für Hoch- und Tiefbau mussten abgesagt werden, da die erforderliche Qualifikation nicht ausreichend war.

Weiteren Bewerbern musste, aufgrund von Sprachproblemen sowie fehlenden Kenntnissen im Baurecht und diverser Vorschriften, abgesagt werden. Da Missverständnisse mit Behörden und Ämtern fatale Folgen haben könnten, waren diese Anforderungen unabdingbar.

Teilweise mussten Zeugnisse und Referenzen für die abschließende Beurteilung eingeholt werden.

Fünf Bewerber sind aufgrund der eingereichten Unterlagen in die engere Wahl gekommen. Darunter waren Berufseinsteiger und erfahrene Männer und Frauen aller Altersgruppen, sowie ehemals Selbstständige und ein Bewerber 60+ kamen in die engere Auswahl.

Überzeugt haben die Kandidaten u. a. mit ihrem Engagement in mehreren kurzen Praktika. Junge Berufseinsteiger bekommen trotz guter Abschlüsse und fehlenden Fachkräfte, wenige Chancen für den Jobeinstieg nach dem Studium.

Im Kapitel Bewerbergespräche vorbereiten (Abschn. 5.1) gehe ich auf individuelle Bewerberfragen auf Basis der eingereichten Unterlagen ein.

4.5 Zeugnisgrundsätze und Zeugnistechniken

Das Zeugnis soll dem beruflichen Fortkommen des Arbeitnehmers dienen und basiert auf dem Grundsatz der Klarheit, der Wahrheit, des Wohlwollens, der Vollständigkeit und der individuellen Beurteilung.

Ein qualifiziertes Arbeitszeugnis besteht in der Regel aus fünf Abschnitten:

1. Einleitung mit Name, Eintrittsdatum, Job-Titel
2. 3–4 Sätze zur Unternehmensbeschreibung
3. Aufgabenbeschreibung
4. Leistungsbeurteilung mit Angaben zu Arbeitsbereitschaft, Arbeitsbefähigung, Wissen, Weiterbildung, Arbeitsweise und Arbeitserfolgen
5. Persönliches Verhalten gegenüber Vorgesetzten, Kollegen, Kunden
6. Schlussformulierung mit Angabe von Gründen für die Beendigung des Beschäftigungsverhältnisses, sowie mit einer Dankens- und Bedauernsformel sowie Zukunftswünschen

In der Literatur sowie im Internet sind die gängigen Textbausteine sowie entsprechende Bewertung, klassifiziert nach Schulnoten, jederzeit nachzulesen.

Durch Verschlüsselungstechniken werden negative Bewertungen nur für den geübten Recruiter erkennbar.

Reihenfolge- bzw. Satzstellungstechnik
Die wohl bekannteste Zeugnistechnik. Sie gibt Aufschluss über die Zusammenarbeit mit Vorgesetzten und Kollegen und die Wertigkeit der Aufgabenbereiche. Die Verschiebung der Reihenfolge führt zu entsprechenden Annahmen, die hinterfragt werden müssen.

Fällt bei der Beschreibung der Aufgaben auf, dass nebensächliche oder unwichtige Aufgaben als erstes in der Aufgabenbeschreibung genannt werden, kann dies ein Hinweis auf die Arbeitsqualität sowie Kompetenz des Mitarbeiters sein.

Bei der Verhaltensbeurteilung ist grundsätzlich der Vorgesetzte, dann der Mitarbeiter und Kunde zu nennen. Wird der Vorgesetzte an zweiter Stelle genannt oder ganz weggelassen deutet dies auf Probleme hin, die hinterfragt werden sollten. Auch die fehlende Aussage zur Zusammenarbeit mit den Kollegen könnte auf Probleme in der Zusammenarbeit hinweisen.

Negationstechnik
Im normalen Sprachgebrauch verstärkt eine doppelte Verneinung, wie z. B. nicht unerheblich = wichtig, die Aussage. In der Zeugnissprache stellt sie eine Abwertung dar, z. B. gab das Verhalten des zu Beurteilenden keinen Anlass zu Beanstandungen = lobenswertes gibt es nicht!

Passivierungstechnik
Aussagen zu Aufgaben, die dem zu Beurteilenden übertragen wurden, deuten auf mangelndes Engagement und Eigeninitiative hin.

Leerstellentechnik
Leerstellentechnik, oder auch beredtes Schweigen genannt. Wie der Name Leerstelle schon sagt, werden hier Inhalte zum Teil oder vollkommen weggelassen. In einem Zeugnis darf direkt nichts Negatives formuliert werden. Aus diesem Grund ist das Weglassen von Informationen die höchste Form der Kritik.

Ausweichtechnik
Unwichtiges und Selbstverständliches wird hervorgehoben, anstatt auf die wirklich relevanten und wichtigen Aufgaben einzugehen. Wie würden Sie einen Werbetexter beurteilen, dem ein besonders sparsamer Umgang mit Betriebsmitteln bescheinigt wird?

Für die Zeugnisanalyse gilt grundsätzlich:

▶ Wir treffen Annahmen aufgrund der Zeugnisse und hinterfragen diese im Bewerbergespräch.

Sämtliche Fehler, wie Tippfehler, Stil- und Rechtschreibfehler, sind in einem guten Zeugnis nicht akzeptabel. Beispiele verstärken und verdeutlichen die Aussage der guten bzw. sehr guten Bewertungen. Fehlen diese Informationen, sind diese unbedingt zu hinterfragen.

4.6 Zeugnisbewertung

Das Thema Zeugnis wird in vielen Bereichen sehr kontrovers diskutiert. Befragungen zufolge sind Mitarbeiter und Führungskräfte mit den inhaltlichen Aussagen der Zeugnisse unzufrieden, was ich sehr gut nachvollziehen kann. Die Unsicherheit bei den Unternehmen zur Rechtssicherheit bei der Erstellung der Zeugnisse ist groß. Aus diesem Grund werden wohl einige Zeugnisse mit üblichen Textbausteinen der Note „gut" formuliert, obwohl die Leistungen nicht durchgängig in allen Bereichen gut waren. Nachvollziehbar, dass einige die Auffassung vertreten, dass Zeugnisse gänzlich abgeschafft werden können. Meine konkrete Sicht dazu ist gegenteilig. Die Zeugnisse geben uns Aufschlüsse über die Persönlichkeit. Unsere Annahmen können wir gut in das Bewerbergespräch integrieren. Zeugnisse uncodiert zu erstellen wäre aus meiner Sicht eine Alternative. Die Referenz hat ebenfalls eine sehr hohe Aussagekraft.

4.6.1 Bewertung von Arbeitgeberzeugnissen

Aus den Zeugnissen können zukünftige Arbeitgeber sehr viele Informationen ziehen. Auch bei einem scheinbar guten Zeugnis entstehen viele Fragen, die wir im Rahmen des Vorstellungsgespräches mit dem Kandidaten abklären. Die Einschätzung des Bewerbers von mehreren Arbeitgebern gibt uns viele wertvolle Informationen, auf deren Basis wir unsere Annahmen treffen, um diese dann zu hinterfragen. So könnte Ihnen ein Bewerber nur Zeugnisse im „guten" bzw. „sehr guten" Bereich vorlegen. Nach dem Studium des Zeugnisses wissen Sie jedoch nicht konkret, was das Besondere der Leistung war. An dieser Stelle notieren Sie sich eine weitere Frage an den Bewerber. Im persönlichen Gespräch wird der Bewerber aufgefordert konkrete Beispiele zu benennen. Hier wird durch unterschiedliche Fragetechniken, u. a. die Frage hinter der Frage, herausgearbeitet ob und in welchem Rahmen die Erfolge tatsächlich erbracht wurden und ob diese und viele weiteren Faktoren zu den Anforderungen des Unternehmens und der Position passen. Beispiel für Fragetechniken finden Sie im Abschn. 5.4.

Kriterien für die Prüfung von Arbeitgeberzeugnissen:

- Ist die Tätigkeitsbeschreibung entsprechend der Aufgabenschwerpunkte geordnet und wird das wichtigste zuerst genannt?
- Lässt der Werdegang im Unternehmen auf eine erfolgreiche Entwicklung schließen?
- Finden Sie deutliche und unmissverständliche Aussagen zur Arbeitsqualität?
- Ist die Beurteilung des persönlichen Verhaltens eindeutig?
- Wurden, zumindest im Wesentlichen, alle Zeugniskriterien beurteilt?
- Lässt die Schlussformulierung Rückschlüsse auf ein einvernehmliches Ausscheiden aus dem Unternehmen zu?
- Wird ein Austrittsgrund genannt?

- Wirkt das Zeugnis ausgewogen und objektiv, oder wurden nur Textbausteine für eine „Bestbewertung" aneinandergereiht?
- Wurde das Zeugnis mit dem Tag der Beendigung ausgestellt?
- Wer hat das Zeugnis unterschrieben? Welche Position hat der Unterzeichner?
- Ist das Zeugnis fehlerfrei und sprachlich korrekt formuliert?

4.6.2 Bewertung von Zertifikaten und Abschlüssen

Den Studien- und Ausbildungsabschlüssen sowie Zertifikaten wird im Auswahlverfahren eine sehr große Bedeutung beigemessen. Im Anforderungsprofil sind entsprechende Nachweise und/oder Zertifikate immer als Muss-Kriterium mit einem hohen Ranking belegt. Das ist auch nachvollziehbar, wenn man auf die Aufgaben für das Jobprofil schaut. Wie sieht es aber mit Bewerbern aus, die sich im Job entwickelt haben und in der Praxis unter Beweis gestellt, dass sie erfolgreich alle Anforderungen erfüllt haben? Im Lebenslauf kann zwar Berufserfahrung aufgeführt werden, aber kein Abschluss. Recruiter folgen oft einer Zeugnishörigkeit. Bewerber, die Abschlüsse nicht nachweisen können, werden für die Stellenbesetzung nicht berücksichtigt, fertig.

Das informelle Lernen ist heute schon eine Selbstverständlichkeit geworden, und wir setzen voraus, dass sich unsere Mitarbeiter entsprechend weiterbilden. Informelles Lernen ist ein Lernprozess außerhalb von Bildungseinrichtungen. Wir eignen uns Wissen im Rahmen der täglichen Arbeit, durch Online-Videos, Webinare, den Austausch mit anderen oder auch Fachliteratur an, aber ein Zertifikat wird nicht ausgestellt. Das angeeignete Wissen im Job findet keine Anerkennung bei der Jobsuche. Können wir uns das wirklich leisten? Kann ein Abschluss tatsächlich wichtiger sein als jahrelange erfolgreich nachgewiesene Berufserfahrung?

Beispiel: Kandidat aus dem Management, ohne Studienabschluss

Jochen, Anfang 50, Abteilungsleiter in einem Großkonzern, war für den Vertrieb in Europa, Asien und Russland zuständig und aus diesem Grund war er häufig über einen längeren Zeitraum unterwegs.

Seine Karriere begann Jochen als Auszubildender in dem Unternehmen. Seine Vorgesetzten erkannten sein Potenzial und förderten ihn. Aufgrund seiner Leistungen und Erfolge hat er es bis ins mittlere Management geschafft. Seit mittlerweile 8 Jahren leitet er erfolgreich die Vertriebsabteilung.

Die vielen Reisetätigkeiten waren eine zu starke Belastung für seine Ehe. Seine Frau hatte ihn mit den zwei Kindern verlassen. Als auch die zweite Ehe wegen der ständigen Reisen belastet war, wollte Jochen sich beruflich verändern.

Seine Bewerbungen auf gleichrangige Positionen, ohne regelmäßige Reisetätigkeit, blieben erfolglos, weil er kein Studium abgeschlossen hat. Er hat den Großkonzern verlassen und sich mit der Abfindung in einem Unternehmen als Gesellschafter eingekauft. Heute managt er wieder erfolgreich den Vertrieb.

Das Beispiel von Jochen zeigt deutlich, wie die Zeugnishörigkeit in vielen Unternehmen gelebte Praxis ist. Ein Bewerber, der nachweislich, anhand von Arbeitgeberzeugnissen mit konkreten Beispielen, erfolgreich über Jahre einen internationalen Vertrieb organisiert und geführt hat, wird wegen dem fehlenden Studienabschluss bei der Kandidatenauswahl nicht berücksichtigt. Weitere Beispiele erlebe ich oft in den Ausbildungskursen für Personalmanager. Dort sitzen teilweise Teilnehmer mit exzellenten Fachkenntnissen, wie Personalleiter mit mehr als 10 Jahren Berufserfahrung und der Erfahrung in der Betreuung von 25 bis 500 Mitarbeitern. Von der Personalplanung bis zur Vertragsbeendigung wurden alle Aufgaben bewältigt. Aufgrund von Standortverlagerungen o. ä. haben diese Teilnehmer den Job verloren. Auch sie haben die gleichen Erfahrungen gemacht. Ohne Zertifikat gibt es keine Chance einen neuen Job im Personalmanagement zu finden.

Diese Erfahrungen machen Menschen, unabhängig von Branchen und Funktionen. Selbstverständlich geht es nicht darum, dass ein Mediziner heute kein abgeschlossenes Studium mehr braucht und jedes Wissen angelernt werden kann. Es geht um Fachkompetenz, die in der Praxis über Jahre erfolgreich nachgewiesen werden kann. Es fragt sich, wie lange wir auf diese Potenziale verzichten können und ob die Gewichtung von Abschlüssen und Zertifikaten vs. Berufserfahrung überdacht werden muss.

4.7 Referenzen

Bei Referenzschreiben ist der Verfasser bei der Formulierung der Inhalte wesentlich freier als im Vergleich zum Zeugnis. Vom Aufbau und Inhalt unterscheidet sich die Referenz vom Zeugnis nur geringfügig.

Eine Referenz kann schriftlich oder auch mündlich erteilt werden. Referenzgeber kann nur eine Person sein, mit der der Kandidat in einem Abhängigkeitsverhältnis gestanden hat.

Bei einer schriftlichen Referenz werden neben der Aufgabe, der Zeitraum der Beurteilung und die konkreten Aufgaben angegeben. Die Hard Skills und Soft Skills werden, wie auch beim Zeugnis üblich, eingeschätzt und häufig mit konkreten Bespielen ergänzt. Eine Einschätzung der Ergebnisse sowie der Nutzen rundet die Gesamteinschätzung ab.

Bei einer mündlichen Referenz sind vom Referenzgeber der Name, die Funktion, das Unternehmen sowie die Kontaktdaten und das Projekt bzw. der Auftrag für die Referenz zu benennen.

Mögliche Fragen an den Referenzgeber:

- Würden Sie Herrn/Frau nochmals einstellen bzw. beauftragen?
- Warum hat Herr/Frau das Unternehmen verlassen?
- Wenn Sie die Arbeitsleistung in Schulnoten ausdrücken müssten, welche Note würden Sie vergeben?
- Können Sie anhand von Beispielen die Note nachvollziehbar erläutern?
- Gab es Probleme während der Zusammenarbeit und wie wurden diese gelöst?

- In welchem Bereich hätten Sie sich Verbesserungen gewünscht?
- Was sind aus Ihrer Sicht die größten Stärker von Herrn/Frau?
- Wo sehen Sie das größte Entwicklungspotenzial?

Ein Referenzschreiben ist für Bewerber, die selbstständig waren, eine gute Alternative fehlende Arbeitgeberzeugnisse zu kompensieren. Für mich ist die Referenz eine sehr gute Grundlage, um einen Eindruck von der Persönlichkeit zu gewinnen. Der Bewerber wird selbstverständlich nur von den Unternehmen eine Referenz einreichen, die ganz sicher eine gute Leistung beurteilen werden. Das ist doch auch vollkommen in Ordnung. Im Auswahlverfahren wollen wir herausfinden, ob der Bewerber mit seinen Fähigkeiten und der Persönlichkeit zum Unternehmen passt.

Die ständige Suche nach Fehlern und dem sprichwörtlichen „Haar in der Suppe" hält nur auf und bringt uns nicht weiter. In den Bewerbern das Potenzial zu erkennen und daraus die Eignung zu beurteilen ist unsere Aufgabe. Wer in Chancen denkt, wird erfolgreich sein und wer Probleme sucht, wird diese finden und damit wertvolle Zeit verplempern.

Weiterführende Literatur

Ackerschott Harald; Gantner Norbert; Schmitt Günter, Eignungsdiagnostik, Qualifizierte Personalentscheidungen nach DIN 33430, Beuth Verlag GmbH 2016

Berg, Elmar: Employer Branding als Fachkräftesicherung im Generationenwechsel, Diplomica Verlag GmbH Hamburg 2015

Bock, Laszlo: Work Rules, Verlag Franz Vahlen GmbH, München 2016

Brecke, Jan: So wollen Top-Talente arbeiten, Frankfurter Societäts-Medien GmbH, Frankfurt am Main 2015

Brockhoff, Stephan/Panreck, Klaus: Menschlichkeit rechnet sich, Campus Verlag GmbH, Frankfurt am Main 2016

Buckmann, Jörg: Einstellungssache: Personalgewinnung mit Frechmut und Können, Springer Gabler Springer Gabler, Springer Fach Medien, Wiesbaden 2013

Geffroy, Edgar/Geffroy, Barbara: Die neue Macht der Mitarbeiter; GABAL Verlag GmbH, Offenbach 2017

Hackl, Benedikt/ Gerpott, Fabiola: HR 2020 Personalmanagement der Zukunft; Verlag Franz Vahlen GmbH, München 2015

Jannsen, Herbert: Die besten Mitarbeiter erfolgreich gewinnen, entwickeln und halten; PRAXIUM-Verlag, Zürich 2012

Jànszky, Gàbor Das Recruiting-Dilemma, Zukunft der Personalarbeit in Zeiten des Fachkräftemangels, Haufe Gruppe, 2014

Kanning, Uwe P. Personalauswahl zwischen Anspruch und Wirklichkeit, Springer, 2015

Knoblauch, Jörg/Kurz Jürgen: Die besten Mitarbeiter finden und halten, Campus Verlag GmbH, Frankfurt am Main 2007

Knoblauch Jörg/Kuttler, Benjamin: das Geheimnis der Champions; Campus Verlag GmbH, Frankfurt am Main 2016

Kürschner, Isabelle: Wie wir morgen tun, was wir heute wollen, Goldegg Verlag 2015

Lang, Karl: Personalmanagement 3.0; Linde Verlag Ges.m.b.H., Wien 2014

Maier, Norbert Erfolgreiche Personalgewinnung und Personalauswahl, Praxium-Verlag, Zürich 2008

Oelsnitz, Dietrich von der / Stein, Volker/ Habmann, Martin: Der Talente-Krieg; Haupt Verlag 2007

Rechsteiner, Frank Erfolgreiches IT-Recruiting trotz Fachkräftemangel, Methoden zur Personalbeschaffung und -bindung, Springer Gabler 2016

Remdisch, Sabine Hrsg.: Human Performance Management; Haufe-Lexware GmbH 6 Co. KG, Freiburg 2014

Rosenberger, Bernhard Hrsg.: Modernes Personalmanagement; Springer Gabler, Springer Fach Medien, Wiesbaden 2014

Rump, Jutta/ Walter, Norbert: Arbeitswelt 2030; Schäffer-Pöschel Verlag Stuttgart, Stuttgart 2013

Schermuly, Carsten C.: New Work – Gute Arbeit gestalten; Haufe-Lexware GmbH 6 Co. KG, Freiburg 2016

Stracke, Friedemann Menschen verstehen – Potenziale erkennen, Springer Gabler 2014

Weckmüller, Heiko: Exzellenz im Personalmanagement, Haufe-Lexware GmbH 6 Co. KG, Freiburg 2013

Zehrfeld, W. Axel: Fachkräftesicherung F.A.Z.-Management-, Markt- und Medieninformationen GmbH, Frankfurt am Main 2012

zeag GmbH – Zentrum für Arbeitgeberattraktivität Trendstudie zum Thema Arbeitgeberattraktivität der Universität St. Gallen 2015

http://www.faz.net/aktuell/beruf-chance/beruf/arbeitsmarkt-wandelt-sich-von-nachfrage-in-anbietermarkt-15296060.html – 23.11.2017

Credit Siusse, Dr. Sara Carnazzi Weber, Andreas Christen, Thomas Mendelin, Strategien gegen den Fachkräftemangel, Erfolgsfaktoren für Schweizer KMU 2017

Candidate Journey Studie 2017, Prof. Dr. Peter M. Wald (HTWK Leipzig), Christoph Athanas (meta HR Unternehmensberatung GmbH), 2017

Studie Cultural Fit, Christoph Athanas (meta HR Unternehmensberatung GmbH), Studienleitung Philip Athanas (meta HR Unternehmensberatung GmbH), Eva-Maria Friese (Employour GmbH – a Territory embrace company) Nick Pfisterer (Employour Gmbh – a Territory embrace company), 2016

Softgarden E-Recruiting GmbH, Umfrage 2015, Der Arbeitgeber als Dienstleister im Bewerbungsprozess

5 Bewerbungsgespräch

Die Vorauswahl ist getroffen und die interessantesten Kandidaten wurden zum Gespräch eingeladen. Jetzt heißt es auf keinen Fall nachlassen und ein wertschätzendes und respektvolles Bewerbergespräch organisieren. Dazu gehört neben der organisatorischen auch die inhaltliche Vorbereitung. Achten Sie unbedingt auf ein angenehmes Umfeld und einen störungsfreien Ablauf. Unternehmen nutzen für Erstgespräche auch externe Dienstleister, die stundenweise Büroräume für Besprechungen vermieten. Aus meiner Erfahrung ist es für den Bewerber optimaler, wenn er bereits im Anschluss des ersten Gespräches die Möglichkeit hat, das Unternehmen sowie das Team kennen zu lernen. Bedenken Sie bitte, dass nicht nur Sie sich für den Kandidaten interessieren. Zeigen Sie von Beginn an, dass Sie die Kultur und Werte des Unternehmens leben und die Mitarbeiter Ihnen wirklich wichtig sind.

In kleineren Unternehmen mit relativ unerfahrenen Personalverantwortlichen empfiehlt es sich ein strukturiertes Interview in Kombination mit einem Leistungstest durchzuführen. Bereiten Sie Ihre Fragen und auch Vertiefungsfragen schriftlich vor und berücksichtigen dabei die zur Verfügung stehende maximale Zeit. Bedenken Sie bei der Zeitplanung, dass Ihr Kandidat auch die Möglichkeit bekommt Fragen zu stellen. Eine Arbeitsprobe gibt Ihnen eine zusätzliche Bestätigung zur Eignung. Diese Arbeitsprobe kann für das Bewerbergespräch individuell vorbereitet oder dem Kandidaten eine Fragestellung vorab zur Vorbereitung für das Folgegespräch zugesandt werden.

So können Sie z. B. in einem Gastronomiebetrieb die wesentlichen Fachbegriffe überprüfen. Wofür verwende ich welches Glas und wie heißt es? Welche Weine empfiehlt der Kandidat für ein vorgegebenes Menü?

Für Führungskräfte und Projektleiter empfiehlt es sich, komplexere Aufgabenstellungen zu erarbeiten. Bitten Sie beispielsweise Ihren angehenden Projektleiter, eine Präsentation für ein neues, noch nicht namentlich benanntes Projekt zu erstellen und diese im zweiten Bewerbergespräch zu präsentieren. Sie sehen wie strukturiert der Kandidat vorgeht und wie gut er sich tatsächlich im Projektmanagement auskennt. Durch Vertiefungs- und Verständnisfragen können Sie die für Sie erforderlichen Details anhand der Präsentation hinterfragen. Dabei kann sich der Bewerber auf eine gute Vorbereitung stützen und auch Sie können die Informationen aus den Bewerbungsunterlagen und dem ersten Bewerbergespräch anhand dieser Arbeitsprobe bewerten.

Sie wissen sicherlich, dass es für den ersten Eindruck keine zweite Chance gibt. Das gilt für den Kandidaten, aber auch für Sie und das Unternehmen. Natürlich stellt sich der Kandidat und das Unternehmen von der besten Seite dar, aber bleiben Sie dabei bitte bei der Realität. Der mögliche Realitätsschock am ersten Arbeitstag führt nicht selten zur innerlichen Kündigung. Das bedeutet nicht, dass der Mitarbeiter sofort wieder kündigt, aber den Wechsel gedanklich bereits vorbereitet. In der Regel verlassen diese Mitarbeiter das Unternehmen nach 12–18 Monaten, weil sie sonst Nachteile für zukünftige Bewerbungen und Karrierechancen befürchten. Jeder von uns kann sich vorstellen, dass wir mit diesen Mitarbeitern nicht annähernd die Ergebnisse erreichen, die wir mit wirklich motivierten Menschen erreichen können.

5.1 Vorbereitung – Erfolgskonzept der Profis

Beim Vorstellungsgespräch ist der Bewerber angespannt und auch für die Interviewer geht es um sehr viel. Fehler können auf beiden Seiten passieren. Häufig wird gerade der Vorbereitung der Bewerbergespräche nicht mehr so viel Bedeutung beigemessen, wie bei den vorangegangenen Schritten. Ein großer Fehler, wenn Sie mich fragen. Anhand der Unterlagen wird jeder bestimmt einen persönlichen Favoriten festgelegt haben, bei mir ist das jedenfalls so. Leider ist die Realität manchmal nicht so toll, wie die Unterlagen den Anschein erwecken.

Ich kenne Bewerber, bei denen ich mir gewünscht hätte, dass der Verfasser der Unterlagen jetzt vor mir sitzen würde, denn der Kandidat hat die Unterlagen jedenfalls nicht erstellt. Die fachlichen Anforderungen wurden zum großen Teil erfüllt, aber von der Persönlichkeit hat der Bewerber absolut nicht ins Unternehmen gepasst.

Kennen Sie die sogenannten Blender? Wenn Bewerber über Erfolge berichten, bin ich natürlich begeistert und hinterfrage den Prozess detailliert. Bewerber, die das Problem erfolgreich gelöst haben, können meine Fragen problemlos beantworten und es entsteht eine sehr angenehme Gesprächsatmosphäre. Bewerber, die über Erfolge von Kollegen berichten, werden bereits nach der ersten Vertiefungsfrage unsicher und antworten spätestens nach der vierten Frage nicht mehr in ganzen Sätzen.

Die Rollen bei den Bewerberinterviews sind meistens klar verteilt. Bisher war der Bewerber meist sehr angespannt und der Recruiter oder Personalleiter relativ entspannt. Auch hier werden oder sind die Rollen bereits gewechselt. Die meisten Recruiter und Personalleiter sind davon überzeugt, dass sie die Kandidaten gut einschätzen können. Schaut man auf die Zufriedenheit der Menschen, ergibt sich ein anderes Bild, aber woran liegt das?

Führungskräfte und Recruiter machen sich nicht immer die Mühe, ganz genau zu beschreiben, was der optimale Kandidat mitbringen muss. Welches Wissen sollte er mitbringen, welche Probleme bereits gelöst haben und welche Werte und Motive sind ihm im Berufsleben wichtig?

In Studien konnte nachgewiesen werden, dass bereits nach knapp 3 min eine Meinung zum Kandidaten gebildet wurde. Ungeschulte und schlecht vorbereitete Interviewer nutzen die verbleibende Gesprächszeit, um den gewonnenen Eindruck zu bestätigen. Geschulte Interviewer haben ebenfalls diesen Eindruck gewonnen, bleiben jedoch offen, ob sich dieser Eindruck bestätigt. Die vorbereiteten Fragen, die sich u. a. aus den eingereichten Bewerbungsunterlagen ergeben, sind für das zielführende Gespräch, unter Berücksichtigung der Gesprächsdauer, von großer Bedeutung. Durch den Bezug der Fragen auf die eingereichten Unterlagen wird eine angenehme Gesprächsatmosphäre erzeugt und die Gesprächsstruktur vorbereitet. Das lässt natürlich Spielraum für weitere vertiefende Fragen. Auch das Notieren der Antworten des Kandidaten ist wichtig. Nach 45–60 min Gesprächsdauer können Sie sich nicht alle Details merken. Diese Notizen ermöglichen Ihnen nach dem Gespräch eine kurze Zusammenfassung der Aussagen, die dann bewertet werden.

Die Vorbereitung ist auch für die Einhaltung der Gesprächsanteile wichtig. Der Bewerber sollte 80 % und der/die Interviewer 20 % Redeanteil haben. Denken Sie daran, wer fragt der führt. Wir alle kennen die engagierten Mitarbeiter und auch die, die man zur Arbeit tragen muss. Umso mehr Mitarbeiter in einem Unternehmen beschäftigt sind, umso größer ist die Wahrscheinlichkeit, dass jeder Charaktertyp, mit seinen Vor- und Nachteilen, dabei ist. Die Aufgabe im Bewerbergespräch ist es herauszufinden, ob wir einen wirklich engagierten Problemlöser vor uns haben, oder einen Bewerber, der lieber die anderen arbeiten lässt und vielleicht sogar deren Ergebnisse als die eigenen ausgibt. Ich stelle dann gern eine Skalenfrage. „Schätzen Sie bitte ihr Engagement einer Skala von 1–10 ein. 1 sind die nicht so stark engagierten Mitarbeiter und 10 die besonders stark engagierten". Die häufigste Antwort ist „8". Danach können Sie natürlich in die Tiefe gehen und fragen woran der Bewerber das festmacht? Was konkret das Problem war? Wie er das gelöst hat? Welche Probleme aufgetreten sind, etc.

Die meisten Bewerber kommen gut vorbereitet in das Bewerbergespräch und erwarten zu recht ebenfalls gut vorbereitete Interviewpartner. Die Art und Weise der Gesprächsführung ist auch später für die Entscheidung des Bewerbers relevant, ob er das Vertragsangebot annimmt. Wertschätzung und Respekt gegenüber den Bewerbern versteht sich von selbst.

5.2 Gesprächsstruktur

Begrüßung
- Schaffen Sie eine angenehme Gesprächsatmosphäre, damit eine Vertrauensbasis entsteht.
- Sprechen Sie den Bewerber mit dem Namen an.
- Ein Lächeln schafft Vertrauen und nimmt dem Bewerber die Anspannung.
- Bieten Sie Getränke an.
- Stellen Sie sich, mögliche weitere Gesprächsteilnehmer und das Unternehmen vor.
- Geben Sie einen Überblick über den Ablauf, Ziel und Dauer des Gespräches

Interview
- Eröffnen Sie das Interview mit einer offenen Frage, z. B. „Was hat Sie an der Anzeige angesprochen?" und lassen Sie den Bewerber etwas über sich und seine Ziele erzählen.
- Gehen Sie nun auf die Fragen ein, die sich aus den Bewerbungsunterlagen ergeben haben und lassen diese anhand von Beispielen erläutern.
- Sprechen Sie kritische Punkte oder Widersprüche offen an.
- Thematisieren Sie Berufserfahrungen und Wertvorstellungen.
- Die Selbsteinschätzung des Bewerbers, mit Stärken und Schwächen, bestätigt meist den bereits getroffenen Eindruck der Interviewer zur Persönlichkeit.
- Achten Sie darauf, ob emotionale Reaktionen und körperliche Signale mit dem Gesagten übereinstimmen.
- Fragen Sie immer nach konkreten Beispielen, in denen der Bewerber die jeweiligen Hard Skills und auch Soft Skills unter Beweis gestellt hat.
- Jetzt ist es Zeit, dass der Bewerber mit den für ihn relevanten Informationen versorgt wird. Legen Sie nach Möglichkeit die Stellenbeschreibung vor. Zeigen Sie mit einem Organigramm den Stellenwert im Unternehmen auf. Informieren Sie über Vorgesetzte, den Führungsstil, das Team, Weiterbildungs- und Entwicklungsmöglichkeiten, Sozialleistungen und Gehalt.
- Beantworten Sie seine Fragen, besprechen den möglichen Eintritt, die Probezeitziele, Arbeitszeit sowie die Möglichkeit der flexiblen Gestaltung, betriebliche Sonderregelungen und alle weiteren offenen Themen.
- Sorgen Sie dafür, dass Sie vom Bewerber richtig verstanden werden und fassen Inhalte bzw. bereits getroffenen Vereinbarungen zusammen.
- Informieren Sie den Bewerber, wie es weitergeht. Wann sich wer und wann meldet. Der Einsatz sowie das Ziel der ggf. einzusetzenden Testverfahren sind zu erläutern und das Einverständnis vom Bewerber einzuholen.
- Im letzten Gespräch, nach der Durchführung möglicher Testverfahren, fordern Sie den Bewerber bitte auf sich zu melden, wenn er sich entschieden hat. Damit fördern Sie seine Initiative und bestärken die Motivation für die Entscheidung.

Beispiel: Vorbereitung der Fragen anhand der eingereichten Unterlagen auf die Bewerbung als Bauingenieur

Information aus dem Anschreiben in Kurzform
- Bewerber möchte sein theoretisches Wissen in der Praxis umsetzen
- Erläutert nachvollziehbar die Motivation für die Studienrichtung Bauwesen
- Geht auf Erfahrungen während der Praktiken sowie Diplomarbeit ein
- Bewerber ist kurzfristig verfügbar und stellt realistische Gehaltsforderungen in Bezug auf seine Ausbildung und Berufserfahrung.

Informationen aus dem Lebenslauf in Kurzform
- 5 Jahre Studium Bauingenieurwesen, mit sehr guten Abschluss
- Abschluss Allgemeine Hochschulreife berufsbegleitend
- Berufsausbildung im technischen Bereich mit Abschluss
- Mehrere Praktika als Werkstudent
- Aktuelle Weiterbildungen
- Nachgewiesene Software- und Sprachkenntnisse

Analyse der Arbeitgeberzeugnisse
- Anforderung des letzten Arbeitgeberzeugnisses
- Drei der vier vorgelegten Zeugnisse waren gut bis sehr gut
- Ein Praktikum-Zeugnis enthielt Formulierungen, die im Bewerbergespräch hinterfragt werden sollten. „Arbeitete nach Anleitung selbstständig".

Anhand der Informationen aus den Bewerbungsunterlagen, sowie den Anforderungen für die Position des Bauingenieurs, wurde nachfolgender Fragenkatalog erstellt.

Fragenkatalog
Nachdem ich Ihnen einen kleinen Überblick über das Ingenieurbüro und unsere aktuellen Projekte gegeben habe und wir uns bei Ihnen vorgestellt haben, möchten wir natürlich gern etwas mehr über Sie erfahren.

- Was hat Sie an unserer Anzeige angesprochen?
- Warum haben Sie sich dazu entschieden, sich auf die Position zu bewerben?
- Ich kann nachvollziehen, dass es für Berufseinsteiger nicht so leicht ist eine Anstellung zu finden. Wo haben Sie sich bisher beworben und was meinen Sie, war der Grund für die Absagen?
- Welches Aufgabenspektrum interessiert Sie am stärksten und warum?
- Schildern Sie uns bitte entsprechende Beispiele aus Ihrer praktischen Erfahrung.
- Auf welche Erfolge sind Sie besonders stolz?
- Was war Ihre konkrete Aufgabe?
- Was war das Schwierigste dabei für Sie?
- Wie haben Sie das Problem gelöst?
- Wie haben Sie die Aufgaben organisiert?
- Was haben Ihre Vorgesetzten an Ihnen besonders geschätzt?
- Welches Feedback haben Sie nach der Erledigung der Aufträge erhalten?
- Waren Sie mit dem Feedback zufrieden?
- Im Zeugnis der Firma XYZ ist uns ein Widerspruch zu Ihren Angaben aufgefallen, den wir gern mit Ihnen klären möchten.

- Was wäre für Sie eine berufliche Herausforderung, bezogen auf das Tätigkeitsfeld bei uns?
- Was meinen Sie, sind Ihre größten Stärken?
- Jeder von uns hat Schwächen, auch wir. Unsere Schwächen machen uns ja auch sehr menschlich. Was ist Ihre Schwäche?
- Die Zusammenarbeit in unserem Team ist von Respekt, Zuverlässigkeit, Zielstrebigkeit und Wertschätzung geprägt. Wir legen großen Wert auf eine präzise und zuverlässige Arbeitsweise und erwarten, dass sich jeder im Team einordnet und ergebnisorientiert zum Projekterfolg seinen engagierten Anteil einbringt. Können Sie uns eine Situation schildern, in der Ihre zuverlässige und ergebnisorientierte Arbeitsweise entscheidend zum Erfolg beigetragen hat?
- Wir danken Ihnen, dass Sie unsere Fragen so ausführlich beantwortet haben. Jetzt möchten wir Ihnen gern die Gelegenheit geben, Ihre Fragen an uns zu stellen.
- Abschluss mit Hinweisen zur Fortsetzung des Gesprächs und Termin für die Entscheidung

Hinweis: Oberflächlich oder unpräzise beantwortete Fragen sind zu hinterfragen, z. B. durch das Paraphrasieren, d. h. mit eigenen Worten die Aussage des Bewerbers zusammenfassen und die Richtigkeit kurz bestätigen lassen und dann weitere Vertiefungsfragen stellen.

5.3 Auswertung des Interviews

Vergessen Sie nicht, sich Notizen während des Gespräches zu machen und damit die wichtigsten Aussagen festzuhalten. Diese Unterlage erleichtert später den Vergleich mit anderen Bewerbern und dient als Vorbereitung für eine mögliche Fortsetzung im zweiten Interview.

Gleichen Sie Ihre Notizen mit dem Anforderungsprofil ab, wie beurteilen Sie die einzelnen Fähigkeiten und deren Ausprägung? Erfüllt der Kandidat Ihre Anforderungen? Was ist die Motivation des Bewerbers? Passt der Bewerber zur Kultur des Unternehmens? Wie beurteilen Sie die Persönlichkeit? Woran machen Sie Ihre Beurteilungen fest?

5.4 Fragetechniken

Aus den Bewerbungsunterlagen und Arbeitgeberzeugnissen können viele Kompetenzen direkt mit dem Anforderungsprofil abgeglichen werden. Bei der gezielten Analyse der Unterlagen treffen wir ganz unterschiedliche Annahmen, die wir im persönlichen Gespräch mit dem Bewerber hinterfragen müssen.

Der Weg vom Anforderungsprofil bis zur Vorbereitung der persönlichen Gespräche war meist sehr zeit- und kostenintensiv. Um ein möglichst vollständiges Bild vom Bewerber für die Eignung und Passung zur Stelle zu finden ist es von großer Bedeutung,

5.4 Fragetechniken

die Gespräche strukturiert und zielführend vorzubereiten. In der Regel werden für Fach- und Führungskräfte 45–60 min für das Erstgespräch geplant. Mit dem gezielten Einsatz von Frageformen können die Gespräche gut strukturiert werden und eine, für beide Seiten, angenehme Gesprächsatmosphäre hergestellt werden.

Um erfolgreiche Gespräche zu führen, müssen Interviewer verstanden werden, d. h. die Fragen müssen präzise und nacheinander gestellt werden. In der Beratung erlebe ich immer wieder, dass Interviewer mehrere Fragen hintereinanderstellen und sich wundern, dass Bewerber irritiert reagieren, weil sie nicht wissen, auf welche Frage sie zuerst antworten sollen oder gar eine Frage vergessen haben.

Wer fragt, der führt und wer außerdem aktiv zuhören kann und situativ Vertiefungsfragen stellt, wird sicher erfolgreich Personal für das Unternehmen rekrutieren.

Fragen Sie nach dem Wie und nicht nach dem Warum!
Um eine angenehme Gesprächsatmosphäre zu erzeugen ist es wesentlich effektiver nach dem „Wie" und nicht nach dem „Warum" zu fragen. Fragen, die mit Warum – Wieso – Weshalb beginnen, werden oft als Rechtfertigungsfragen wahrgenommen und bringen Bewerber häufig in eine angespannte Situation.

Fragealternativen:

- Wie ist es Ihnen gelungen, die Kundenzufriedenheit positiv zu beeinflussen?
- Wie sind Sie bei der Umsetzung konkret vorgegangen?

Direkte und offenen Fragen
Sie eignen sich sehr gut, um vom Bewerber ein genaueres Bild zu erhalten. Sinnvoll ist es daher nach spezifischen Erfahrungen und Kompetenzen fragen. Fordern Sie den Bewerber auf, die Erfahrungen konkreter zu beschreiben, Erklärungen und Ergebnisse aus der eigenen Sicht und auch der des Vorgesetzten zu schildern.

Fragealternativen:

- Auf welche Erfolge sind Sie besonders stolz?
- Was verstehen Sie unter …?
- Was ist Ihnen wirklich wichtig daran und warum?
- Worum geht es Ihnen dabei?
- Was konkret haben Sie dadurch erreicht?
- Was haben Sie daraus gelernt?
- Welche Konsequenzen ziehen Sie daraus?
- In dem Zeugnis Ihres letzten Arbeitgebers steht, dass Sie das Sales-Team bei der Angebotserstellung unterstützt haben. Können Sie uns anhand eines Beispiels erläutern, wie diese Unterstützung konkret aussah?

Geschlossene Fragen
Fragen, die man nur mit Ja oder Nein beantworten kann oder wenn man in kurzer Zeit viele konkrete Informationen erhalten will. Der Einsatz macht Sinn, wenn Sie eine Bestätigung bzw. Entscheidung benötigen oder auch eine komplexere Frage vorbereiten möchten.

Fragealternativen:

- Haben Sie noch weitere Fragen zur Arbeitszeitregelung?
- Habe ich Sie richtig verstanden, Sie haben die Projektleitung von der Auftragsklärung bis zur Projektrealisierung erfolgreich umgesetzt?
- Zur Vorbereitung der Vertiefungsfrage können Sie auch das Paraphrasieren nutzen, d. h. Sie fassen das Gesagte mit eigenen Worten zusammen und bitten um Bestätigung. Bewerberantwort: „Ja". Dann möchten wir Sie bitten, uns detailliert zu beschreiben wie Sie vorgegangen sind.

Alternativfragen
Hier soll der Bewerber sich für eine von zwei Antwortalternativen entscheiden.

Fragealternativen:

- Was ist Ihnen als Führungskraft wichtiger, die Ziel- und Ergebnisorientierung oder eher die Fokussierung auf die Mitarbeiter- und Potenzialentwicklung?

Skalenfragen
Eine Frageform zur Selbsteinschätzung des Bewerbers.

Fragealternativen:

- Wie hoch würden Sie ihre Verhandlungskompetenz auf einer Skala von 1 bis 10 einschätzen, wenn 1 mit sehr gering und 10 als sehr ausgeprägt definiert wird?
- Wie gut schätzen Sie Ihre Fachkompetenz XYZ auf einer Skala von 1 bis 10 ein, wenn 1 mit sehr gering und 10 als sehr ausgeprägt definiert wird?

Einschätzungsfragen
Eine Frageform zur Einschätzung von zukünftigen Entwicklungen.

Fragealternativen:

- Welche Veränderungen bringt die Digitalisierung für Ihr Berufsbild?
- Wie wird sich der technologische Fortschritt auf unsere Branche auswirken?

5.4 Fragetechniken

Projizierende Fragen
Das ist eine Fragestellung mit Perspektivwechsel. Der Bewerber soll aus der Perspektive einer anderen Person antworten. Die Antwort aus der Perspektive einer anderen Person fällt zurückhaltenden Menschen manchmal leichter. Diese Frageform kann aber auch zur Überprüfung von Aussagen genutzt werden.

Fragealternativen:

- Wie würde ein ehemaliger Kollege dies beurteilen?
- Was schätzen Ihre Freunde besonders an Ihnen?
- Was meinen Sie, würde Ihr Vorgesetzter dazu sagen, wenn ich ihn jetzt anriefe?

Motivierende Fragen
Motivierende Fragen bzw. Bestätigungsfragen geben dem Bewerber Vertrauen und Sicherheit und ermöglichen weitere Vertiefungsfragen.

Fragealternativen:

- Beurteilen Sie als ausgewiesener Experte die Entwicklung ähnlich?
- Wie bewerten Sie als Fachmann die Situation?
- Das von Ihnen geschilderte Beispiel hat uns sehr beeindruckt. Denken Sie, dass dies auch bei uns so zum Einsatz kommen könnte?

Hypothetische Fragen
Fragestellungen, mit denen sich der Bewerber ohne Beispielbezug auseinandersetzen soll. Diese Frageform sollte im Bewerbergespräch sehr vorsichtig eingesetzt werden, weil die Auseinandersetzung mit einer theoretischen Situation einfacher zu lösen ist. Der Einsatz von offenen Fragen zu Beispielen aus der Berufserfahrung sind in der Regel wesentlich zielführender.

Fragealternativen:

- Stellen Sie sich vor, Sie sind Führungskraft und vermuten bei einem Mitarbeiter ein Alkoholproblem. Wie würden Sie vorgehen?
- Angenommen, Sie sind Führungskraft und Ihr Team lehnt eine Zusammenarbeit ab. Schildern Sie bitte detailliert Ihre Vorgehensweise.
- Was wäre, wenn wir uns für einen anderen Bewerber entscheiden? Wie sehen dann Ihre nächsten Schritte aus?

Antwortet der Bewerber ausweichend oder unbefriedigend, dann können Sie vorschlagen, diese Situation in einem kleinen Rollenspiel mit dem Bewerber zu überprüfen.

Kundenorientierung
Wie stark ist die Kundenfokussierung tatsächlich? Wird die Perspektive des Kunden berücksichtigt? In welcher Weise werden Erfahrungen, Aktivitäten und Entscheidungen berücksichtigt?

Fragealternativen:

- Welche Ideen haben Sie zur Verbesserung unserer Kundenzufriedenheit?
- Wie können Sie in Ihrer Position die Kundenzufriedenheit weiter verbessern?
- Was verstehen Sie unter Kundenzufriedenheit?
- Was meinen Sie, schätzen unsere Kunden am meisten an unseren Produkten bzw. dem Service?
- Welche Beispiele können Sie uns aus Ihrer Berufspraxis schildern?

Veränderungswille und Veränderungsbereitschaft
Ist der Bewerber in der Lage sich den wechselnden Situationen im Verantwortungsbereich anzupassen und erkennt er erforderliche Veränderungen? Wie stellt sich der Bewerber auf die veränderten Anforderungen ein?

Fragealternativen:

- Gibt es in Ihrem beruflichen Werdegang Situationen, in denen Sie sich schnell an signifikante Veränderungen anpassen mussten?
- Welche waren das konkret?
- Wie bewerten Sie aus heutiger Sicht diese Situation(en)?
- Was würden Sie ggf. anders machen und warum?

Bereitschaft, sich neues Wissen anzueignen
Kann der Bewerber glaubhaft erläutern, warum es aus seiner Sicht einen kontinuierlichen Weiterbildungsbedarf gibt?

Fragealternativen:

- Welche Themen interessieren Sie so stark, dass Sie sich in den vergangenen zwölf Monaten aus eigenem Interesse in diese eingearbeitet haben?
- Was konkret hat Sie an dem Thema interessiert?
- Welche Fragen sind inhaltlich noch offen?
- Welche Themen interessieren Sie noch?

5.4 Fragetechniken

Eigeninitiative
Wird der Bewerber von sich aus angemessen aktiv, ohne dazu von der Führungskraft aufgefordert zu werden?

Fragealternativen:

- Schildern Sie uns bitte zwei Situationen, in denen Sie Eigeninitiative gezeigt haben!
- Was war der Auslöser für Ihre Aktivitäten?
- Schildern Sie bitte, was Sie konkret getan haben!
- Wie bewerten Sie aus heutiger Sicht Ihr Engagement?

Analytische und systemische Fähigkeiten
Um herauszufinden, ob der Bewerber komplexe Themen erfassen und zum Kern der Problematik durchdringen kann, eignen sich die direkten und offenen Fragen. Diese Fähigkeiten werden häufig in Persönlichkeitstest vertieft analysiert und ausgewertet.

Fragealternativen:

- Beschreiben Sie aus Ihrer Sicht eine komplexe Aufgabe, in die Sie sich intensiv hineindenken mussten!
- Wie sind Sie konkret vorgegangen?
- Wie ist es Ihnen gelungen, die Informationen und Zusammenhänge zu durchdringen und zu verstehen?
- Worin lag die Schwierigkeit für Sie?
- Wie bewerten Sie heute ihre Vorgehensweise?

Teamfähigkeit
Die Frage, die wohl fast in jedem Bewerbungsgespräch gestellt wird, ist die Frage nach der Teamfähigkeit. Sie gehört damit zu den Standardfragen für jede Berufsgruppe, aber warum? Kann es eine aussagefähige Information auf diese Frage geben, oder müssten vielleicht ganz andere Fragen gestellt werden? Ich erlebe bei diesen Fragen zur Teamfähigkeit immer sehr gut formulierte Antworten der Bewerber, aber deren Inhalt ist für mich wenig aussagefähig. Für mich stellt sich viel eher die Frage, wen braucht das Team? Wer kann sich gut in das bestehende Team einfügen und bringt es voran? Welche Rolle soll das zukünftige Teammitglied übernehmen? Diese Fragen können nicht mit der Standardfrage zur Teamfähigkeit beantwortet werden. Im Anforderungsprofil sind diese konkreten Kompetenzen und Fähigkeiten vor dem Auswahlverfahren genau festzulegen und mit Fragetechniken die optimale Passung herauszuarbeiten. Anhand von Persönlichkeitstests können wir die Stärken, Potenziale und auch Schwächen genauer erkennen

und unsere Fragetechniken noch gezielter für das persönliche Gespräch vorbereiten. Ob ein Bewerber gut in das Team passt, werden Sie letztendlich erst in der Zusammenarbeit erleben. Geben Sie dem Bewerber und dem Team die Möglichkeit sich kennen zu lernen und berücksichtigen Sie bei Ihrer Einstellungsentscheidung unbedingt auch das Feedback der Mitarbeiter.

Fragealternativen:

- Was verstehen Sie unter Teamfähigkeit?
- Woran machen Sie fest, dass Sie ein guter Teamplayer sind?
- Was meinen Sie, wird das bei uns auch so sein?
- Warum glauben Sie das?
- Was benötigen Sie um herauszufinden, ob Sie in unser Team passen?

Empfehlung
- Stellen Sie nicht mehrere Fragen hintereinander, sonst weiß der Bewerber nicht, auf welche Frage er zuerst antworten soll. Eventuell wird dadurch eine Frage nicht beantwortet.
- Vermeiden Sie negative Fragen, die in der Regel mit „warum" beginnen. Diese Fragen werden oft als Rechtfertigungsfragen wahrgenommen und stören das Gesprächsklima erheblich.
- Suggestivfragen sollten ebenfalls nicht eingesetzt werden, weil Bewerber möglicherweise eine angepasste oder eine gewünschte Antwort gibt.

5.5 Bewerbergespräche führen

Die Bewerbergespräche können strukturiert bzw. auch teilstrukturiert geführt werden. Bei den strukturierten Gesprächen werden jedem Bewerber die gleichen Fragen gestellt. Die Bewerberaussagen sind dadurch sehr gut vergleichbar. Bei strukturierten Bewerbergesprächen sind selbstverständlich alle Fragen vorher festzulegen. Berücksichtigen Sie für die Erarbeitung eines einheitlichen strukturierten Interviewleitfadens folgende Schwerpunkte:

- Initiative zur Bewerbung
- Informationen zum Unternehmen
- Beruflicher Werdegang
- Aus- und Weiterbildung
- Erfahrungen und Verhältnis zu vorherigen Arbeitgebern
- Berufliche Ziele
- Persönlichkeit und Charakter
- Motivation für die Bewerbung

- Gehaltsvorstellungen
- Tätigkeitsaufnahme
- Folgegespräche bzw. Testverfahren

Im Gegensatz zum teilstrukturierten Gespräch werden die Fragen aus den eingereichten Unterlagen erarbeitet. Aus meiner langjährigen Praxis weiß ich, dass strukturierte Gespräche bei Bewerbern keine hohe Akzeptanz haben. Ich arbeite mit teilstrukturierten Gesprächen, die in der Vorbereitung zwar aufwendiger sind, aber sehr gute Rückschlüsse auf die Eignung zulassen.

Holen Sie in jedem Fall auch die Meinung des Teams ein. Nicht nur Bewerber möchten frühzeitig das Team und den Arbeitsplatz kennen lernen, sondern auch die Teammitglieder haben ein großes Interesse an den Kandidaten.

Die Bewerbungsunterlagen wurden gründlich analysiert und alle Fragen, sowie ggf. auch erforderliche Vertiefungsfragen vorbereitet, die Gesprächsstruktur sowie der zeitliche Rahmen abgestimmt und der Raum für eine angenehme Gesprächsatmosphäre vorbereitet.

Weiterführende Literatur

Ackerschott Harald; Gantner Norbert; Schmitt Günter, Eignungsdiagnostik, Qualifizierte Personalentscheidungen nach DIN 33430, Beuth Verlag GmbH 2016
Berg, Elmar: Employer Branding als Fachkräftesicherung im Generationenwechsel, Diplomica Verlag GmbH Hamburg 2015
Bock, Laszlo: Work Rules, Verlag Franz Vahlen GmbH, München 2016
Brecke, Jan: So wollen Top-Talente arbeiten, Frankfurter Societäts-Medien GmbH, Frankfurt am Main 2015
Brockhoff, Stephan/Panreck, Klaus: Menschlichkeit rechnet sich, Campus Verlag GmbH, Frankfurt am Main 2016
Buckmann, Jörg: Einstellungssache: Personalgewinnung mit Frechmut und Können, Springer Gabler Springer Gabler, Springer Fach Medien, Wiesbaden 2013
Geffroy, Edgar/Geffroy, Barbara: Die neue Macht der Mitarbeiter; GABAL Verlag GmbH, Offenbach 2017
Hackl, Benedikt/ Gerpott, Fabiola: HR 2020 Personalmanagement der Zukunft; Verlag Franz Vahlen GmbH, München 2015
Jannsen, Herbert: Die besten Mitarbeiter erfolgreich gewinnen, entwickeln und halten; PRAXIUM-Verlag, Zürich 2012
Jànszky, Gàbor Das Recruiting-Dilemma, Zukunft der Personalarbeit in Zeiten des Fachkräftemangels, Haufe Gruppe, 2014
Kanning, Uwe P. Personalauswahl zwischen Anspruch und Wirklichkeit, Springer, 2015
Knoblauch, Jörg/Kurz Jürgen: Die besten Mitarbeiter finden und halten, Campus Verlag GmbH, Frankfurt am Main 2007
Knoblauch Jörg/Kuttler, Benjamin: das Geheimnis der Champions; Campus Verlag GmbH, Frankfurt am Main 2016
Kürschner, Isabelle: Wie wir morgen tun, was wir heute wollen, Goldegg Verlag 2015

Lang, Karl: Personalmanagement 3.0; Linde Verlag Ges.m.b.H., Wien 2014
Maier, Norbert Erfolgreiche Personalgewinnung und Personalauswahl, Praxium-Verlag, Zürich 2008
Oelsnitz, Dietrich von der / Stein, Volker/ Habmann, Martin: Der Talente-Krieg; Haupt Verlag 2007
Rechsteiner, Frank Erfolgreiches IT-Recruiting trotz Fachkräftemangel, Methoden zur Personalbeschaffung und -bindung, Springer Gabler 2016
Remdisch, Sabine Hrsg.: Human Performance Management; Haufe-Lexware GmbH 6 Co. KG, Freiburg 2014
Rosenberger, Bernhard Hrsg.: Modernes Personalmanagement; Springer Gabler, Springer Fach Medien, Wiesbaden 2014
Rump, Jutta/ Walter, Norbert: Arbeitswelt 2030; Schäffer-Pöschel Verlag Stuttgart, Stuttgart 2013
Schermuly, Carsten C.: New Work – Gute Arbeit gestalten; Haufe-Lexware GmbH 6 Co. KG, Freiburg 2016
Schneider, Arthur Mit den besten Interviewfragen die besten Mitarbeiter gewinnen, Praxuim Verlag, Zürich 2006
Stracke, Friedemann Menschen verstehen – Potenziale erkennen, Springer Gabler 2014
Strzygowski, Steffen Personalauswahl im Vertrieb, Springer Gabler, 2014
Sprenger, Reinhard K.: Mythos Motivation; Campus Verlag, Frankfurt am Main 2014
Uhrheimer, Claudia Telefon-Interviews professionell und strukturiert führen, Expert Verlag 2010
Weckmüller, Heiko: Exzellenz im Personalmanagement, Haufe-Lexware GmbH 6 Co. KG, Freiburg 2013
Zehrfeld, W. Axel: Fachkräftesicherung F.A.Z.-Management-, Markt- und Medieninformationen GmbH, Frankfurt am Main 2012
zeag GmbH – Zentrum für Arbeitgeberattraktivität Trendstudie zum Thema Arbeitgeberattraktivität der Universität St. Gallen 2015
http://www.faz.net/aktuell/beruf-chance/beruf/arbeitsmarkt-wandelt-sich-von-nachfrage-in-anbietermarkt-15296060.html – 23.11.2017
Credit Siusse, Dr. Sara Carnazzi Weber, Andreas Christen, Thomas Mendelin, Strategien gegen den Fachkräftemangel, Erfolgsfaktoren für Schweizer KMU 2017
Candidate Journey Studie 2017, Prof. Dr. Peter M. Wald (HTWK Leipzig), Christoph Athanas (meta HR Unternehmensberatung GmbH), 2017
Studie Cultural Fit, Christoph Athanas (meta HR Unternehmensberatung GmbH), Studienleitung Philip Athanas (meta HR Unternehmensberatung GmbH), Eva-Maria Friese (Employour Gmbh – a Territory embrace company) Nick Pfisterer (Employour Gmbh – a Territory embrace company), 2016
Softgarden E-Recruiting GmbH, Umfrage 2015, Der Arbeitgeber als Dienstleister im Bewerbungsprozess

Testverfahren 6

Bei der Auswahl von Bewerbern wird es zunehmend schwieriger für Unternehmen das passende Instrument zu finden.

Die möglichen Testverfahren und Angebote sind so vielfältig, wie die unterschiedlichen Anforderungen der Arbeitgeber an Bewerber und Ausprägung der Soft Skills. Hierbei können Testverfahren sehr hilfreich sein. Man kann sie zur Vorselektion der Bewerber oder für das Matching der Kandidaten, die in der engeren Auswahl sind, nutzen. Welches Instrument das geeignete ist, muss in Abhängigkeit von der zu besetzenden Position und den Anforderungen individuell festgelegt werden. Bei der Auswahl von Führungskräften empfehle ich grundsätzlich den Einsatz einer softwarebasierten Lösung. Bei Fehlbesetzungen von Führungspositionen ist der Schaden um ein Vielfaches höher.

Jedes Testverfahren hat seine Besonderheit. Es gibt kein Patentrezept, mit dem Personal mit 100 %iger Sicherheit als geeignet eingestuft werden kann. In jedem Fall ist auch das Kosten-Nutzen-Verhältnis zu betrachten, um eine möglichst genaue Passung des Kandidaten auf das Anforderungsprofil und somit auf die Werte und die Kultur des Unternehmens hin zu überprüfen.

Algorithmen können den Auswahlprozess erheblich unterstützen, aber der Mensch entscheidet letztendlich über die Auswahl und übernimmt auch die Verantwortung.

6.1 Künstliche Intelligenz (KI)

Neben dem Kampf um Kunden nimmt auch der Kampf um die besten Mitarbeiter immer mehr an Bedeutung zu. Großkonzerne bauen den Bereich Employer Branding stark aus und hier sollten auch Klein- und mittelständische Unternehmen ihren Fokus setzen, damit sie auch bei der jungen Generation als kleiner aber auch interessanter Arbeitgeber wahrgenommen werden. Junge Menschen erwarten auch moderne und zeitgemäße Bewerbermanagementsysteme sowie eine transparente und zeitnahe Kommunikation und Information vom Arbeitgeber.

Derzeit entwickeln knapp 100 Start-ups Programme, um für das Personalwesen ein digitales videobasiertes Assessment zu entwickeln. Zum Einsatz kommen dabei sogenannte Chatbots, das sind textbasierte Dialogsysteme mit integrierter natürlicher Sprache. Für die Visualisierung kann ein Avatar genutzt werden. Die Chatbots können die Inhalte analysieren und die Aussagen bewerten. Eine direkte Bewertung durch den Recruiter ist ebenfalls möglich. Algorithmen prüfen Gesichtsausdrücke und Stimmschwankungen sowie alle Formen von Auffälligkeiten. Mit der Hirevue-Software können beispielsweise 15.000 Charakteristiken der Bewerber geprüft werden und das sind erst die Anfänge. Personalentscheider können anhand der so ermittelten Matching-Ergebnisse eine möglichst treffsichere Auswahlentscheidung treffen. Die Analysetools in ihrer Komplexität nehmen dem Personalverantwortlichen jedoch nicht die Einstellungsentscheidung ab und das wird sich hoffentlich nie ändern. Sonst stellt sich eben die Frage, für wen die Algorithmen und für wen der Mensch da ist.

Das Start-up Talentcube hat eine mobile Bewerbung per Videoclip entwickelt. Jeder Bewerber muss auf drei, vom jeweiligen Unternehmen vorgegeben Fragen innerhalb von 45 s antworten. Der Bewerber nimmt seine Antworten mit der Videokamera des Smartphones auf. Das bisher übliche Anschreiben entfällt dabei und es können noch weitere Unterlagen wie der Lebenslauf und Zeugnisse hochgeladen werden. Optimalerweise werden jedoch die Daten auf den Profilen der Sozialen Netzwerke in LinkedIn und XING abgerufen. Bisher nutzen mehr als 70 Unternehmen, angefangen vom Großkonzern bis hin zum Start-up, Talentcube.

Im Business Insider.de habe ich einen interessanten Artikel von Marleen Stollen zum Praxistest über Talentcube gelesen. Im Test hat die App sowie das Programm reibungslos funktioniert. Folgende drei Fragen sollten vom Bewerber in diesem Test beantwortet werden:

1. Warum sollten wir gerade dich einstellen?
2. Welche Eigenschaften bringst du als Vertriebsnachwuchs mit?
3. Was ist deiner Meinung nach die größte Herausforderung der Stelle?

An der Universität La Trobe in Melbourne wird ein Computer entwickelt, der Vorstellungsgespräche führen soll. Der Computer heißt Matilda und stellt Bewerbern 76 Fragen innerhalb von 30 min. Der Roboter erfasst sehr genau das Mienenspiel des Bewerbers und analysiert es. Anfangs war ich der Meinung, dass diese Entwicklungen in Anbetracht des demografischen Wandels, und dem damit verbundenen Rückgang der Fachkräfte, völlig überflüssig sind. Die Digitalisierung führt zum Stellenwegfall in vielen Branchen, aber lässt auch neue, anspruchsvollere Aufgaben entstehen. Lassen sich Bewerber auf die neuen Verfahren ein und was bringen diese für die Rekrutierung? Bedenkt man die Akzeptanz der Assessment Center bei den Top Führungskräften, ist das eine berechtigte

Frage. Mit den Möglichkeiten und ganz neuen Anforderungen an zukünftige Mitarbeiter benötigen wir auch andere Verfahren für die Personalauswahl, darüber besteht für mich kein Zweifel. Denken Sie einfach an die sich rasant entwickelnde künstliche Intelligenz KI. Neulich habe ich einen sehr interessanten Vortrag von Jörg Eugster besucht. Er stellte beeindruckend mögliche zukünftige Szenarien und Einsatzmöglichkeiten der künstlichen Intelligenz vor. Weitere Informationen unter https://uebermorgen.vision/.

Mal angenommen Sie fahren in den Urlaub und treffen erst sehr spät in der Nacht im Hotel ein und Sie werden von einer gut gelaunten und freundlichen Rezeptionistin in Ihrer Landessprache begrüßt. Es begrüßt Sie aber kein Mensch, sondern ein Chatbot in Form eines Avatars. Wer wann ankommt, von wo, wie lange der Gast bleibt und welche Wünsche er hat, kann die künstliche Intelligenz erfassen. Einen Zimmerschlüssel aushändigen und weitere Hinweise geben. Das könnte in absehbarer Zeit Realität werden. Wie wäre das, wenn diese künstliche Intelligenz perfekt sämtliche Sprachen spricht und auch sonst entsprechend den Anforderungen „funktioniert"?

Noch ist es nicht so weit, aber ich gehe davon aus, dass wir mit der fortschreitenden Digitalisierung, vor der sich kein Unternehmen verschließen kann, immer stärker auch schrittweise künstliche Intelligenz in den Auswahlprozess integrieren müssen. Den individuellen Dialog können Chatbots aus meiner Sicht nicht ersetzen, sondern einen ersten Eindruck über die Persönlichkeit des Bewerbers erhalten und auch Fragen des Bewerbers beantworten, sofern diese von allgemeiner Natur sind. Diese allgemeinen Informationen können auch auf den Karriereseiten der Homepage hinterlegt werden. Fragen zum detaillierten Fachwissen oder auch Fragen des Bewerbers z. B. zu individuellen Entwicklungsmöglichkeiten können durch künstliche Intelligenz nicht beantwortet werden, sodass der Recruiter weiterhin eine große Rolle im Auswahlverfahren einnehmen wird.

McDonald's hat in Australien eine 10-Sekunden-Video-Bewerbung eingeführt. Das ist eine App-basierte Software, mit der vor allem junge Bewerber angesprochen werden sollen. McDonald's sucht vor allem junge und aktive junge Menschen für den Kundendienst und ist sich sicher, dass dieser Weg des Recruiting sehr erfolgreich sein wird.

Auch wenn es diese softwarebasierten Modelle bereits heute schon gibt, werden diese in den meisten Unternehmen relativ selten eingesetzt. HR-Verantwortliche stehen diesen Veränderungen noch häufig sehr kritisch gegenüber. Auch der Einsatz von Persönlichkeitstests gehört leider noch lange nicht zum Standardinstrument im Rahmen der Personalauswahl.

Bewerber akzeptieren das Videointerview, favorisieren aus meiner Erfahrung jedoch das persönliche Gespräch mit den Interviewern.

6.2 Persönlichkeitstest

Persönlichkeit wird laut Duden Definition als „Gesamtheit der persönlichen (charakteristischen, individuellen) Eigenschaften eines Menschen" definiert.

Im beruflichen Kontext sind die Anforderungen an die Persönlichkeit abhängig von der auszuübenden Tätigkeit, der Unternehmenskultur sowie dem Team.

Die Entwicklung der Persönlichkeit ist ein sich ständig fortsetzender Prozess. Die täglichen Ereignisse und Herausforderungen, beruflich und privat, führen zu einer ständigen Weiterentwicklung unserer Persönlichkeit und sind damit ein lebenslanger Veränderungsprozess. Die Summe aller Erfahrungen sowie unsere genetischen Faktoren bestimmen im Wesentlichen die Persönlichkeit. Um die Passung bzw. Eignung für einzelne Berufsgruppen bewerten zu können, werden Persönlichkeitstests durchgeführt. In allen Persönlichkeitstestverfahren werden keine leistungsspezifischen Kriterien gemessen, sondern lediglich persönliche Eigenschaften. Diese Verfahren bieten dem Unternehmen und dem Kandidaten einen großen Nutzen. Unternehmen bekommen aussagefähige Informationen zur Passung der Persönlichkeit, die in Gesprächen weiter vertieft werden und der Bewerber gewinnt ebenfalls zusätzliche Erkenntnisse für seine Eignung und Entwicklungspotenziale. Ich erlebe im Beratungsprozess sehr positive Rückmeldungen von Bewerbern, nach der Auswertung des Persönlichkeitstests. Die Bewerber, die eine Absage erhielten, haben sich für die ausführliche Analyse und hilfreichen Entwicklungshinweise sowie das strukturierte Auswahlverfahren bedankt.

Persönlichkeitstest, auch psychometrische Verfahren genannt, sowie weitere Tests werden u. a. in Form von Leistungstests, Intelligenztests durchgeführt und können gezielt auf die individuellen Anforderungen angepasst und im Auswahlverfahren eingesetzt werden.

Bei den Tests zur Messung von Persönlichkeitseigenschaften geht es um das Matching der Soft Skills. In diesen Verfahren soll die Ausprägung der persönlichen Eigenschaften wie Empathie, analytisches und strukturiertes Denken, Sozialkompetenzen sowie Erfolgs- und Zielorientierung mit dem Anforderungsprofil abgeglichen werden.

6.3 Persönlichkeitsmodelle

In Testverfahren soll ermittelt werden, welches Potenzial in den Kandidaten steckt und ob er zum Unternehmen passt. Persönlichkeitstests sollen die Verhaltensweisen, Wertvorstellungen, Einstellungen, Stärken, Schwächen und Charaktereigenschaften eines Menschen aufzeigen. Das Risiko der Fehlbesetzung soll dadurch weitgehend minimiert werden. Die Passung der Persönlichkeit spielt bei der Stellenbesetzung eine sehr viel größere Rolle als das Wissen und Können. Für Führungsaufgaben sind ausgeprägte Persönlichkeitseigenschaften die Basis für den Erfolg. Der wirtschaftliche Schaden bei einer Falschbesetzung mit einer Führungsposition kann dem Unternehmen mit einem Betrag von mehr als zwei Jahresgehältern teuer zu stehen kommen. Dabei sind die immateriellen Schäden im Team oder von Kundenbeziehungen noch nicht berücksichtigt.

Die Angebote für Persönlichkeitstestverfahren nehmen stark zu. Aus diesem Grund möchte ich Ihnen nur einige Verfahren, die häufig in Großunternehmen eingesetzt und damit eine hohe Verbreitung haben, kurz vorstellen. Das Verfahren profilingvalues, das ich nutze, stelle ich im nachfolgenden Kapitel gesondert dar.

6.3 Persönlichkeitsmodelle

DISG Persönlichkeitsprofil, Persolog

Es werden Ausprägungen und Verhaltenstendenzen entsprechend der nachfolgenden Verhaltensdimensionen gemessen:

- Dominante Verhaltensdimension
- Initiative Verhaltensdimension
- Gewissenhafte Verhaltensdimension
- Stetige Verhaltensdimension

Weitere Informationen und Probetest unter www.persolog.de.

INSIGHTS MDI by Scheelen

INSIGHTS MDI (Management Development Instrument) besteht aus mehreren Verfahren zur Bestimmung von Verhaltens- und Wertepräferenzen eines Menschen. Insgesamt gehören 20 Verfahren zu diesem System.

Gemessen werden folgende Persönlichkeitspräferenzen:

- Verhalten
- Motive
- Kompetenz

Weitere Informationen und Probetest unter www.insights.de.

Big Five

Die Big Five Persönlichkeitsdimensionen

- Offenheit
- Gewissenhaftigkeit
- Extraversion
- Verträglichkeit
- Neurotizismus

werden als Merkmale gesehen, über die eine Persönlichkeit verfügt. Weitere Informationen und Probetest unter www.big-five.biz.

BIP

Bochumer Inventar zur berufsbezogenen Persönlichkeitsbeschreibung (BIP). Es werden 14 Persönlichkeitseigenschaften erfasst und diese werden dann 4 Persönlichkeitsbereichen zugeordnet.

- Berufliche Orientierung
- Soziale Kompetenzen

- Arbeitsverhalten
- Psychische Konstitution

Weitere Informationen und Testanforderung unter Hogrefe Verlag, www.testzentrale.de.

6.4 profilingvalues

Profilingvalues ist ein Persönlichkeits- und Potenzialanalyse-Verfahren und misst die Werte und Einstellungen einer Person. Es basiert auf den wertewissenschaftlichen Arbeiten von Prof. S. Hartmann und ist ein wissenschaftliches wertebasierendes Potenzialanalyseverfahren, das sich auf das Wertesystem des Menschen bezieht. Die menschliche, praktische und systemische Wertedimension bilden die drei Ebenen. Es werden individuelle Fähigkeiten, „das Können", und die Aufmerksamkeit auf diese individuellen Fähigkeiten, „das Wollen", gemessen. Zwölf Persönlichkeitseigenschaften werden auf drei Ebenen, unter Bewertung des Umfeldes und der eigenen Person, gemessen.

Messung der allgemeinen Kompetenzen und Persönlichkeitseigenschaften

- Empathie
- Eigene Bedürfnisse
- Praktisches Denken
- Erfolgsorientierung
- Strukturiertes Denken
- Zielorientierung

Kompetenzen zur Problemlösung

- Soziale Kompetenz
- Stabilität und Belastbarkeit
- Lösungsorientierung
- Verantwortung und Durchsetzung
- strukturelle Problemlösung
- Entschlossenheit

Ich persönlich nutze dieses Instrument im Auswahlverfahren für Führungskräfte und Vertriebsmitarbeiter sowie in der Einzelberatung.

Der Bericht enthält neben den Erläuterungen eine Auswertung der allgemeinen Kompetenzen und Persönlichkeitseigenschaften, Problemlösungskompetenzen, Stärken und Schwächen, Entwicklungsanregungen sowie den Abgleich mit dem Anforderungsprofil.

6.4 profilingvalues

Als Beispiel zeigt Abb. 6.1 Auszüge aus dem 9 seitigen Standardbericht (vgl.: Abb. 6.1). Der Balken zeigt die Ausprägung der Fähigkeit an und die Routenstellung den Grad der Aufmerksamkeit.

Die Abb. 6.2 zeigt die Fähigkeiten und die Aufmerksamkeit darauf sowie die Passung auf das Anforderungsprofil im Form der Ampel-Farben (vgl. Abb. 6.2).

Detaillierte Informationen zum Verfahren profilingvalues finden Sie unter www.profilingvalues.com.

Ich habe mich aus der Vielzahl der möglichen Programme für die Nutzung von profilingvalues entschieden, weil es nicht manipulierbar ist und das Wertesystem des Menschen zu den stabilsten überhaupt gehört. Im Rahmen der Analyse werden die Persönlichkeitseigenschaften eines Menschen und auch die Nutzung der gegenwärtigen Potenziale aufgezeigt. Für die Online-Bearbeitung des Verfahrens benötigen die

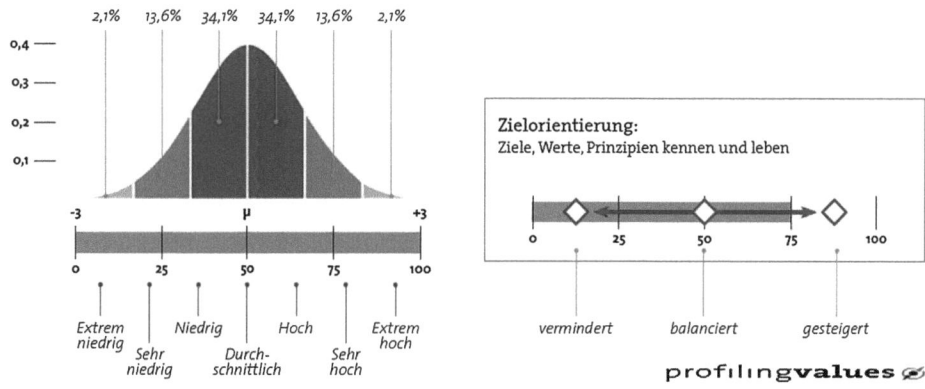

Abb. 6.1 Interpretation Balken und Rauten profiling values

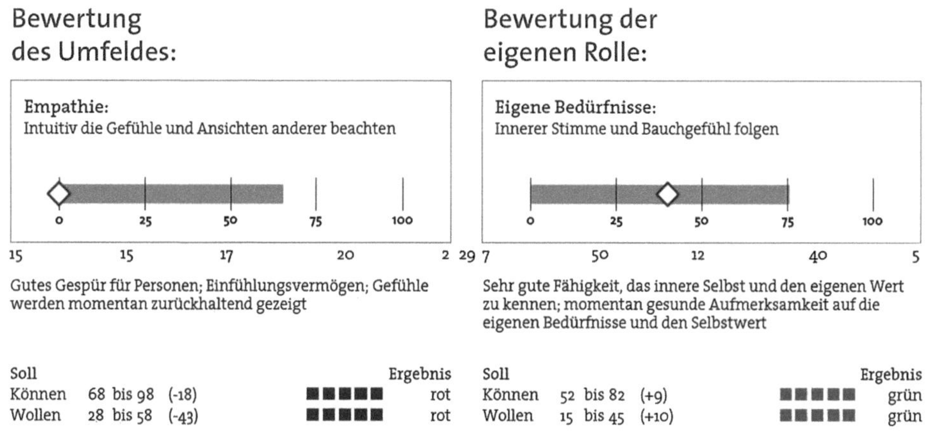

Abb. 6.2 Ampel-Abgleich mit dem Anforderungsprofil

Teilnehmer in der Regel 20 min. Im Ergebnis werden 12 Kompetenzen mit Stärken sowie Begrenzungen und Weiterentwicklungsmöglichkeiten aufgezeigt. Im Auswahlverfahren können die Anforderungen an die Persönlichkeit hinterlegt und ein Matching der Ergebnisse mit dem Bericht ausgewiesen werden (vgl.: Abb. 6.3. Teil 1–3).

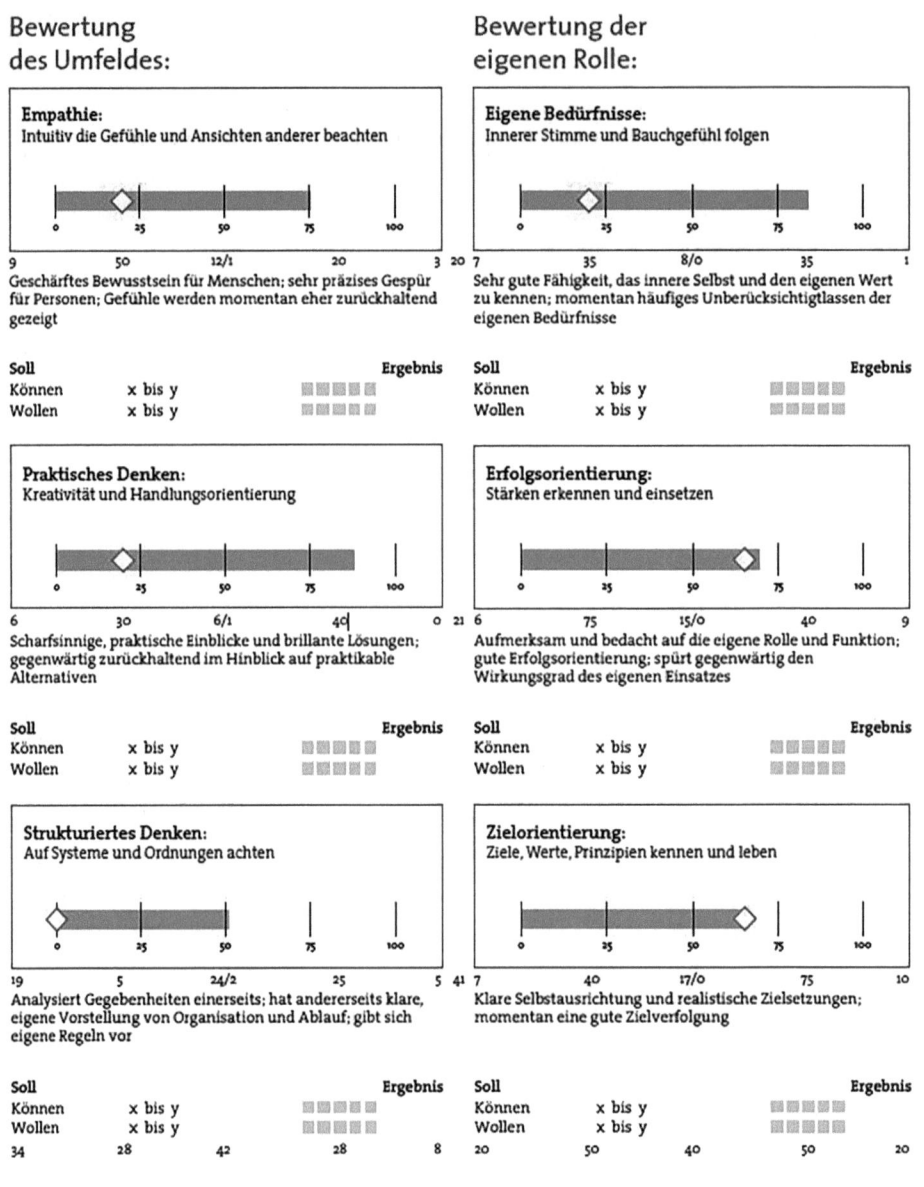

Abb. 6.3 Muster profiling values

6.4 profilingvalues

Konflikte im Umfeld:

Soziale Kompetenz:
Zwischenmenschliche Probleme lösen

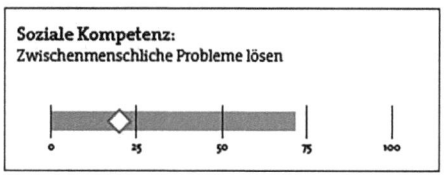

4   1

Kann zwischenmenschliche Konflikte sehr gut lösen; zur Zeit eher zurückhaltend gegenüber sozialen Problemlagen

Soll		Ergebnis
Können	x bis y	▫▪▪▪▫
Wollen	x bis y	▫▪▪▪▫

Lösungsorientierung:
Praktische Probleme lösen

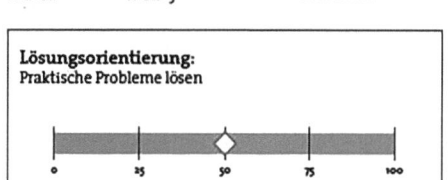

0   0

Äußerst findig und effektiv; löst praktische Probleme exzellent; balanciert in der Herangehensweise an praktische Herausforderungen

Soll		Ergebnis
Können	x bis y	▫▪▪▪▫
Wollen	x bis y	▪▪▪▪▫

Strukturelle Problemlösung:
Veränderungen bewirken

12   3

Kann Probleme in Organisation und Abläufen lösen; gegenwärtig zurückhaltend bei strukturellen Herausforderungen

Soll		Ergebnis
Können	x bis y	▫▫▫▫▫
Wollen	x bis y	▫▫▫▫▫

16   4

Innere Konflikte:

Stabilität/Belastbarkeit:
Hohen Druck gut aushalten

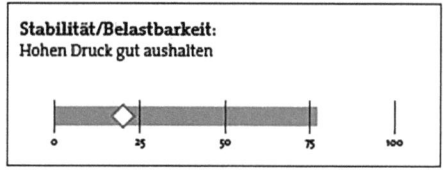

8   3   0

Sehr gute Fähigkeit, Problemlagen auszuhalten und dabei stabil zu bleiben; achtet zur Zeit nicht genügend auf Regeneration

Soll		Ergebnis
Können	x bis y	▫▪▪▪▫
Wollen	x bis y	▫▪▪▪▫

Verantwortung/Durchsetzung:
Hebelwirkung erzeugen

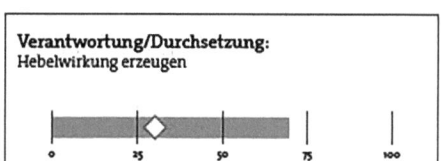

6   4   2

Handelt verantwortungsbewusst und ist in der Lage, sich durchzusetzen; bedacht darauf, Verantwortung ausgewogen auszuüben; tolerant

Soll		Ergebnis
Können	x bis y	▫▫▫▫▫
Wollen	x bis y	▫▫▫▫▫

Entschlossenheit:
Entscheiden und umsetzen

22   2   5

Gute Fähigkeit, wichtige Entscheidungen zu treffen; sehr hoher Fokus, Veränderungen konsequent umzusetzen

Soll		Ergebnis
Können	x bis y	▫▫▫▫▫
Wollen	x bis y	▫▫▫▫▫

9   7

Abb. 6.3 (Fortsetzung)

Übersichten: Lydia Muster | 29.01.2010

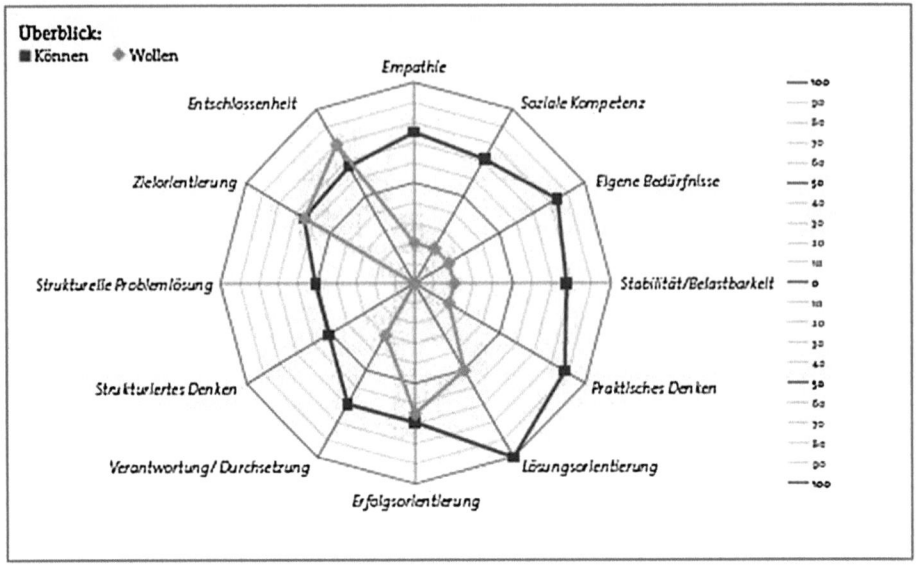

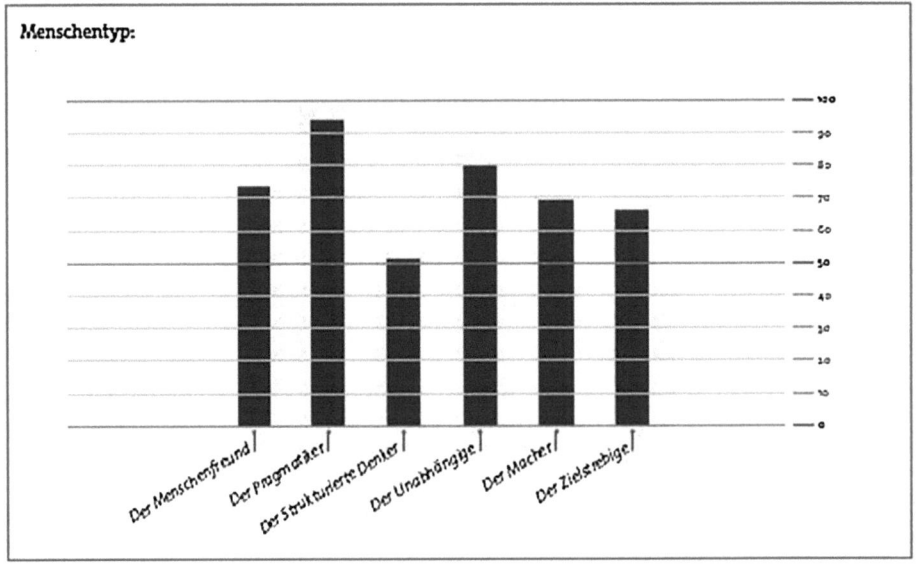

Dif	2	42	40	1	VQ	3	96	54	6	Dif1/2	0	95	C	114
Dim	6	30	11	2	SQ	1	67	27	3	RHO	2	0.785 0.841 2	D	107
DimP	6	71	28	2	BQr	x	0.70	0.51	x	Y		1959		539
Int	2	20	16	2	BQa	2	82	41	5	Key		10Pi7sd9bmr01		
IntP	4	48	40	3	CQ	0	57	20	1	A		201	AC	0.651
Dis	3	4	0	0	RQ	1	93	50	0	B		117	BD	0.775
DI	6	25	5	1	AI	6	81	50	0					

© profilingvalues 2013   Hit the bull's eye

Abb. 6.3 (Fortsetzung)

6.4 profilingvalues

Der Abgleich mit den Anforderungen des Arbeitgebers wird durch ein Ampel-System im Bericht ausgewiesen.

- **Grün** = die Anforderungen werden erfüllt und liegen im Soll
- **Gelb** = die Anforderungen werden nicht umfänglich erfüllt; Ergebnis oberhalb Soll
- **Rot** = Achtung! Der Kandidat weicht erheblich von den Anforderungen ab; Ergebnis unterhalb Soll (vgl.: Abb. 6.4)

Auf dieser Basis können die Bewerbergespräche noch gezielter vorbereitet und auch Ergebnisse sowie Analysen im Assessment Center detaillierter hinterfragt werden. Wie bei allen Verfahren gilt auch hier, dass es sich um ein weiteres Instrument im Rahmen der Personalauswahl handelt und es nicht als alleiniges System für die Entscheidungsgrundlage dienen sollte. Zur Vorbereitung für Bewerbungsgespräche, Assessment Center und weiterführende Entwicklungsvereinbarungen ist es aus meiner Sicht ein sehr geeignetes Instrument.

> **Beispiel: Besetzung einer Führungsfunktion**
>
> Der weltweit tätige Telekommunikations-Zulieferer arbeitet mit einer Vertriebs- und Service-Organisation von 60 Mitarbeitern in Deutschland. Dieses Team ist in das internationale Serviceteam mit Sitz in London eingebunden, zu dem insgesamt 500 Mitarbeiter in mehr als 30 Länder gehören.
>
> Der Stelleninhaber Carsten ist seit zwei Jahren auf der Position des Team Leader Sales & Service Support in Stuttgart und betreut dort 5 Mitarbeiter, die national und international im Servicecenter agieren. In den letzten zwei Jahren gab es einen starken Geschäftseinbruch und das Team musste reduziert werden. In den kommenden Monaten könnte eine internationale Rolle mit größerem Verantwortungsbereich in der Zentrale in London frei werden. Dann wären 20 Mitarbeiter zu führen, die für die gesamte Region im Service agieren.

Bewertung des Umfeldes:

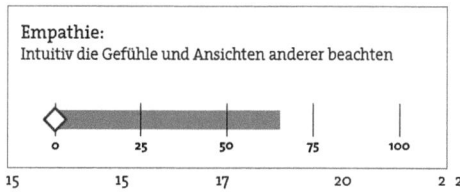

Bewertung der eigenen Rolle:

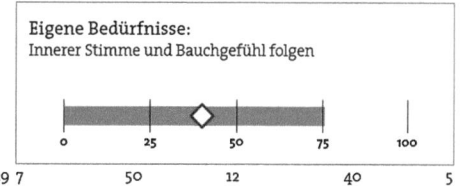

Abb. 6.4 Ampelsystem profiling values

Im Ergebnis des Profiling sollten die Stärken und Schwächen von Carsten aufgezeigt sowie mögliche Entwicklungsanregungen gegeben werden.

> **Beispiel: Besetzung einer Führungsfunktion**
>
> Carsten hat ein sehr gutes analytisches Denkvermögen, einen sehr hohen Fokus auf seine guten praktischen-operativen Fähigkeiten. Sein Verhältnis zu anderen Menschen ist eher distanziert. Er hat eine perfektionistische Ader und ist eine sehr stabile Persönlichkeit. Er besitzt eine sehr große Motivation und kann seine Stärken hervorragend einsetzen. Momentan ist ihm der tiefere Sinn seines Tuns abhandengekommen und er kommt in eine Phase der Neuorientierung.
>
> Die größten Stärken von Carsten liegen in der Kombination von praktisch-operativen und planerischen Tätigkeiten. Er ist ein konzentrierter Problemlöser und neigt dazu, seine Maßstäbe auf seine Umwelt zu projizieren, was immer öfter zu Enttäuschungen führt.
>
> Carsten füllt seine Funktion sehr gut aus und verfügt über Potenzial. Ein zentrales Entwicklungsfeld ist die verstärkte Beachtung der Individualität der anderen Mitarbeiter. Er sollte lernen sich persönlich etwas zurück zu nehmen, um die anderen Mitarbeiter nicht zu überrollen. Mit einem Führungsseminar könnte die Entwicklung und Rücknahme der Dominanz begleitet werden.
>
> Eine Aufgabe im Bereich Operation oder Admin/Finance wäre aus diesen Gründen u. U. vielversprechender als im Sales & Service Support.
>
> Seine guten Fähigkeiten als Organisator sollten weiterentwickelt werden. Eine Weiterbildung zum Project-Manager könnte eine Perspektive sein.
>
> Eine Entwicklung von Carsten in die beschriebene Position ist zwar vorstellbar, aber wohl nicht optimal (Quelle: www.profilingvalues.com).

Carsten sowie das Unternehmen haben aus dem Ergebnisbericht sowie der ausführlichen Analyse wertvolle Erkenntnisse gewonnen. Leistungsstarke Mitarbeiter sind nicht für jede Position geeignet. Mitarbeitende, deren Fähigkeiten und Potenziale gefördert werden, fühlen sich dem Unternehmen verbunden. Auch Bewerber schätzen die Erkenntnisse aus diesem Testverfahren für die eigene Entwicklung sehr.

6.5 Assessment Center

Ein Assessment Center ist ein komplexes Auswahl- und Beurteilungsverfahren, das in der Personalauswahl sowie Personalentwicklung eingesetzt wird. Obwohl die Vorbereitung eines Assessment-Center-Verfahrens sehr aufwendig ist und auch mit hohen Kosten verbunden, lohnt sich der Einsatz im Auswahlverfahren. Fehlbesetzungen sind nicht nur teuer, sondern können im Management zu einem Imageschaden des Unternehmens führen. 8 von 10 Kandidaten, die im Verfahren das Unternehmen überzeugt haben, erweisen

6.5 Assessment Center

sich auch in der Praxis als erfolgreich. In mittelständischen Unternehmen wird das Verfahren hauptsächlich für die Personalauswahl eingesetzt. Das Verfahren kann einen halben Tag bzw. 1–3 Tage in Anspruch nehmen. Der bzw. die Bewerber müssen vor einer Gruppe von Beobachtern unterschiedliche Übungen, bezogen auf die Anforderungen der Zielposition, absolvieren. Bei der Auswertung der Übungen geht es im Wesentlichen um die Bewertung und Ausprägung der Soft Skills. Die Lösung der praxisnahen Aufgabenstellungen stellt somit eine Vielzahl von Arbeitsproben dar. In der Regel dauert das Verfahren einen Tag und wird für Führungskräfte als Einzel-Assessment durchgeführt. Für andere Funktionsgruppen wird häufig das Gruppen-Assessment gewählt.

Um ein unternehmensspezifisches Assessment Center zu entwickeln, sind als erstes die Ziele festzulegen. Die Beachtung und Einhaltung von rechtlichen Rahmenbedingungen ist in jedem Fall sicher zu stellen. Auf der Basis des Anforderungsprofils sind die Übungen für die Auswahl zu entwickeln und ein Beobachtungs- und Bewertungssystem zu erstellen. Beteiligte Beobachter für dieses Verfahren müssen ausgewählt und vorbereitet werden. Jeder Teilnehmer erhält ein individuelles Feedback im Anschluss an das Verfahren. Das Gesamturteil basiert auf den Ergebnissen aller Übungen und Bewertungen. Aufgrund der aufwendigen Vorbereitung der Aufgaben sowie dem erforderlichen Fach-Know-how ist es sinnvoll, dieses Verfahren nicht in Eigenregie, sondern durch eine externe Beratungsgesellschaft durchführen zu lassen. Ein professionell vorbereitetes Verfahren mit realitätsnahen Übungen wird die Potenziale des Kandidaten aufzeigen. Grundsätzlich ist in einem professionell durchgeführten Auswahlprozess ein persönliches Feedbackgespräch mit dem Kandidaten zu führen. Im Assessment werden die Kompetenzen durch unterschiedliche Aufgabenstellungen geprüft.

Zu den Standardaufgaben gehören:

- **Präsentationen** – hier wird u. a. die Überzeugungskraft und Souveränität geprüft
- **Rollenspiele** – hier wird die Überzeugungskraft, Konfliktfähigkeit, Souveränität, Entscheidungsfähigkeit und Ergebnisorientierung beobachtet
- **Postkorbübungen** – Beobachtung der Entscheidungsfähigkeit, Ergebnisorientierung und Problemanalysefähigkeit
- **Fallstudien (Case Study)** – Bewertung des strategischen Denkens und der Problemanalysefähigkeit
- **Gruppendiskussion** – Beobachtung der Überzeugungskraft sowie Konfliktfähigkeit sowie Ergebnisorientierung

Aufgrund der hohen Kosten ist es kleineren Unternehmen nicht immer möglich ein Assessment Center für neu zu besetzende Führungspositionen durchzuführen. Für die Auswahl von Führungskräften ist es ratsam, einen Persönlichkeitstest und zumindest Teile der Aufgabenstellungen in das mehrstufige Bewerbergespräch einzubeziehen.

> **Praxisbeispiel**
>
> Ich erinnere mich an ein Auswahlverfahren für einen Standortleiter, an dem ich als Beobachterin teilgenommen habe. Es war ein Einzel-Assessment und es gab auch nur einen einzigen Bewerber für diese Position. Jürgen war 35 Jahre und brachte einige Jahre Führungserfahrung als Teamleiter im Vertrieb mit. Er war sich sicher, dass er für die Aufgabe als Standortleiter die Idealbesetzung sei.
>
> Jürgen hatte eine souveräne Selbstpräsentation vorbereitet, doch die Antworten im anschließenden Interview waren ausweichend und unkonkret. Aus diesem Grund habe ich viele Vertiefungsfragen gestellt, sowie das Paraphrasieren eingesetzt. Hier zeigten sich bereits Unsicherheiten und Probleme im Umgang mit Kritik. Die Postkorbübung konnte Jürgen ohne Probleme und auch in der vorgegebenen Zeit lösen. Er erkannte die Zusammenhänge, traf unternehmenspolitisch korrekte Entscheidungen und delegierte Aufgaben sachlich korrekt.
>
> Als zukünftiger Standortleiter muss Jürgen auch Bewerbungsunterlagen beurteilen und Bewerbungsgespräche führen. Aus diesem Grund wurde eine entsprechende Aufgabe vorbereitet. Die Bewerbungsunterlagen waren so aufbereitet, dass das Potenzial des Bewerbers nicht eindeutig sofort erkennbar war. Jürgen sollte nach einer entsprechenden Vorbereitungszeit das Bewerbungsgespräch mit dem Bewerber führen. Für das Gespräch benötigte er gerade mal fünf Minuten und entschied, dass es sich nicht lohnt ein längeres Gespräch zu führen. Auf die Qualität der Gesprächsstruktur und Gesprächsführung muss ich wohl nicht näher eingehen.
>
> Bei der folgenden Aufgabenstellung sollte Jürgen ein Kritikgespräch mit einer Mitarbeiterin wegen mangelnder Arbeitsergebnisse führen. Die Rolle der Mitarbeiterin habe ich übernommen und wurde bereits nach vier Minuten, in der Rolle als Mitarbeiterin mit Leistungsdefiziten, fristlos entlassen. Für die Gesprächsführung hätte er noch 11 min Zeit gehabt.
>
> Die erforderliche Empathie sowie das Verhandlungsgeschick für die Bewältigung der Führungsaufgaben konnte nicht festgestellt werden. Nach Abschluss des Tages-Assessment-Center und der Auswertung aller Aufgaben, konnte vom Beobachterteam keine Einstellungsempfehlung, gegeben werden. Der Arbeitgeber hat sich ohne ein weiteres Gespräch mit Jürgen bzw. dem Einsatz von weiteren Instrumenten dazu entschieden, Jürgen als Standortleiter einzustellen. Aufgrund der angespannten Personalsituation vor Ort und den relativ gut bewerteten Einzelaufgaben im analytischen Bereich wurde die Entscheidung für vertretbar gehalten. Führungsdefizite sollten im Rahmen von Personalentwicklungsmaßnahmen begleitet werden.
>
> Diese Personalentscheidung hatte erhebliche Konsequenzen für das Team und Unternehmen. Der Führungsstil von Jürgen entsprach absolut nicht der Kultur des Unternehmens. Personalentwicklungsmaßnahmen konnten schon allein aus diesem Grund nicht greifen. Der Imageschaden für das Unternehmen und das Standortteam war, neben dem finanziellen Schaden, erheblich. Jürgen hat das Unternehmen nach 10 Monaten wieder verlassen.

Neben dem Assessment Center gewinnt das Online Assessment, auch E-Assessment genannt, immer mehr an Bedeutung. Diese Form der Eignungsdiagnostik eignet sich besonders bei hohen Bewerberzahlen, die z. B. in kurzer Zeit für einen speziellen Auftrag ausgewählt werden müssen. Nach dem ersten Unterlagencheck werden die Bewerber aussortiert, die nicht zum Anforderungsprofil passen. Geeignete Bewerber erhalten zeitnah einen Zugangslink zum Online Assessment. Vorteilhaft ist hierbei auch die kurze Feedbackzeit für den Bewerber. Somit können die Antwortzeiten erheblich reduziert werden und somit auch das Risiko, dass der Bewerber sich einem anderen Unternehmen zuwendet.

6.6 Konzentrations- und Leistungstests

Die Arbeitseffizienz kann durch Konzentrationstests überprüft werden. Die Kandidaten müssen innerhalb von wenigen Minuten ein enormes Pensum bewältigen. Die Aufgaben sind in der Regel sehr leicht aufgebaut, aber der Umfang der Aufgaben, kombiniert mit dem sehr knappen Zeitlimit bringen die Kandidaten unter Druck.

Recruiter setzen Konzentrations- und Leistungstests sehr häufig bei der Auswahl von jungen Menschen ein. Der Schwierigkeitsgrad wird immer an den jeweiligen Bildungsabschluss angepasst, der für die Ausbildung bzw. Position erforderlich ist. Bei diesen Testverfahren geht es neben der Konzentration und Merkfähigkeit auch um das Allgemeinwissen, die Mathematik, Logik, das strukturierte Denken sowie die Sprachkenntnisse.

Fragestellungen, die das kreative Denkvermögen eines Bewerbers überprüfen, sind wesentlich umfangreicher und können eine Stunde und länger in Anspruch nehmen. Eine mögliche Aufgabenstellung wäre z. B. die Entwicklung eines Logos. Der Bewerber erhält unternehmensrelevante Informationen und soll dann innerhalb von ca. 60 min mehrere passende Logo-Entwürfe zum Unternehmensprofil vorstellen oder mindestens drei kurze knackige Werbeslogans.

Weitere Alternativen können hypothetische, auch realitätsferne, Fragestellungen sein. Die Fragestellung beginnt dann in der Regel mit „Was wäre, wenn …?" Die Teilnehmer sollen sich mit den Auswirkungen auseinandersetzen und plausible Konsequenzen aufzeigen. Die Aufgabenstellung könnte beispielsweise lauten: „Was wäre, wenn die sozialen Medien abgeschafft werden würden?"

Für das Erinnerungsvermögen werden ebenfalls Zahlen- und Wortgruppentests eingesetzt. Kandidaten, die die Mnemo-Technik, die älteste Gedächtnistechnik der Menschheit, beherrschen, können diese Aufgaben mit Leichtigkeit bewältigen. Alternativ kann man das Gedächtnis auch über Musterlebensläufe testen. Die Kandidaten erhalten maximal drei Kurzlebensläufe im Fließtextformat und müssen sich innerhalb von 5 min die wichtigsten Informationen einprägen. Notizen dürfen nicht erstellt werden. Nach einer kurzen Pause erhalten die Kandidaten Fragen zu den Biografien.

Auch heute werden Mathematik- und Logiktests bei der Auswahl von Führungskräften regelmäßig eingesetzt.

Überlegen Sie bitte genau, warum Sie welchen Test einsetzen möchten. Welche Ergebnisse sind Ihnen wichtig und warum? Mit welchem Test können Sie die für Sie optimalsten Ergebnisse erzielen? In der Praxis erlebe ich häufig, dass Testverfahren eingesetzt werden, aber dem Bewerber die Gründe dafür nicht erläutert werden. Bedenken Sie bitte, dass Bewerber die eingesetzten Auswahlinstrumente positiv bewerten, wenn sie den Zweck und das Ziel nachvollziehen können und vor allem auch selbst einen Nutzen daraus ziehen. Die Forderung nach Transparenz im Auswahlverfahren empfinde ich absolut gerechtfertigt, denn nur so können wir wirklich von einem „Win-win-Effekt" sprechen.

6.7 Fortsetzung der Bewerbergespräche

Jetzt werden alle Ergebnisse aus den eingesetzten Instrumenten zusammengetragen und mit dem Anforderungsprofil abgeglichen. Jetzt ist auch eine sehr gute Vergleichbarkeit der Bewerber untereinander möglich. Im nächsten Schritt sollten die abschließenden Bewerbergespräche zeitnah durchgeführt werden. Notieren Sie sich für die Vorbereitung noch abschließende bzw. vertiefende Fragen und besprechen mit dem Bewerber auch seine individuellen Ergebnisse und geben ihm Entwicklungsanregungen unter Berücksichtigung der Potenziale und Stärken, auch wenn Sie den Bewerber nicht einstellen werden.

Gehen Sie auch aktiv auf die Bewerber zu und bitten um ein Feedback bei KUNUNU zum Bewerbungsverfahren. So erhalten zukünftige Kandidaten wertvolle Informationen und Einblicke in den professionellen Recruiting-Prozess und Sie zusätzliche Bewerber.

Sie haben Ihren Favoriten gewählt, herzlichen Glückwunsch. Sieht das Ihr Kandidat ebenso? Haben Sie sich im gesamten Prozess auch als Unternehmen um den Kandidaten beworben? Haben Sie regelmäßig Feedback gegeben und sich auch Feedback vom Bewerber eingeholt? Bedenken Sie bitte, dass die für Sie interessanten Kandidaten auch für andere Unternehmen interessant sind und der Kandidat sich auch für Sie und Ihr Unternehmen entscheiden soll.

Besprechen Sie die Vertragskonditionen ausführlich und handeln die Vertragsgestaltung gemeinsam mit Ihrem Bewerber aus. Hinterfragen Sie, welche Leistungen für den Bewerber bedeutsam sind. Sehr häufig werden flexible Arbeitszeiten und die bessere Möglichkeit der Vereinbarkeit von Job und Familie genannt. Welche Möglichkeiten sind aus Ihrer Sicht möglich? Junge Mütter, die wieder in den Job zurückkehren möchten, interessieren sich für Jobsharing-Angebote, die für den Arbeitgeber sogar viele Vorteile mit sich bringen. Neben den Sonderzahlungen können auch zusätzliche soziale Leistungen für Bewerber von Interesse sein. Angefangen von Mitarbeiterrabatten, über die Möglichkeit der Kinderbetreuung, Subventionierung von sportlichen Aktivitäten bis hin zur Beteiligung an Weiterbildungsmaßnahmen, in zeitlicher und/oder finanzieller Hinsicht.

6.8 Einstellungsentscheidung

Informieren Sie Ihren Bewerber sofort nach der Entscheidung telefonisch. Zum einen sichern Sie sich die Zusage des Bewerbers und können in einem folgenden Termin auch den Vertrag unterschreiben lassen und weitere Details besprechen. Berücksichtigen Sie, dass Bewerber möglicherweise erst bei dem derzeitigen Arbeitgeber kündigen wird, wenn ein schriftliches Vertragsangebot vorliegt.

Auch jetzt können Sie noch nicht sicher sein, dass der Bewerber zum vereinbarten Zeitpunkt die Tätigkeit bei Ihnen aufnehmen wird. Nicht selten versuchen Unternehmen die Mitarbeiter zu halten und sind sehr kompromissbereit, was die Konditionen betrifft. Bewerber, die innerlich bereits gekündigt haben, lassen sich selten zum Bleiben bewegen, wenn sie bei Ihnen neue Perspektiven kennen und schätzen gelernt haben.

An dieser Stelle möchte ich Sie nochmals auf den Talentpool aufmerksam machen, den Sie auch unternehmensübergreifend organisieren können. Diskutieren Sie diese Möglichkeit doch mal mit Unternehmern aus Ihrem Netzwerk. Meiner Meinung nach ist dies eine sehr gute Möglichkeit für kleine und mittelständische Unternehmen, um die hart umkämpften Fachkräfte auf sich und die weiteren Jobperspektiven aufmerksam zu machen.

Bereiten Sie den Einstieg Ihres neuen Mitarbeiters vor und überprüfen den Recruiting-Prozess. Welche Maßnahmen, Instrumente und Methoden waren unter Berücksichtigung von Aufwand, Zeit und Qualität der Bewerbungen am erfolgreichsten? Welche Aktivitäten haben nicht das gewünschte Ergebnis erzielt? Welche Rückschlüsse konnten Sie aus den eingesetzten Testverfahren gewinnen? Berücksichtigen Sie bei der Auswertung auch das Feedback der Bewerber.

Weiterführende Literatur

Ackerschott Harald; Gantner Norbert; Schmitt Günter, Eignungsdiagnostik, Qualifizierte Personalentscheidungen nach DIN 33430, Beuth Verlag GmbH 2016

Berg, Elmar: Employer Branding als Fachkräftesicherung im Generationenwechsel, Diplomica Verlag GmbH Hamburg 2015

Bock, Laszlo: Work Rules, Verlag Franz Vahlen GmbH, München 2016

Brecke, Jan: So wollen Top-Talente arbeiten, Frankfurter Societäts-Medien GmbH, Frankfurt am Main 2015

Brenner, Doris: Onboarding: Als Führungskraft neue Mitarbeiter erfolgreich einarbeiten und integrieren; Springer Gabler Springer Gabler, Springer Fach Medien, Wiesbaden 2014

Brockhoff, Stephan/Panreck, Klaus: Menschlichkeit rechnet sich, Campus Verlag GmbH, Frankfurt am Main 2016

Buckmann, Jörg: Einstellungssache: Personalgewinnung mit Frechmut und Können, Springer Gabler Springer Gabler, Springer Fach Medien, Wiesbaden 2013

Eugster, Jörg: Übermorgen, Midas Verlag AG, Zürich 2017

Geffroy, Edgar/Geffroy, Barbara: Die neue Macht der Mitarbeiter; GABAL Verlag GmbH, Offenbach 2017

Graf/ Gramß/ Edelkraut: Agiles Lernen, Haufe-Lexware GmbH 6 Co. KG, Freiburg 2017
Hackl, Benedikt/ Gerpott, Fabiola: HR 2020 Personalmanagement der Zukunft; Verlag Franz Vahlen GmbH, München 2015
Hanssen, Dennis: Generation Y und Z: Analyse ausgewählter Werke der Mitarbeiterbindung, Books on Demand 2015
Hofert, Svenja: Agiler führen: Springer Gabler Springer Gabler, Springer Fach Medien, Wiesbaden 2016
Jannsen, Herbert: Die besten Mitarbeiter erfolgreich gewinnen, entwickeln und halten; PRAXIUM-Verlag, Zürich 2012
Jànszky, Gàbor Das Recruiting-Dilemma, Zukunft der Personalarbeit in Zeiten des Fachkräftemangels, Haufe Gruppe, 2014
Kanning, Uwe P. Personalauswahl zwischen Anspruch und Wirklichkeit, Springer, 2015
Knoblauch, Jörg/Kurz Jürgen: Die besten Mitarbeiter finden und halten, Campus Verlag GmbH, Frankfurt am Main 2007
Knoblauch Jörg/Kuttler, Benjamin: das Geheimnis der Champions; Campus Verlag GmbH, Frankfurt am Main 2016
Kürschner, Isabelle: Wie wir morgen tun, was wir heute wollen, Goldegg Verlag 2015
Lang, Karl: Personalmanagement 3.0; Linde Verlag Ges.m.b.H., Wien 2014
Maier, Norbert Erfolgreiche Personalgewinnung und Personalauswahl, Praxium-Verlag, Zürich 2008
Oelsnitz, Dietrich von der / Stein, Volker/ Habmann, Martin: Der Talente-Krieg; Haupt Verlag 2007
Rechsteiner, Frank Erfolgreiches IT-Recruiting trotz Fachkräftemangel, Methoden zur Personalbeschaffung und -bindung, Springer Gabler 2016
Remdisch, Sabine Hrsg.: Human Performance Management; Haufe-Lexware GmbH 6 Co. KG, Freiburg 2014
Rosenberger, Bernhard Hrsg.: Modernes Personalmanagement; Springer Gabler, Springer Fach Medien, Wiesbaden 2014
Rump, Jutta/ Walter, Norbert: Arbeitswelt 2030; Schäffer-Pöschel Verlag Stuttgart, Stuttgart 2013
Schermuly, Carsten C.: New Work – Gute Arbeit gestalten; Haufe-Lexware GmbH 6 Co. KG, Freiburg 2016
Schüller, Anne M.; Das Touchpoint-Unternehmen, GABAL Verlag GmbH, Offenbach 2014
Schneider, Arthur Mit den besten Interviewfragen die besten Mitarbeiter gewinnen, Praxuim Verlag, Zürich 2006
Stracke, Friedemann Menschen verstehen – Potenziale erkennen, Springer Gabler 2014
Strzygowski, Steffen Personalauswahl im Vertrieb, Springer Gabler, 2014
Sprenger, Reinhard K.: Mythos Motivation; Campus Verlag, Frankfurt am Main 2014
Uhrheimer, Claudia Telefon-Interviews professionell und strukturiert führen, Expert Verlag 2010
Weckmüller, Heiko: Exzellenz im Personalmanagement, Haufe-Lexware GmbH 6 Co. KG, Freiburg 2013
Zehrfeld, W. Axel: Fachkräftesicherung F.A.Z.-Management-, Markt- und Medieninformationen GmbH, Frankfurt am Main 2012
zeag GmbH – Zentrum für Arbeitgeberattraktivität Trendstudie zum Thema Arbeitgeberattraktivität der Universität St. Gallen 2015
http://www.businessinsider.de/mit-dieser-app-haben-auch-bewerber-ohne-topnoten-eine-chance-2017-10 von Marleen Stollen
http://www.faz.net/aktuell/beruf-chance/beruf/arbeitsmarkt-wandelt-sich-von-nachfrage-in-anbietermarkt-15296060.html - 23.11.2017
Credit Siusse, Dr. Sara Carnazzi Weber, Andreas Christen, Thomas Mendelin, Strategien gegen den Fachkräftemangel, Erfolgsfaktoren für Schweizer KMU 2017
Candidate Journey Studie 2017, Prof. Dr. Peter M. Wald (HTWK Leipzig), Christoph Athanas (meta HR Unternehmensberatung GmbH), 2017

Studie Cultural Fit, Christoph Athanas (meta HR Unternehmensberatung GmbH), Studienleitung Philip Athanas (meta HR Unternehmensberatung GmbH), Eva-Maria Friese (Employour Gmbh – a Territory embrace company) Nick Pfisterer (Employour Gmbh – a Territory embrace company), 2016

Softgarden E-Recruiting GmbH, Umfrage 2015, Der Arbeitgeber als Dienstleister im Bewerbungsprozess

Die Zukunft des Personalmarketings 7

Wie könnte die Zukunft des externen Personalmarketings im Jahr 2030 aussehen? Mit dieser Fragestellung hat sich die Studie der Hochschule für Technik Stuttgart beschäftigt und kam zum folgenden Ergebnis:

1. Die diagnostische Kompetenz des Recruiters ist durch künstliche Intelligenz ersetzt
2. Emotionale und erlebnisbasierte Personalmanagementkampagnen verzichten auf rationale Argumente
3. Der Arbeitgebermarkenkern muss in kurzen Abständen erneuert werden
4. Unternehmen sind für Bewerber vollständig transparent

Delphi-Studie zum Personalmarketing in Deutschland im Jahr 2030
Auszug aus dem Abschlussbericht zur Delphi-Studie Externes Personalmarketing im Jahr 2030 in Deutschland von der Hochschule für Technik Stuttgart von Daniela Lohaus et al.:

> Es wird als wahrscheinlich angesehen, dass im Jahr 2030 alle Mitarbeiter des Unternehmens als Markenbotschafter tätig sein werden. Der Erfolg der Personalmarketingmaßnahmen wird davon abhängig sein, ob eine authentische Arbeitgebermarke entwickelt werden konnte und deren einheitliche Botschaft für die unterschiedlichen Zielgruppen individuell kommuniziert wird. Personalmarketing ist auf die Erwartungen der Bewerber sowie auf die Passung der Kandidaten zum Unternehmen auszurichten. Damit wird Personalmarketing ein wesentlicher Bestandteil der Wertschöpfungskette und Schwerpunkt der strategischen Unternehmenssteuerung.

Fazit
Ein detailliertes Anforderungsprofil bildet heute und auch in Zukunft die Grundlage für die erfolgreiche Stellenbesetzung (vgl. Abb. 7.1).

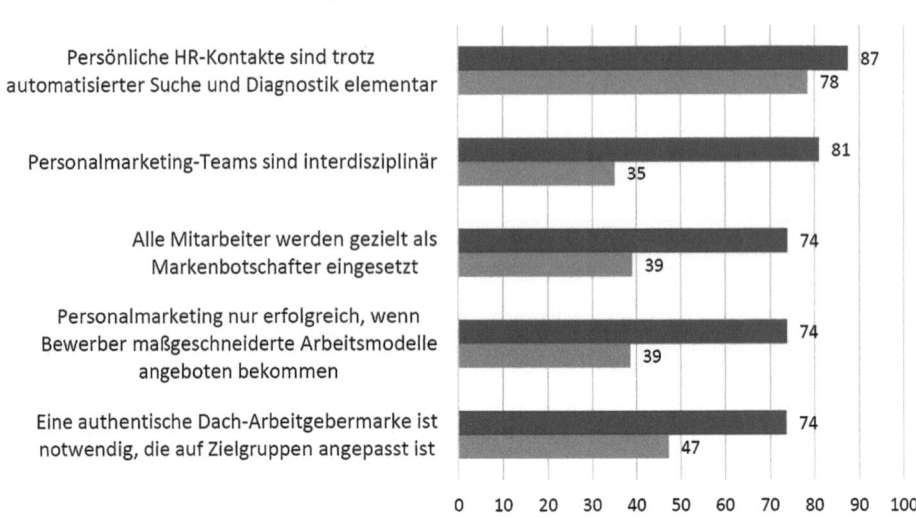

Abb. 7.1 5 Thesen mit der höchsten Eintrittswahrscheinlichkeit

Die strukturierte Planung und Organisation der Termine, Methoden und Instrumente führen zum gewünschten Erfolg und wirken auch als Employer-Branding-Maßnahme nachhaltig.

Der Übereinstimmung von persönlichen Eigenschaften ist wesentlich mehr Bedeutung beizumessen. Mitarbeiter, die zum Unternehmen und deren Kultur passen, werden sich aus dieser Motivation heraus viel schneller auf die Veränderungen, die u. a. aus der fortschreitenden Digitalisierung hervorgehen, anpassen können und weiterentwickeln.

Aufgrund des Fachkräftemangels, dem demografischen Wandel und der Digitalisierung muss die Gewinnung von passenden Kandidaten für das Unternehmen zum Schwerpunkt und damit zur Chefsache werden.

Der mögliche Einsatz von Kapazitäten und finanziellen Mitteln bestimmt die Rekrutierungsmöglichkeiten. Mittelständische Unternehmen sollten die Vor- und Nachteile abwägen und sich auf gezielte Maßnahmen fokussieren. Die bisherigen Instrumente wie Jobportale, Karriereseiten der Unternehmen sowie die Empfehlungen der Mitarbeiter werden auch zukünftig im Recruiting erfolgreich sein. Der Aufbau und die Inhalte der Homepage sind unbedingt für die mobile Nutzung der Kandidaten zu optimieren.

Transparenz gewinnt bei den Kandidaten eine immer stärkere Bedeutung. Kandidaten wollen einen Einblick in das Unternehmen erhalten. Nutzen Sie diesen Aspekt, um die Unternehmensattraktivität deutlich herauszustellen.

Nutzen Sie neben den Jobportalen auch die Business-Netzwerke XING und LinkedIn. Diese Plattformen integrieren immer stärker auch Jobportale, die Sie zur Suche und Stellenausschreibung einsetzen können.

Rücken Sie die emotionale Intelligenz in den Fokus bei der Personalauswahl. Wer seine eigenen und auch die Gefühle der anderen wahrnimmt und versteht, kann auch andere Menschen positiv beeinflussen. Für die Führung und Bindung der Mitarbeitenden ist das von unschätzbarer Bedeutung. Die Soft Skills sollten bei der Auswahl zukünftig stärker betrachtet werden als die Hard Skills.

Tipps

- Informieren Sie sich regelmäßig über aktuelle Entwicklungen.
- Nutzen Sie den Austausch mit anderen Unternehmern.
- Analysieren Sie die Recruiting-Erfolge zielgruppenspezifisch.
- Optimieren und aktualisieren Sie die Homepage für die mobile Nutzung.
- Gestalten Sie den Bewerbungsprozess transparent.
- Geben Sie den Bewerbern Feedback und organisieren ein effektives Bewerbermanagement.

Weiterführende Literatur

Abschlussbericht zur Delphi-Studie Externes Personalmarketing im Jahr 2030 in Deutschland von der Hochschule für Technik Stuttgart von Daniela Lohaus
Ackerschott Harald; Gantner Norbert; Schmitt Günter, Eignungsdiagnostik, Qualifizierte Personalentscheidungen nach DIN 33430, Beuth Verlag GmbH 2016
Berg, Elmar: Employer Branding als Fachkräftesicherung im Generationenwechsel, Diplomica Verlag GmbH Hamburg 2015
Bock, Laszlo: Work Rules, Verlag Franz Vahlen GmbH, München 2016
Brecke, Jan: So wollen Top-Talente arbeiten, Frankfurter Societäts-Medien GmbH, Frankfurt am Main 2015
Brenner, Doris: Onboarding: Als Führungskraft neue Mitarbeiter erfolgreich einarbeiten und integrieren; Springer Gabler Springer Gabler, Springer Fach Medien, Wiesbaden 2014
Brockhoff, Stephan/Panreck, Klaus: Menschlichkeit rechnet sich, Campus Verlag GmbH, Frankfurt am Main 2016
Buckmann, Jörg: Einstellungssache: Personalgewinnung mit Frechmut und Können, Springer Gabler Springer Gabler, Springer Fach Medien, Wiesbaden 2013
Eugster, Jörg: Übermorgen, Midas Verlag AG, Zürich 2017
Geffroy, Edgar/Geffroy, Barbara: Die neue Macht der Mitarbeiter; GABAL Verlag GmbH, Offenbach 2017
Graf/ Gramß/ Edelkraut: Agiles Lernen, Haufe-Lexware GmbH 6 Co. KG, Freiburg 2017
Hackl, Benedikt/ Gerpott, Fabiola: HR 2020 Personalmanagement der Zukunft; Verlag Franz Vahlen GmbH, München 2015
Hanssen, Dennis: Generation Y und Z: Analyse ausgewählter Werke der Mitarbeiterbindung, Books on Demand 2015

Hofert, Svenja: Agiler führen: Springer Gabler Springer Gabler, Springer Fach Medien, Wiesbaden 2016
Jannsen, Herbert: Die besten Mitarbeiter erfolgreich gewinnen, entwickeln und halten; PRAXIUM-Verlag, Zürich 2012
Jànszky, Gàbor Das Recruiting-Dilemma, Zukunft der Personalarbeit in Zeiten des Fachkräftemangels, Haufe Gruppe, 2014
Kanning, Uwe P. Personalauswahl zwischen Anspruch und Wirklichkeit, Springer, 2015
Knoblauch, Jörg/Kurz Jürgen: Die besten Mitarbeiter finden und halten, Campus Verlag GmbH, Frankfurt am Main 2007
Knoblauch Jörg/Kuttler, Benjamin: das Geheimnis der Champions; Campus Verlag GmbH, Frankfurt am Main 2016
Kürschner, Isabelle: Wie wir morgen tun, was wir heute wollen, Goldegg Verlag 2015
Lang, Karl: Personalmanagement 3.0; Linde Verlag Ges.m.b.H., Wien 2014
Maier, Norbert Erfolgreiche Personalgewinnung und Personalauswahl, Praxium-Verlag, Zürich 2008
Oelsnitz, Dietrich von der / Stein, Volker/ Habmann, Martin: Der Talente-Krieg; Haupt Verlag 2007
Rechsteiner, Frank Erfolgreiches IT-Recruiting trotz Fachkräftemangel, Methoden zur Personalbeschaffung und -bindung, Springer Gabler 2016
Remdisch, Sabine Hrsg.: Human Performance Management; Haufe-Lexware GmbH 6 Co. KG, Freiburg 2014
Rosenberger, Bernhard Hrsg.: Modernes Personalmanagement; Springer Gabler, Springer Fach Medien, Wiesbaden 2014
Rump, Jutta/ Walter, Norbert: Arbeitswelt 2030; Schäffer-Pöschel Verlag Stuttgart, Stuttgart 2013
Schermuly, Carsten C.: New Work – Gute Arbeit gestalten; Haufe-Lexware GmbH 6 Co. KG, Freiburg 2016
Schüller, Anne M.; Das Touchpoint-Unternehmen, GABAL Verlag GmbH, Offenbach 2014
Schneider, Arthur Mit den besten Interviewfragen die besten Mitarbeiter gewinnen, Praxuim Verlag, Zürich 2006
Stracke, Friedemann Menschen verstehen – Potenziale erkennen, Springer Gabler 2014
Strzygowski, Steffen Personalauswahl im Vertrieb, Springer Gabler, 2014
Sprenger, Reinhard K.: Mythos Motivation; Campus Verlag, Frankfurt am Main 2014
Uhrheimer, Claudia Telefon-Interviews professionell und strukturiert führen, Expert Verlag 2010
Weckmüller, Heiko: Exzellenz im Personalmanagement, Haufe-Lexware GmbH 6 Co. KG, Freiburg 2013
Zehrfeld, W. Axel: Fachkräftesicherung F.A.Z.-Management-, Markt- und Medieninformationen GmbH, Frankfurt am Main 2012
zeag GmbH – Zentrum für Arbeitgeberattraktivität Trendstudie zum Thema Arbeitgeberattraktivität der Universität St. Gallen 2015
http://agilemanifesto.org/iso/de/manifesto.html?_sm_au_=iPHjRVs607M6MVQ
https://www1.lehigh.edu/annualreport
http://wirtschaftslexikon.gabler.de/Archiv/78154/fuehrung-v7.html
http://www.greatplacetowork.de
http://www.inqa.de/DE/Startseite/start_node.html: Studie der Initiative Neue Qualität der Arbeit Seite 11
http://www.faz.net/aktuell/beruf-chance/beruf/arbeitsmarkt-wandelt-sich-von-nachfrage-in-anbietermarkt-15296060.html – 23.11.2017
Credit Siusse, Dr. Sara Carnazzi Weber, Andreas Christen, Thomas Mendelin, Strategien gegen den Fachkräftemangel, Erfolgsfaktoren für Schweizer KMU 2017
Candidate Journey Studie 2017, Prof. Dr. Peter M. Wald (HTWK Leipzig), Christoph Athanas (meta HR Unternehmensberatung GmbH), 2017

Studie Cultural Fit, Christoph Athanas (meta HR Unternehmensberatung GmbH), Studienleitung Philip Athanas (meta HR Unternehmensberatung GmbH), Eva-Maria Friese (Employour Gmbh – a Territory embrace company) Nick Pfisterer (Employour Gmbh – a Territory embrace company), 2016

Softgarden E-Recruiting GmbH, Umfrage 2015, Der Arbeitgeber als Dienstleister im Bewerbungsprozess

8. Megatrends und ihre Auswirkungen

Schon heute verringert sich das Erwerbspersonenpotential jedes Jahr aus Altersgründen um rund 300.000. Und auch wenn eine zuletzt stark gestiegene Zuwanderung nach Deutschland und eine höhere Geburtenrate den demographischen Wandel abfedern können – stoppen können sie ihn nicht. Deshalb raten Feld und seine Kollegen dazu, dass Deutschland sich auf die Entwicklung einstellen müsse. Mit der schrumpfenden Erwerbsbevölkerung werde es zunehmend wichtiger werden, das vorhandene Arbeitskräftepotential besser als bislang auszuschöpfen, lautet der Rat der Wirtschaftsweisen (www.faz.net 2017).

Um vorhandenes Mitarbeiterpotenzial besser auszuschöpfen, ist die Beschäftigung mit den Themen neue Modelle der Zusammenarbeit, Mitarbeiterbindung und Agilität unbedingt erforderlich. Und wenn man sich diesen Themen annähert, kommt man an den Megatrends, die die Zusammenarbeit, die Arbeitsprozess und Arbeitsweisen grundsätzlich verändern nicht vorbei. Aus diesem Grund beginne die folgenden Ausführungen mit einem Überblick über die Trends, um ihre Auswirkungen besser einordnen und um so die richtigen Entscheidungen für eine effektive Mitarbeiterbindung treffen zu können.

Janszky stellt in seinem Artikel „Vollbeschäftigung bedroht Unternehmen" fest:

> Trendforscher prognostizieren für die Zeit nach dem Jahr 2020, dass nur noch maximal 40 Prozent der Beschäftigten in den klassischen Langzeit-Anstellungsverhältnissen arbeiten werden. Die Zahl der Selbstständigen verdoppelt sich auf 20 Prozent.
>
> Und die restlichen 40 Prozent? Sie werden zu Projektarbeitern. Sie wechseln ihre Arbeitgeber oft und schnell und dabei manchmal sogar den Kontinent, auf dem sie gerade arbeiten. Die eigene Kaffeetasse, Hausschuhe im Büro oder eine 40-Stunden-Woche sind antiquierte Eigenheiten, die sie höchstens noch aus den Erzählungen von Eltern und Großeltern kennen. Ihnen geht es in erster Linie nicht um Bonuszahlungen, feste Einkommen oder hochtrabende Jobbezeichnungen. Ihnen geht es um Selbstverwirklichung, das heißt, sie wollen an den besten Projekten mit dem besten Team unter der besten Führung arbeiten (Janszky 2017).

Einige der sogenannten Megatrends – also Trends, die einen entscheidenden Einfluss auf die Zukunft haben, ähnlich dem der industriellen Revolution – zeigen Janskys Worte bereits auf:

- größere Mobilität – Mitarbeitende sind schnell bereit sich anderen Arbeitgebern zuzuwenden, wobei Mobilität nicht unbedingt physisch sein muss, virtuelle Mobilität ermöglicht ebenso den schnellen Wechsel
- Globalisierung – Unternehmen, aber auch Mitarbeitende agieren global und haben mit Konkurrenz weltweit zu kämpfen
- Demografischer Wandel – viele verschiedene Generationen arbeiten zusammen, die sehr unterschiedliche Ausprägungen und Anforderungen an den Arbeitgeber haben, Abnahme der zur Verfügung stehenden arbeitenden Bevölkerung
- Wissensgesellschaft – Wissen ist immer und überall verfügbar, gleichzeitig sinkt die Halbwertzeit von Wissen rapide ab – ständiges, lebenslanges Lernen ist unumgänglich
- New Work – verändert die Ansprüche an Arbeit, kreativer, anspruchsvoller, selbstbestimmter
- Roboterisierung, Digitalisierung – Zunahme des Einsatzes von Robotern und Künstlicher Intelligenz – wirft Fragen zur Zusammenarbeit von Maschine und Mensch auf

Eine Veränderung der Arbeitswelt aufgrund der Trends ist unumgänglich und steht uns in näherer Zukunft bevor, als wir glauben. Digitale Entwicklungen lassen sich nur bedingt und dann nur zeitlich befristet aufhalten. Sie werden uns mit Macht und einer unvorstellbaren Geschwindigkeit überrollen – vergleichbar mit einem Tsunami, schreibt Jörg Eugster (2017). Für diese Wellen müssen wir uns wappnen, um nicht mitgerissen und weggespült zu werden. Und auch wenn Experten voraussagen, dass ein großer Teil der Mitarbeitenden nur noch temporär in Organisationen verweilen wird, bilden Bindungssysteme dennoch einen wesentlichen Baustein, denn wer sagt denn, dass wir auf einen Mitarbeitenden im Lauf seines Berufslebens nicht mehrfach zurückgreifen müssen? Dass wir seine Expertise bei unterschiedlichen Projekten benötigen? Und wer sagt überhaupt, dass es so kommen muss? Vielleicht verbleiben ja doch wichtige Fachkräfte im Unternehmen, weil sie einen anderen Lebensstil pflegen – wie die Generationen Z und nachfolgende wirklich arbeiten wollen und was ihnen wichtig sein wird, weiß bisher noch niemand genau.

Auch werden fertige, vollkommen passende Fach- und Führungskräfte kaum zu bekommen sein. Einarbeitung, Anpassungsweiterbildung und vielleicht sogar zweite oder dritte Berufsausbildungen gehören in die Angebotspalette attraktiver Unternehmen. Mitarbeiterbindung, Bildung und Entwicklung gehört für Experten zu den wichtigsten Aufgaben der Zukunft.

Im Folgenden werden wir die Megatrends, die sich auf das Thema Mitarbeiterbindung und Personalentwicklung am stärksten auswirken, etwas genauer betrachten.

8.1 Megatrend: New Work

Umbrüche in der Gesellschaft und neue Prozesse in der Wirtschaft führen zu fundamentalen Veränderungen in der Arbeitswelt, sie bestimmen den Megatrend New Work. In einer so digitalisierten wie globalisierten Zukunft wird Arbeit im Leben der Menschen einen neuen Stellenwert einnehmen, Arbeit und Freizeit fließen ineinander. Technologie ist wichtig, aber nicht dominant – der Mensch bleibt entscheidend. Seine Talente zählen, in der neuen Arbeitswelt setzt die Ära des Talentismus ein (Horx 2017).

New Work und Arbeitswelt 4.0 sind die Begrifflichkeiten, die im Zusammenhang mit den Veränderungen in der Zusammenarbeit und den Arbeitsprozessen am meisten genannt werden. Doch was verbirgt sich hinter New Work eigentlich? New Work heißt zum einen strukturelle Veränderungen, also statt klassisch hierarchischer Strukturen Netzwerke etablieren. Führungskräfte, die nur noch temporäre Führungsaufträge haben, Arbeitsgruppen, die auftrags- oder projektbezogen zusammenkommen und sich dann wieder auflösen, eigene Entscheidungen treffen. Das bietet Freiräume zur kreativen Entfaltung der Persönlichkeit und echte Handlungsfreiheit, deren Kernwerte Selbstständigkeit, Freiheit und Teilhabe an der Gemeinschaft sind.

Die Bindung an feste Arbeitszeiten und Arbeitsorte werden der Vergangenheit angehören. Arbeit wird mobil – mehrfach mobil: Homeoffice und Vertrauensarbeit sind die Modelle der Zukunft. Der steigende Wettbewerb fordert Kosteneffizienz und flexiblere Arbeit. Cloud-Worker, die von überall ihre Aufträge suchen und sie überall bearbeiten, nehmen zu. Mehr Mitsprache, interessante Projekte, eine gute Work-Life-Balance, Gesundheitsvorsorge und eine mitarbeiterorientierte Unternehmenskultur werden beim Werben um die besten Mitarbeiter entscheidend.

Interview: Marc K. 32; Grafiker und Webdesigner
Was müsste ein Arbeitgeber Ihnen bieten damit Sie ihn als attraktiv wahrnehmen?

- Interessante Aufgaben in Design und Grafik
- Freie Gestaltungsmöglichkeiten bei der Erledigung der Aufträge
- Freie Gestaltung von Arbeitsplatz (also auch Homeoffice) und Arbeitszeit
- Regelmäßiger fachlicher Austausch auf Messen, Kongressen, mit Kollegen

8.2 Megatrend: Wissenskultur

Der Megatrend geht in die nächste Dimension – aus Neuem Lernen wird das Prinzip der Wissenskultur. Im Umbruch von der Industrie- zur Wissensgesellschaft wird Bildung zu einer Kulturfrage, die die ganze Gesellschaft betrifft. Am Megatrend Wissenskultur entscheidet sich die Zukunftsfähigkeit von Individuen, Unternehmen und ganzen Volkswirtschaften. Wissen bleibt Macht, aber in Zukunft können immer mehr Menschen Zugang zu dieser Macht haben. Digitalisierung von Wissen und Bildung sind die Treiber dafür (Horx 2017).

Für Unternehmen und Mitarbeiter bedeutet das, mehr auf Personalentwicklung und Weiterbildung zu setzen. Arbeitnehmende sollten hier aus meiner Sicht jedoch nicht in eine Erwartungshaltung verfallen und auf Angebote von Unternehmen warten. Eigeninitiative für lebenslanges Lernen ist gefragt. Unternehmen sollten die Rahmenbedingungen schaffen für Potenzialentfaltung, Bildung und mehr und mehr auch für eine Weiterentwicklung in andere, neue berufliche Richtungen. Lebenslanges Lernen beinhaltet auch immer wieder umlernen, neue Berufe, neue Herausforderungen für den Einzelnen. Für Organisation gilt dies ebenso: Zugang zu Wissen erleichtern, Zeit für Bildung und Möglichkeiten für Entfaltung einräumen und an die Zukunft anpassen, inhaltlich, in geeigneten Formaten und individuell. Mehr dazu finden Sie im Kapitel Personalentwicklung.

8.3 Megatrend: Konnektivität

Konnektivität bezeichnet die neue Organisation der Menschheit in Netzwerken. Über das „Internet der Dinge" kommunizieren nicht mehr nur Menschen, sondern auch Maschinen miteinander. Doch der wahre Impact dieses Wandels liegt im Sozialen: Die neue Kultur der Openness öffnet Unternehmen und administrative Strukturen nach außen (Horx 2017).

Die digitale Kommunikation wälzt alles um. Informationen sind überall verfüg- und teilbar und daraus entstehen Knotenpunkte, an denen Menschen und Märkte zusammengebracht werden. Die Welt öffnet sich, und wer nicht isoliert werden will, muss sich an dieser Öffnung beteiligen. Gesellschaft und Wirtschaft erfordern immer mehr Transparenz. Kunden und Wettbewerber erlangen immer tiefere Einblicke in Unternehmen, bewerten anhand der gestellten Erwartungen. Werden diese nicht erfüllt, wie zum Beispiel beim Bekanntwerden von schlechten Arbeitsbedingungen, Umweltsünden oder Überbezahlung von Managern und Vorständen, kann das Image des Unternehmens Schaden nehmen. Vorteilhaft ist jedoch, dass Unternehmen leichter kooperieren und mit ihren Zielgruppen in Kontakt treten können. Um langfristig Vertrauen aufzubauen ist Offenheit, Transparenz verbunden mit einer informierenden Kommunikationsstrategie unbedingt erforderlich. Auf dem Arbeitsmarkt ist dies heute schon unabdingbar. Während diese Entwicklung einerseits dem Arbeitnehmer hilft sich mit Organisationen und ihrer Kultur auseinanderzusetzen und den Arbeitgeber nach eigenen Kriterien auszuwählen, bringt es jedoch andererseits mit sich, dass Arbeitgeber sich auch über Mitarbeiter umfassend informieren können. Denn auch die digitalen Spuren des einzelnen im Netz werden leichter sicht- und nutzbar.

8.4 Megatrend: Individualisierung

Unsere Biografien verlaufen heute entlang neuer Brüche, Umwege und Neuanfänge. Sie sind viel mehr zu „Multigrafien" geworden. In einer Gesellschaft, die uns immer mehr individuelle Freiheiten gibt, uns aber auch immer stärker unter Entscheidungsdruck setzt, verändern sich Werte – und mit ihnen ändert sich die Wirtschaft, in der DIY-Kultur und Nischenmärkte entstehen (Horx 2017).

8.4 Megatrend: Individualisierung

Individualisierung wird durch das Streben des Menschen nach Einzigartigkeit und Individualität genährt. Während bis ins letzte Jahrhundert die Bindung zu Familie, Kirche und Staat noch stärker vorhanden war, schaffen Bildung, Wohlstand und Mobilität immer mehr Wahlmöglichkeiten in Bezug auf das eigene Leben. Das Individuum kann immer stärker die Macht über das eigene Leben ergreifen und sich selbst verwirklichen. So gut sich das anhört, erfordert es ein hohes Maß an Eigenverantwortung. Der Arbeitgeber steht nicht länger in der Pflicht zu entwickeln, zu bilden und Lebenswege vorzuzeichnen. Er muss die Rahmenbedingungen schaffen und Entwicklungen zulassen.

Für die Unternehmen bedeutet Individualisierung sich mit vielen Lebensentwürfen auseinanderzusetzen. Arbeitszeit- und Arbeitsortsmodelle, die bisher für viele umsetzbar waren, werden ebenfalls individueller. Sabbaticals, Auszeiten für Bildung, Kinder und Pflege, Wechsel von Angestellten in die Selbstständigkeit und zurück – all das wird die Arbeitsbiografien noch stärker als bisher prägen und die Arbeitenden gehen selbstbewusster mit ihren Biografien um. Das erfordert ein Umdenken hinsichtlich der Einstellungspolitik, aber auch der Mitarbeiterbindungsmaßnahmen.

So beeinflussen die vorgenannten Trends, die auf den Entwicklungen von Digitalisierung, Internet, Robotik und Automatisierung beruhen, nicht nur die Märkte, sondern die Art der Zusammenarbeit und zunehmend auch die sozialen Strukturen. Unternehmen müssen sich daran messen lassen, inwieweit sie die Konsequenzen abschätzen können, welche Bindungsmethoden einsetzbar sind und welche individuellen Maßnahmen getroffen werden können.

Experteninterview mit Herrn Aaron Kübler – Recruitingexperte von akub-consulting
Herr Kübler, Recruiting ist für Sie ein wesentlicher Aspekt für die Fachkräftesicherung. Wie schätzen Sie das ein: Sind Unternehmen ausreichend gerüstet?
Aus meiner Sicht stellt sich das heute eher wir folgt dar: Für die Personalsuche nehmen sich Unternehmen immer noch zu wenig Zeit. Verbunden mit dem oft eher geringen Stellenwert der HR-Abteilungen, die zudem oft noch unterbesetzt sind, scheint die Wichtigkeit von Personalsuche und Mitarbeiterbindung nicht überall erkannt worden zu sein. Zudem ist die Belastung der Personalabteilung aufgrund sehr vieler unterschiedlicher Aufgaben im Ringen um die Fachkräfte sehr hoch. Begleitet wird das Dilemma aus meiner Sicht noch damit, dass sich HR vor neuen Ideen scheut. Immer noch wird versucht mit den alten Mustern wie Jobbörsen und Stellenanzeigen sowie alten Strukturen den neuen Herausforderungen zu begegnen.

Die Personalabteilung versucht die Lösungen mit Wegen zu erreichen, die in der Vergangenheit funktioniert haben. Dabei wird die Bewerberbrille zu wenig aufgesetzt und Fachabteilungen hätten immer noch gern die Eier legende Wollmilchsau.

Dabei ist das Bewusstsein für notwendige Veränderungen in Konzernen größer: Xing als Plattform zu nutzen, Talentmanagement zu etablieren, das geht bei Unternehmen wie zum Beispiel der Telekom mit entsprechendem Budget leichter.

Herr Kübler, ich glaube vielen ist noch gar nicht ganz klar, was sich ändern muss. Was sind Ihre Vorschläge?
Recruiter müssen andere Wege gehen zum Beispiel mit Werbung auf Xing, LinkedIn, Facebook und auch Instagram. Dabei sollten die Wege, die eingeschlagen werden, viel genauer auf die entsprechenden Zielgruppen abgestimmt werden. Anders als im Verkauf sind Bewerberzielgruppen in den meisten Unternehmen nicht definiert. Es wird ein Employer Branding für alle und jeden geschaffen, nur nicht spezifisch. Ein weiterer Weg ist Active Sourcing, also ein aktives Anwerben von Fachkräften. So erhält zum Beispiel ein guter Softwareentwickler 5–10 Jobanfragen zum großen Teil über Massenmails, das führt sicher nicht zum Ziel.

Sehen Sie weitere Möglichkeiten, zum Beispiel ein kompetenzbasiertes Recruiting?
Das gibt es so noch wenig, eher in der Kreativbranche. Aber ein eigener Bewerberpool wäre eine gute Möglichkeit, doch den haben sich bisher erst circa 30 % der Unternehmen aufgebaut. Durch den Einsatz neuer Technologien könnte sich das vereinfachen. So zum Beispiel mit Lebenslaufscannern. Das spart Zeit und macht die eingereichten Bewerbungen auch für später noch nutzbar.

Welche weiteren Trends können Sie beobachten? Ich habe gehört, dass auch Methoden wie Psychophysiognomie usw. wieder im Trend sind, stimmt das?
Es gab diese Trends zu ausgebauten analogen Methoden, doch der ist bereits seit einiger Zeit wieder am Abflauen. Heute spielt zum Beispiel Mimik-Resonanz eine Rolle.

Und wie sieht es mit der Stimmanalyse aus?
Ja, das wird ausprobiert, kann zukünftig eventuell ein Tool im Recruiting sein, aber darauf verlassen sich Unternehmen derzeit noch nicht. Es kann aber sein, dass bei entsprechender Weiterentwicklung der Künstlichen Intelligenz weitere und wirksame Tools in dieser Richtung mehr Einsatz finden werden.

Videos spielen teilweise bereits eine Rolle bei Bewerbungen, hier kann zu der Stimme gesehen werden, wie ein Bewerber agiert, wie er sich bewegt, spricht usw. Sie sind jedoch nicht für jede Branche geeignet. Hier wird es eher als Ergänzung gesehen und lässt Rückschlüsse auf die Kreativität und das Gesamtbild zu.

In der Bewerbung ist dabei auf folgendes zu achten. Der Personaler hat maximal drei Minuten Zeit für eine Bewerbung. Das bedeutet, dass in einem Video in derselben Zeit alles auf den Punkt gebracht werden muss.

Wie groß ist der Technikhype bei den Bewerbern?
Während die Technikaffinität der Unternehmen zunimmt, wird es von Bewerbern in den kaufmännischen Berufen eher als Humbug angesehen wird, Kreative sind dem eher zugeneigt. In der IT wird das differenziert betrachtet. Für Softwareentwickler, die eher introvertiert sind, wirkt Video zum Beispiel abschreckend.

Derzeit ist es so, dass gute Kandidaten sich nicht mehr bewerben müssen. Sie werden über die Social-Media-Kanäle gefunden. Dennoch ist die klassische Stellenanzeige nicht tot, muss aber mit den Kanälen in Verbindung gebracht werden.

Was sind ihre wichtigsten Tipps an Unternehmen?

1. Für jede Stelle die entsprechende Zielgruppe definieren: Wen will ich ansprechen und mit welchen Faktoren?
2. Neue Möglichkeiten ansehen und ausprobieren, einfach machen.
3. Hören Sie nicht nach dem Recruiting auf, um Ihre Mitarbeiter zu werben.

Was sind aus ihrer Sicht die größten Ärgernisse für Bewerber, die beseitigt werden müssen?

1. Bewerberformulare, besser wäre hier die One-Klick-Bewerbung.
2. Nicht funktionierendes mobiles Recruiting.
3. Keine direkte Reaktion ist das Allerschlimmste.

Herr Kübler, vielen Dank für ihre Zeit und die wertvollen Informationen.

Literatur

http://www.faz.net/aktuell/beruf-chance/beruf/arbeitsmarkt-wandelt-sich-von-nachfrage-in-anbietermarkt-15296060.html – 23.11.2017
Eugster, Jörg 2017 Übermorgen: Eine Zeitreise in unsere digitale Zukunft; Midas Management; Auflage: 2 (25. April 2017)
Horx, Matthias 2017 https://www.zukunft.business/trendanalysen/Vollbeschäftigung bedroht die Unternehmen; www.zukunftsinstitut.de/megatrends

Weiterführende Literatur

Beise Marc/ Jakobs, Hans-Jürgen: Die Zukunft der Arbeit; Süddeutsche Zeitung GmbH, München 2012
Bock, Laszlo: Work Rules, Verlag Franz Vahlen GmbH, München 2016
Gabler Wirtschaftslexikon; http://wirtschaftslexikon.gabler.de/Archiv/78154/führung-v7.html (Stand: 2008)
Inqua-Studie http://www.inqa.de/DE/Startseite/start_node.html: Studie der Initiative Neue Qualität der Arbeit Seite 11
Jànszky, Gàbor Das Recruiting-Dilemma, Zukunft der Personalarbeit in Zeiten des Fachkräftemangels, Haufe Gruppe, 2014
Kürschner, Isabelle: Wie wir morgen tun, was wir heute wollen, Goldegg Verlag 2015

Lang, Karl: Personalmanagement 3.0; Linde Verlag Ges.m.b.H., Wien 2014
Rump, Jutta/ Walter, Norbert: Arbeitswelt 2030; Schäffer-Pöschel Verlag Stuttgart, Stuttgart 2013
Schermuly, Carsten C.: New Work – Gute Arbeit gestalten; Haufe-Lexware GmbH 6 Co. KG, Freiburg 2016
Schüller, Anne M.; Das Touchpoint-Unternehmen, GABAL Verlag GmbH, Offenbach 2014
zeag GmbH – Zentrum für Arbeitgeberattraktivität Trendstudie zum Thema Arbeitgeberattraktivität der Universität St. Gallen 2015

Mitarbeiterbindung

9

9.1 Einführung

Während das Recruiting neuer Mitarbeitender viel Aufmerksamkeit erhält, wird dem Thema Bindung in der betrieblichen Praxis weniger Beachtung beschenkt. Dabei wird es aus meiner Sicht zukünftig zu dem wichtigsten Thema überhaupt. Und wie in der Beschaffung bereits schon in Ansätzen verfahren wird, wird es wichtiger auch hier zielgruppengerechtere und individuellere Lösungen zu finden, die in ein System der Mitarbeiterbindung integriert werden. Unterschiedliche Generationen, verschiedenste Fachkräfte, Projektkräfte mit befristeten Verträgen (auf die Sie vielleicht später wieder einmal zurückgreifen wollen) und Führungskräfte (die teilweise oder zeitweise vielleicht sogar ihre Führungsrolle abgeben müssen) – alle haben unterschiedliche Anforderungen und Wünsche an das Unternehmen, dem sie ihre Kraft, Innovationsfähigkeit, Flexibilität und Loyalität zur Verfügung stellen. Alle werden von Ihrem Unternehmen gebraucht, um zukünftig im Markt bestehen zu können.

Das Wohlwollen und die Loyalität der bereits im Unternehmen Mitarbeitenden wird aufgrund der Trends, denen der Arbeitsmarkt ebenfalls unterliegt, zum wichtigsten Pfund, mit dem Unternehmen wuchern und somit Fachkräftemangel, Digitalisierung, Generationenwechsel und erforderliche Change-Prozesse überstehen können. Das bedarf in den meisten Unternehmen eines Umdenkens, ein neues Aufgabenbewusstsein im Personalmanagement und eine gesteigerte Aufmerksamkeit für die Einführung und Umsetzung von Mitarbeiterbindungsstrategien. Dass hier Handlungsbedarf herrscht, zeigt sich u. a. daran, dass der Großteil der Stellenausschreibungen im HR-Bereich Recruiterausschreibungen sind; daran, dass Gesundheitsmanagement, Diversity Management sowie Personalentwicklung oft ein Schattendasein fristen und dass Bindungsmaßnahmen eher in einem blinden Aktionismus zu entstehen scheinen, statt auf strategischen Überlegungen zu fußen.

Dem Thema Mitarbeiterbindung wird in den nächsten Jahren und Jahrzehnten eine größere Bedeutung zukommen. Es wird schwerer immer neue Mitarbeiter zu rekrutieren. Sie als Entscheider wissen, was auf Sie zukommt.

Die Bindung von Mitarbeitenden ist jedoch nur mit systematisch ausgewählten Instrumenten und einer konsequenten Umsetzung im Rahmen der eigenen Unternehmenskultur möglich. Sie funktioniert nicht durch die Abgabe der Verantwortung zum Beispiel an das Personalmanagement. Sie muss einen Platz in jedem Unternehmensumfeld, in der Führung und der Kommunikationskultur haben. Das erfordert ein Umdenken und stellt einen hohen Anspruch an die Führungskräfte, doch der Gewinn, den Unternehmen letztendlich erzielen, spricht für sich. Sowohl in wirtschaftlichen starken, wie auch in schwachen Zeiten kommen hohe Fluktuationsraten und eine hohe Fehlzeitenquote ein Unternehmen teuer zu stehen.

Neben dem wirtschaftlichen Aspekt kommt der Mitarbeiterbindung auch eine soziale Komponente zu. Menschen arbeiten nicht nur, um Geld zu verdienen, sondern sie entscheiden sich immer öfter für einen Beruf, der ihnen Freude macht und für ein Unternehmen, das den eigenen Werten und Lebensentwürfen entspricht. Da die Wechselhäufigkeit seitens der Arbeitnehmenden zunehmen wird, ist es ihnen möglich, tiefer in die Wertewelten unterschiedlicher Organisationen einzudringen und sich für oder gegen Unternehmen zu entscheiden. Leichter wird diese Entscheidung auch durch Internetbewertungen von Mitarbeitenden und Bewerbern. Nur motivierte Mitarbeitende werden bei ihrem Arbeitgeber bleiben. Ohne die Auseinandersetzung mit der Motivation, der Zufriedenheit und der Wertschätzung der Mitarbeitenden wird es kaum möglich sein, Mitarbeitende zu halten und zu guten oder Spitzenleistungen anzuregen.

9.1.1 Was spricht für Mitarbeiterbindung?

> Die Sorte Arbeiter, die der Firma das Beste gibt, was in ihm steckt, ist die beste Art Arbeiter, die eine Firma haben kann. Und wir können von niemandem erwarten, dass er das unbegrenzt ohne entsprechende Anerkennung tut … Wenn ein Mann das Gefühl hat, dass seine tägliche Arbeit nicht nur seine Grundbedürfnisse befriedigt, sondern dass sie ihm einen komfortablen Spielraum gibt und ihn in die Lage versetzt, seinen Jungen und Mädchen Chancen zu geben und seiner Frau etwas Freude im Leben, dann sieht seine Arbeit für ihn gut aus und er fühlt sich frei, wirklich das Beste zu geben. Das ist eine gute Sache für ihn und eine gute Sache für die Firma. Der Mann, der keine Befriedigung aus seiner täglichen Arbeit zieht, verliert damit den besten Teil seiner Entlohnung (Henry Ford 2014).

Die Ansicht, die Henry Ford vor neunzig Jahren vertrat und die damals als fortschrittlich galt, ist heute noch die Philosophie erfolgreicher Unternehmen wie Google und Co. Unternehmen, die bei unterschiedlichsten Arbeitnehmenden als attraktiv gelten, die tausende Initiativbewerbungen erhalten und sich auch längerfristig sicher nicht um einen Fachkräftemangel sorgen müssen. Doch auch Google ist das nicht in den Schoß gefallen, sie haben hart an ihrem Image, ihrer Attraktivität aufbauend auf ihren Visionen gearbeitet.

9.1 Einführung

Schaut man sich an, was Arbeitgeber heute für Arbeitende attraktiv macht, finden wir auch die von Ford bereits definierten Attribute wieder:

- Führungskultur
- Betriebsklima
- Gestaltungsspielraum bei der Arbeit
- abwechslungsreiche Tätigkeit
- Familienfreundlichkeit
- Angemessene Bezahlung
- Weiterbildung
- Karrieremöglichkeiten
- Sozialleistungen

Die Bedeutung der einzelnen Aspekte hängt vom Einkommen, dem Bildungsstand und der gegenwärtig ausgeführten Tätigkeit ab und wird von den Arbeitnehmenden unterschiedlich gewichtet. Für Bezieher geringerer Einkommen zählt die Bezahlung öfter als wichtigster Faktor als beispielsweise bei Führungskräften oder Spezialisten. Hier gelten Unternehmenskultur, Gestaltungsspielräume und eine abwechslungsreiche Tätigkeit, Verantwortungsübertragung und Entwicklungsmöglichkeiten als entscheidende Faktoren.

Besonders heute, in Zeiten von Digitalisierung, demografischem Wandel und Fachkräftemangel hat das Thema Mitarbeiterbindung eine höhere Bedeutung erlangt. In den nächsten Jahren und Jahrzehnten wird es für viele Unternehmen immer schwieriger werden geeignete Mitarbeiter zu finden. Die Entscheider in vielen Unternehmen meinen, dass sie sich dem „War for talents" stellen müssen.

Hier stellt sich die Frage, was der „War for talents" eigentlich ist. Können wir wirklich davon ausgehen, dass alle Unternehmen den gleichen Typ Mensch ansprechen wollen, dass alle dieselben Qualifikationen brauchen und sich so alle auf dieselben Menschen stürzen werden, die was mitbringen?

Ist es nicht vielmehr so, dass jedes Unternehmen herausfinden muss, wen es für die Lösung der zukünftigen Aufgaben braucht? Ist das nicht abhängig von der Branche, der Größe, der Marktlage usw.? Ergibt sich daraus nicht, dass Unternehmen unterschiedliche Mitarbeitende ansprechen, verschiedene Strategien der Suche und Bindung nutzen werden?

Die Bindung von Mitarbeitern ist unerlässlich, bedarf jedoch geeigneter Instrumente und deren konsequenter Umsetzung im Rahmen einer eigenen und zukunftsweisenden Unternehmenskultur. Die positiven Aspekte, die ein Unternehmen durch die Einführung greifender Bindungsmaßnahmen erzielt, sprechen für sich.

Bei Mitarbeiterbindung handelt es sich um Faktoren, die in keinem Arbeitsvertrag aufgeschrieben werden. Es sind psychologische Gründe, die einen Mitarbeitenden an „sein" Unternehmen binden. Dazu gehören oft über viele Jahre erworbenes Wissen und Spezial-Know-how, fundierte praktische Erfahrungen in Aufgaben, Abläufen und Eigenheiten des Unternehmens, ein Beziehungsnetzwerk innen wie außerhalb, Weiterbildungen und Fördermaßnahmen. Dazu gesellt sich die Tatsache, dass die Suche nach Spitzenkräften sehr kostenintensiv ist und verlorenes Know-how dem Wettbewerber zugutekommen kann.

Dabei kann es aber nicht darum gehen, dem Mitarbeitenden Fesseln anzulegen und ihn am Weitergehen zu hindern. Das würde auch den gesellschaftlichen Trends widersprechen. Es gibt Stimmen, die sagen:

▶ Unternehmen, denen es gelingt ihre Mitarbeitenden mit attraktiven Arbeitsinhalten, Verantwortung, Selbstbestimmung und einer positiven Arbeitsumgebung zu begeistern, brauchen keine Bindungsprogramme.

Doch um dahin zu kommen erfordert es einige Anstrengungen.

9.1.2 Was erschwert Mitarbeiterbindung?

Die gesellschaftlichen Trends sprechen eine andere Sprache, sie bringen Faktoren mit sich, die langfristige Mitarbeiterbindungen erschweren oder unattraktiv machen:

- Fusionen, Verkäufe, Übernahmen erschweren eine wirkliche Bindung an ein Unternehmen
- Unbefristete, lebenslange Vollzeitbeschäftigungen nehmen ab
- Lebenslanges Lernen schafft neue Perspektiven
- Zunehmender Wettbewerb auf dem Arbeitsmarkt durch steigende Employer-Branding-Aktivitäten und attraktive Stellenangebote
- Steigende Veränderungsmöglichkeiten durch Headhunter, Active Sourcing und Abwerbung
- Hohe Konkurrenz am Arbeitsmarkt für bestimmte Positionen, Regionen und Branchen

Verstärkend kommt hinzu, dass die Bindungsbereitschaft generell abnimmt auch gegenüber Marken, politischen Parteien und in Beziehungen. Übermäßige Verweildauer in einem Unternehmen und an einer Stelle wird zunehmend als Karriere- und Entwicklungsbremse betrachtet. Dem kann seitens der Unternehmen durch Jobrotation, Weiterbildungsmöglichkeiten verbunden mit neuen beruflichen Herausforderungen entgegengewirkt werden. Ebenso könnte die „Ausleihe" von Mitarbeitern ein neuer Weg sein die Bindung zu erhöhen.

9.1.3 Bedeutung der Mitarbeiterbindung

Das Thema Mitarbeiterbindung ist im Verhältnis zu vielen anderen Feldern im Personalmanagement noch relativ jung in der aktuellen Betrachtung. Es hatte in den letzten Jahren und Jahrzehnten an Bedeutung verloren, da es Arbeitskräfte im „Überfluss" gab und jeder, der das Unternehmen verließ, relativ schnell ersetzt werden konnte. Ich erinnere

9.1 Einführung

mich an Zeiten, in denen tausende Bewerbungen auf ausgeschriebene Stellen kamen, in denen es auch bei hoch qualifizierten Spezialisten eine relativ große Auswahl gab. Doch die Zeiten sind in den meisten Berufssparten vorbei. Unabhängig davon, ob Handwerker, IT-Spezialisten, Pflegepersonal oder Ärzte gesucht werden, sie sind knapper geworden. Die Anzeichen dafür, dass die Situation sich zuspitzen wird, sind zu erkennen. Aus diesem Grund ist das Thema Mitarbeiterbindung von Experten als das bedeutende Thema der nächsten Jahre bewertet worden.

Fragt man Führungskräfte danach, was ihnen spontan zu diesem Thema einfällt, fallen unterschiedliche Begriffe wie:

- Teamarbeit
- Wertschätzung
- Mitarbeiterzufriedenheit
- Verantwortungsvolle Aufgaben
- Sinkende Fluktuationsrate
- Identifikation mit dem Arbeitgeber
- Work-Life-Balance
- Personal- und Karriereentwicklung

Manche Vorgesetzte folgen in ihrer Argumentation immer noch den Spruch „Reisende soll man nicht aufhalten." Diese Ansicht kann sich teilweise darauf begründen, dass sich der Vorgesetzte gekränkt fühlt und es gibt andere, die immer noch meinen, dass es leicht ist, für Ersatz zu sorgen. Leider sehen auch heute noch viele Unternehmen in ihren Beschäftigten nur eine Personalnummer oder einen Kostenfaktor (Humankapital). Doch wenn wichtige Mitarbeitende kündigen, kann dies fatale Folgen haben. Dabei würden Unternehmen mehrfach von leistungsfähigen und qualifizierten Mitarbeiterinnen und Mitarbeitern profitieren, wenn sie die Individualität und den jeweiligen Wert des Menschen erkennen. Es gilt der Grundsatz: **Unternehmen sind nur so gut wie ihre Mitarbeiter!**

Wenn Mitarbeitende ihrem Arbeitgeber auch emotional verbunden sind, arbeiten sie aktiv an der Attraktivität und am Wohl des Unternehmens mit, sie identifizieren sich mit dem Unternehmen und mit den Produkten, denken in Lösungen und finden Chancen, die das Unternehmen voranbringen. Und in vielen Kontexten sprechen die Mitarbeitenden dann gut über ihren Arbeitgeber und ziehen so andere Bewerber an. Sie sind motiviert, leistungsbereit und arbeiten gerne. Das alles wirkt sich positiv auf Produktivität, Service und Umsatz sowie Innovationsfähigkeit, Wandlungsbereitschaft und Image des Unternehmens aus.

Nicht ausreichend gebundene Mitarbeiter dagegen tun Dienst nach Vorschrift und fügen dem Unternehmen erhebliche Schäden zu, indem sie:

- einen Großteil ihrer Arbeitszeit mit privaten Dingen verbringen wie Reisen planen und buchen, online einkaufen oder private Mails schreiben, lesen usw., ausgedehnte Pausen, Besorgungen erledigen
- sind oft weniger an langfristigen Kundenbindungen orientiert und bauen so keine guten Beziehungen auf

- verleugnen vorhandene Kenntnisse, um keine neuen Aufgaben übernehmen zu müssen
- schummeln evtl. bei Spesenabrechnungen
- arbeiten oft mit hohen Fehlerquoten
- fehlen häufiger krankheitsbedingt
- wehren sich teilweise vehement gegen Veränderungen
- usw.

Wenn man der jährlich erhobenen Gallup-Studie glauben darf bewegt sich die Zahl derer in Deutschland um 84 %. Auch wenn Unternehmen sich seit 2012 verstärkter dem Thema widmen, ist hier noch keine signifikante Verbesserung zu erkennen. Zum Teil sicher deshalb, weil sie sich auf Einzelmaßnahmen beschränken wie z. B. Yogakurse, den viel gerühmten Tischkicker oder die Bereitstellung von Obstkörben.

Ein noch viel größerer Teil der Unternehmen hat die Bemühungen jedoch auf die ständige Suche nach neuen Mitarbeitenden verlegt. Hier werden teilweise horrende Summen bereitgestellt. Die Jobausschreibungen für Personalmitarbeiter liegen zu fast 80 % bei der Suche nach Recruitern, Softwarelösungen werden angeschafft, Active Sourcing erobert die Beschaffungswelt, doch ist der Mitarbeitende eingestellt, lassen die Aktivitäten schnell nach. Vielleicht ist das ok so, denn wer erst einmal einen Job hat, der einigermaßen das Auskommen sichert, bewegt sich derzeit auch nicht schnell weg. Doch die Zeiten ändern sich, nur Auskommen reicht vielen nicht mehr und den wirklich gesuchten Fachkräften schon lange nicht. Hier müssen weitere Maßnahmen ergriffen werden, die das Bemühen aus dem Recruitingprozess weiterführen und möglichst steigern, denn auch abwerben ist ein beliebter und oft praktizierter Beschaffungsweg.

Diese nach innen gerichteten Aktivitäten führen zu einer Steigerung der Arbeitgeberattraktivität, wie sie für die dauerhafte Deckung des Bedarfs an Fachkräften erforderlich ist.

9.1.4 Wichtige Kennzahlen zur Mitarbeiterbindung

Zur Messung von Mitarbeiterbindung können Kennzahlen herangezogen werden, die die Fragestellung objektiver betrachten lassen. Über einen längeren Zeitraum hinweg lassen sich hier Entwicklungen, Trends oder auch Brüche erkennen. Warnsignale können eher wahrgenommen werden. So können Schwachstellen erkannt und entsprechende Maßnahmen ergriffen werden. Diese Kennzahlen sind:

- Fluktuationsquote (nach Abteilungen)
- Fehlzeitenquote (Krankenstand)
- Anteil interner Stellenbesetzungen
- Anzahl der Initiativbewerbungen

Die regelmäßige Auswertung dieser Kennzahlen ist dabei von entscheidender Bedeutung. Wird dies nicht konsequent gemacht, kann darauf auch verzichtet werden, ebenso wenn aus den erhaltenen Informationen keine Maßnahmen abgeleitet werden.

9.1.5 Fehler bei der Mitarbeiterbindung

Mitarbeiterbindung ist ein sehr viel schwierigeres Feld als die Rekrutierung und deshalb werden die größeren Anstrengungen lieber in die Beschaffung gesteckt. Wenn dann doch Bindungsmaßnahmen Einzug halten, werden sie oft unstrukturiert – hier ein wenig, da ein wenig – und nicht als ganzes System eingeführt.

Oft ist dabei das Gießkannenprinzip vorherrschend – jedem ein bisschen, was sich am häufigsten in den Personalentwicklungsmaßnahmen mit den allgemeinen Katalogen zeigt. Von individuellem Eingehen auf die tatsächlichen Bedürfnisse des Mitarbeitenden sieht man oft nur Ansätze in den Führungsetagen. Zudem setzen die meisten Unternehmen auf rationale und sachliche Aktivitäten, während die emotionale Bindung an das Unternehmen unberücksichtigt bleibt. Insgesamt ist festzustellen, dass es kaum wirkliche Bindungsstrategien gibt, sondern Einzelaktionen, deren Wirkung oft verpufft. Nicht umsonst stehen Personalentwicklung und Gesundheitsmanagement immer unter enormen Rechtfertigungsdruck.

Zudem unterliegen viele Unternehmen immer noch dem Irrglauben, dass monetäre Bindungsmethoden bei allen Mitarbeitenden Wirkung zeigen. Das ist besonders bei höher Verdienenden meist nicht der Fall, hier greifen andere Methoden.

Eine systematische und strategische Mitarbeiterbindung setzt ein Zusammenspiel der Personalabteilung, mit den Führungskräften und dem Personalmarketing voraus. Ziel der Maßnahmen ist es, die Arbeitgeberattraktivität nach innen zu steigern und so die Fluktuation zu senken, den wirtschaftlichen Erfolg des Unternehmens zu steigern und das Arbeitgeberimage nach außen durch Mundpropaganda zu steigern. Wie ist es Ihnen lieber?

Praxisbeispiel

Claudia und Marcel treffen sich nach vier Jahren zufällig in der Stadt und gehen einen Kaffee trinken. Wie üblich, treibt auch sie die Frage um, was machst du jetzt gerade? Wo arbeitest du? Marcel erzählt begeistert von seinem Arbeitgeber, der ihm anspruchsvolle Aufgaben gibt, ihn wichtige Entscheidungen treffen lässt und ihm die Möglichkeiten der Entwicklung seiner Persönlichkeit und seines Fachwissens gibt. Darüber hinaus gibt es die Möglichkeit im Homeoffice zu arbeiten und außerdem tue der Arbeitgeber sehr viel für die Gesundheit der Mitarbeiter – unterschiedliche Sportangebote, gesundes Kantinenessen. Sein Chef sei klasse sagt Marcel, er habe immer ein offenes Ohr und man könnte ihm auch die verrücktesten Ideen präsentieren, er setze sich mit ihm hin und würden sie ausdiskutieren. Einige seiner Ideen seien auch schon umgesetzt worden. Er schwärmt noch eine Weile und schließt mit den Worten: Das ist mein Traumarbeitgeber, ich empfehle ihn wo ich nur kann und so kommen auch die meisten meiner Kollegen auf dem Weg der Mundpropaganda ins Unternehmen, nicht als Vetternwirtschaft, aber durch die positiven Berichte der Mitarbeitenden gehen viele passende Initiativbewerbungen ein.

In Claudia steigt ein bisschen Neid hoch und sie berichtet knapp, dass sie als Leiterin der Lohn- und Gehaltsbuchhaltung arbeite, aber das sei wie überall. Wo sie arbeite, wolle sie auf keinen Fall preisgeben, denn innerlich schämte sie sich dafür, dass sie noch immer bei dem für die unmöglichen Unternehmen festhing. Sie erinnert sich an Wutausbrüche durch Vorgesetzte, an Beschimpfungen. Sie sieht täglich auf ihrem Arbeitszeitkonto die wachsende Anzahl von Überstunden, die sich weder finanziell noch in Freizeit ausgleichen lassen. Und sie hat noch im Ohr, wenn sie früher manchmal erzählte, wo sie arbeitet, dass sie dann oft bedauert wurde, da das Image des Unternehmens bereits bekannt war. Sie schämt sich für ihre eigene Trägheit und nimmt sich ein weiteres Mal vor, sich nach einem neuen Arbeitgeber umzusehen.

Kein Aushängeschild für gelungene Arbeitgeberattraktivität. Wie sieht das in Ihrem Unternehmen aus?

9.1.6 Motivation

Die Motivation für Mitarbeitende im Unternehmen zu verbleiben, ist heute weniger denn je von extrinsischen Motivatoren geprägt, deren Bedeutung immer weiter abnimmt. Geld, Macht, Status vermag nur noch einen Teil der Beschäftigten zu motivieren. Da diese eng mit den persönlichen Lebensumständen und -zielen verknüpft ist, gilt es auch hier, individuelle Faktoren zu finden.

Dr. Reinhard K. Sprenger (2014) ist der Ansicht, dass Motivationssysteme Motivation eher verhindern als befördern. Er geht davon aus, dass der Mensch an sich motiviert sei und es im Interesse des Unternehmens läge, dies anzuerkennen. Seiner Meinung nach gibt es zwei grundlegende Motivationsfaktoren „Funktionslust" und „Neugieraktivität". Im ersten Fall ist der Mensch motiviert, wenn er planen und machen kann und das Ergebnis seiner Arbeit sieht. Wenn diese drei Aktivitäten aber nicht im Einklang stehen, dann sei Demotivation vorprogrammiert. „Neugieraktivität" entsteht, wenn nicht nur Routinen abgearbeitet werden müssen, sondern Entwicklung ermöglicht wird. Das heißt, Unternehmen müssen Strukturen schaffen, in denen es dem Mitarbeitenden möglich ist, an und mit seiner Arbeit zu wachsen. Jede Form der Belohnung dagegen zerstört die intrinsische Motivation.

Die Frage, die sich stellt ist, ist da was dran? Ich gehe hier mit Sprenger konform. Sowohl aus eigenem Erleben als auch aus den Erfahrungen mit meinen Klienten und den von mir beratenen Organisationen. Vor allem monetäre Belohnungssysteme können eine Demotivationsspirale deutlich aufzeigen. Von Leistung abhängige Belohnungen werden erwartet – Jahr für Jahr. Und fallen sie geringer aus oder bleiben ganz aus, dann steht für die meisten Beschäftigten nicht die Frage im Vordergrund, was kann ich tun, damit es dem Unternehmen wieder besser geht, sondern eher die Ansicht – dann leiste ich eben so viel, wie sie bezahlen.

Praxisbeispiel

In einem Unternehmen wurde dem Gehalt eine Leistungskomponente zugefügt, die abhing von den in der Zielvereinbarung erreichten Punkten. Von sechs vereinbarten Zielen mussten fünf in einer von der Führungskraft zu bewertenden Güte erledigt werden. Danach wurde die Höhe der Prämie bzw. die Zahlung festgelegt.

Gleichzeitig gab es von der Geschäftsführung eine Order, dass die Prämienhöhe für die gesamte Organisation eine bestimmte Summe nicht überschreiten durfte. Aufgrund fehlender Vergleiche wurden in den ersten beiden Jahren an alle Mitarbeiter die gleichen Prämien gezahlt und erst im dritten Jahr wurden die Leistungskomponenten herangezogen. Das führte dazu, dass nun einige Mitarbeitende sehr hohe Prämien bekamen, während andere leer ausgingen.

Obwohl die Praxis allen bekannt war, gab es große Unruhen. Mitarbeitende, die nun nicht mehr bedacht wurden, senkten ihre Leistung im folgenden Jahr ab. Diejenigen, die das gleiche erhielten wie in den beiden ersten Jahren ebenfalls. Diejenigen, die zum Teil deutlich mehr erhielten, fanden das gerechtfertigt und steigerten ihre Leistung nicht.

Im Jahr darauf verschlechterte sich die Stimmung aufgrund der differenzierten Zahlung abermals sowie in allen folgenden Jahren.

Franziska P., die schon lange in der Organisation tätig ist, beschreibt ihren Eindruck wir folgt:

Als Sachbearbeiterin wusste ich von Anfang an, dass ich zu der Gruppe gehören wurde, die zwischen 300,00 und 1000,00 € erreichen konnte, während für die Akademiker zwischen 5000,00 und 10.000,00 € möglich waren. Auch wenn ich mit einer unterschiedlichen Prämienhöhe leben konnte, waren diese Unterschiede zu hoch und aus meiner Sicht nicht gerechtfertigt. Das frustrierte mich zum ersten Mal.

Dann stellte ich fest, dass es bei der Vergabe bei weitem nicht nach Leistung ging, sondern um Ansehen und ein großes Mundwerk. Wer sich besser verkaufen konnte, bekam auch mehr Prämie. Auch wenn sich das jetzt subjektiv anhört, so gab es doch messbare Größen. Das frustrierte mich ein weiteres Mal. Ich war immer engagiert und loyal, aber je länger diese Vergabepraxis andauert, desto weniger bin ich bereit zu geben.

Reden kann man auch mit niemandem darüber, dann heißt es immer gleich: Du bist ja nur neidisch. Aber das trifft auf keinen Fall zu, ich will es nur fair und transparent. Ich hätte auch auf die Prämie verzichtet, wenn ich dafür einen Tag frei bekommen hätte. Das wäre es mir wert.

Demotivieren geht so einfach. Ich brauche es nur für alle gleichmachen und das ungleich verteilen und schon habe ich einen großen Teil der Beschäftigten verloren. Wenn schon externe Anreize, dann wenigstens individuell und fair. So wird die Attraktivität eines Arbeitgebers nicht gesteigert.

Doch das wird von vielen meiner Klienten als wesentlicher Punkt angesehen, ein attraktiver Arbeitgeber. Und was oder wer ist wirklich attraktiv? Die Antworten fallen zwar unterschiedlich aus, doch eines ist allen gemeinsam: attraktiv und ein Wohlfühlarbeitgeber ist einer, der Beschäftigte mit Respekt behandelt, sich für den Mitarbeitenden interessiert und bei dem Mitdenken an herausfordernden Aufgaben gewährleistet ist, der angemessene Gehälter zahlt. Nach den Erfahrungen der letzten Jahre wächst auch in vielen der Wunsch nach unbefristeten Arbeitsverhältnissen.

9.2 Arbeitgeberattraktivität

Mitarbeiterloyalität und Arbeitgeberattraktivität hängen demnach von vielen verschiedenen Bedingungen ab. Deshalb umfasst die Mitarbeiterbindung zahlreiche Maßnahmen und Instrumente aus der Personalpolitik, der Führung und der Arbeitsgestaltung.

Was aber ist ein attraktiver Arbeitgeber? Worauf legen Mitarbeitende Wert, wenn sie bereits im Unternehmen beschäftigt sind? Es ist ein ganzes Bündel an Faktoren und die Krux an der Geschichte ist, dass nicht alle Faktoren für alle Mitarbeitenden gleichermaßen zutreffen. In einer Studie von randstad im Jahr 2016 wurden jedoch fünf Faktoren ermittelt, die wesentlich für die Attraktivität von Arbeitgebern sind (randstad-award.de):

Langfristige berufliche Sicherheit	62 %
Angenehmes Arbeitsklima	60 %
Wettbewerbsfähiges Gehalt und Sozialleistungen	53 %
Ausgewogenes Berufs- und Privatlebe	53 %
Finanzielle Stabilität des Unternehmens	47 %

Stellt sich die nächste Frage: Was hat ein Unternehmen davon, sich attraktiver zu machen? Auch wenn der Fachkräftemangel ein viel beschworenes Thema ist, herrscht er noch nicht flächendeckend und mit der zunehmenden Digitalisierung fallen doch sowieso ein großer Anteil der heute noch vorhandenen Jobs weg. **Warum also trotzdem attraktiver werden?**

Eine Antwort gibt uns die „Trendstudie 2015 der zeag GmbH – Zentrum für Arbeitgeberattraktivität: Was macht Arbeitgeber attraktiv?". Sie kommt zu folgenden Ergebnissen, was die positiven wirtschaftlichen Effekte ausmacht:

Gesamtleistung	+ 16 %
Innovationskraft	+ 12 %
Kundenbegeisterung	+ 12 %
Return on Investment	+ 12 %

Sie sehen also, dass jenseits von Fachkräftemangel, Digitalisierung und demografischem Wandel ein großes Interesse Ihrerseits besteht, sich als Arbeitgeber attraktiv zu machen. Weiterhin zeigt eine Studie des Zentrums für Arbeitgeberattraktivität auf, wie sich die empfundene hohe Arbeitgeberattraktivität auf die Mitarbeitenden auswirkt (zeag GmbH – Zentrum für Arbeitgeberattraktivität 2015), siehe Abb. 9.1.

Allein anhand dieser Ergebnisse lohnt es sich, Ihre Attraktivität als Arbeitgeber einmal genauer zu betrachten (vgl. Abb. 9.1). Folgende Methoden zeigen, wie Sie zu aussagekräftigen und wertvollen Ergebnissen kommen.

9.2 Arbeitgeberattraktivität

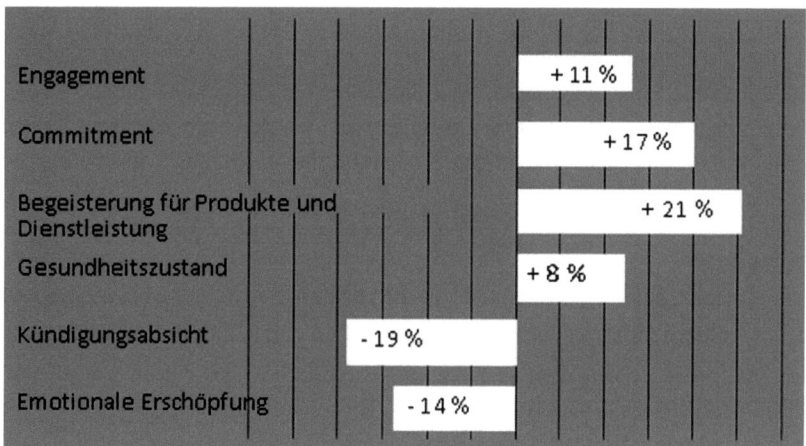

Abb. 9.1 Faktoren für die Arbeitgeberattraktivität

9.2.1 Mitarbeiterbefragung

Mitarbeiterbefragungen können die Zufriedenheit über vorher festgelegte Fragestellungen, wie beispielsweise Arbeitsorganisation, Teamzusammenarbeit, Gesundheitsmanagement ermitteln. Sie sind ein Stimmungsbarometer, können aber auch als Warnsystem oder Auftrag an das Unternehmen verstanden werden. Durch einen unternehmensspezifischen und gut durchdachten Fragebogen können nicht nur die Zufriedenheit mit der eigenen Arbeit und dem Unternehmen ermittelt, sondern auch Schwachpunkte aufgezeigt werden, die sich negativ auf die Mitarbeiter und das Unternehmen auswirken. Auf der Basis dieser Ergebnisse wird dem Unternehmen die Möglichkeit gegeben, auf Prozesse anzustoßen, die Veränderungen bzw. Verbesserungen in den relevanten Punkten bewirken.

Personalverantwortliche und Führung erhalten zudem eine Grundlage für zukünftige Entwicklungen im Unternehmen. Es können Lösungen erarbeitet werden, die sich am Mitarbeiter orientieren. Diese sollten sachlich kommuniziert und zügig umgesetzt werden. Durch die Befragungen wird den Mitarbeitenden die Möglichkeit gegeben, sich an den anstehenden Veränderungen zu beteiligen, ja sogar sie anzustoßen. Das erhöht nicht nur die Zufriedenheit, sondern bindet sie aktiv in die Prozesse zur Verbesserung ihrer Arbeitsstation ein. Neben der Steigerung der Loyalität und des Vertrauens wirken sich die angestoßenen Maßnahmen auch auf Service, Qualität und Innovationskraft des Unternehmens aus.

Eine wesentliche Voraussetzung ist allerdings, dass die Fragen offen und transparent gestellt und die Ergebnisse allen zugänglich gemacht werden. Mitarbeiterbefragungen, die in der Schublade verschwinden, weil sie dem Topmanagement nicht passen, erreichen eher Frust und Demotivation. Ins Gegenteil würden sich die Bemühungen der Befragung verkehren, wenn der Eindruck entsteht, die Befragung würde nur pro forma durchgeführt.

> **Praxisbeispiel**
>
> Ein mittelständisches Unternehmen mit 180 Mitarbeitern verzeichnete große Unruhe und eine Fluktuationsrate von 12 %, die in den letzten drei Jahren langsam aber stetig angestiegen war. Anfangs waren diese Verluste noch auszugleichen und neue Mitarbeiter zu bekommen, doch nach und nach wurde es schwieriger, weil sich herumsprach, dass das Unternehmen Mängel in der Führungskultur aufwies.
>
> Eine Mitarbeiterbefragung wurde auf Anregung einer Personalmitarbeiterin in Auftrag gegeben und von ihr durchgeführt. Das Ergebnis war eindeutig. 75 % der Mitarbeiter gaben an, mit der Führung unzufrieden zu sein. Das äußerte sich in Beleidigungen, Beschimpfungen, unerreichbaren Zielvereinbarungen. Natürlich waren das keine wirklich neuen Erkenntnisse. Klar war auch, dass es mit der Einsetzung eines neuen Geschäftsführers seinen Anfang nahm, der den „neuen Führungsstil" ins Haus brachte. Selten bewahrheitete sich so deutlich, dass „der Fisch vom Kopf her stinkt".
>
> Die Hoffnung der Personalerin lag darin, wenn das schwarz auf weiß dokumentiert würde, dass sich dann auf Druck der Führungskräfte und Mitarbeiter etwas ändern würde. Sie wertete die Befragung aus und übergab das Ergebnis.
>
> Nach einigen Tagen wurde sie darüber informiert, dass man die Befragungsergebnisse nicht öffentlich machen werde. Die Relevanz sei aufgrund der geringen Beteiligung von 47 % der Mitarbeiter nicht aussagekräftig genug. Im Übrigen habe man die Befragung ja nur zugelassen, um sie zufrieden zu stellen. Da das nicht geglückt sei, wurde ihr nahegelegt zu kündigen.
>
> Noch besteht das Unternehmen, auch wenn sich die Krankschreibungen häufen. Neueinstellungen sind noch schwieriger geworden. Wie die Zukunft aussehen wird, bleibt ungewiss.

Die wichtigsten Ziele einer Mitarbeiterbefragung sind:

- Mehr Information über die aktuelle Situation im Unternehmen, die Sicht auf Stärken und Schwachstellen, Möglichkeiten für Verbesserungsmaßnahmen zu schaffen, die durch die Kommunikation der Ergebnisse erreicht werden sowie die Chance Veränderungen, die zu Verbesserungen führen, zu erarbeiten und umzusetzen. In einer Wiederholungsbefragung kann der Erfolg gemessen werden.

Eine Mitarbeiterbefragung kann unterschiedliche Themen und Fragestellungen umfassen.

9.2 Arbeitgeberattraktivität

So kann zum Beispiel zur derzeitigen Situation der Arbeit gefragt werden:

- Wie zufrieden sind Sie mit den Karriere- und Aufstiegschancen?
- Handlungsspielräume
- Arbeitsumgebung
- Arbeits- und Freizeit-Balance
- Bezahlung
- Flexibilität der Arbeitszeit
- Anerkennung von Leistung
- Störungen und Ärgernisse, wie Administration, Planbarkeit, Unterbrechungshäufigkeit, Organisationsstrukturen (fördernd oder hinderlich), Arbeitsorganisation, ausreichendes Wissen, Erfahrungen, übergreifende Zusammenarbeit, technische Ausrüstung, personelle Ausstattung, Zeitdruck usw.

Zum Themenbereich Kommunikation kann unter anderem gefragt werden nach:

- Ausreichender Informationsfluss zu Unternehmensentwicklungen
- Über die strategische Ausrichtung des Unternehmens
- Informationsfluss zwischen Abteilungen, Vorgesetzten und Mitarbeitern, zwischen Mitarbeitern
- Sowie nach Themen, über die sich der Mitarbeitende mehr Informationen wünscht

Fragen zum Betriebsklima, der Unternehmenskultur sollten in keinem Fragebogen fehlen:

- Art der Kommunikation – offen, vertrauensbasiert
- Fehlerkultur
- Umgang mit Eigenverantwortung und Eigeninitiative
- Umgang mit Geschlecht, Herkunft usw.
- Vorschläge zur Verbesserung

Ein weiteres wesentliches Thema ist das Thema Führung und Führungskultur:

- Glaubwürdigkeit
- Führungsverhalten – Vorbildfunktion, Wissensvorsprung
- Einsatz von Anerkennung
- Förderung von Potenzialen
- Offen für Vorschläge und Ideen
- Entscheidungsfindung
- Vorschläge zur Verbesserung

Da Wissen und Weiterbildung zu den Grundpfeilern der Zukunft gehören, sollte auch dieses Gebiet umfassend abgedeckt sein:

- Möglichkeiten zur Weiterbildung – Zeit und Freiräume
- Vorhandensein von ausreichendem Know-how
- Beratung zu persönlicher und fachlicher Entwicklung
- Wissensmanagement, um auf das vorhandene Wissen im Unternehmen zugreifen zu können
- Austausch unter den Mitarbeitenden
- Verbesserungsvorschläge bzw. Hinderungsgründe

Nach einer zusammenfassenden Gesamteinschätzung haben Sie einen guten Überblick über die Zufriedenheit, die Spannungs- und Entwicklungsfelder Ihres Unternehmens erhalten. Nun heißt es damit zu arbeiten.

> **Praxisbeispiel**
>
> Ein mittelständisches Unternehmen mit 249 Mitarbeitern erlebte plötzlich eine nie da gewesene Fluktuation vor allem unter den neuen, jungen Mitarbeitern, Krankenstände unter den langjährigen Beschäftigten stiegen an. Der Personalabteilung stieß das auf und sie initiierte die erste Mitarbeiterbefragung. Geschäftsführung und Betriebsrat wurden bei der Erstellung der Fragen eingebunden, die Möglichkeit der anonymen Stimmabgabe ermöglicht und die Befragung startete.
>
> Nach vier Wochen endete die Umfrage und 51 % der Mitarbeitenden hatten sich beteiligt. Die Auswertung ergab, dass es mit dem Einsetzen eines neuen Geschäftsführers zu einer massiven Kommunikationsunterbrechung gekommen war. Informationen wurden nur einem ausgewählten Kreis zugänglich gemacht, Ziele und Ausrichtung des Unternehmens wurden nicht mehr kommuniziert, obwohl massive Veränderungen anstanden. Das führte zu Verunsicherung, da unter anderem Gerüchte über Personalabbau die Runde machten.
>
> Mit der Auswertung des Fragebogens wurde das Ausmaß der Auswirkungen richtig deutlich. Die erste Reaktion der Geschäftsführung war: „Zu wenig Beteiligung, können wir unter den Tisch fallen lassen." Doch die Initiatoren beharrten auf eine Auseinandersetzung mit dem Thema.
>
> Nach längeren Diskussionen wurde in einem Worldcafé die gesamte Mitarbeiterschaft in die Lösungsfindung einbezogen. Kommunikationsstrategien wurden erarbeitet und umgesetzt. Nach anfänglichen Schwierigkeiten konnten sich die neuen Strategien jedoch durchsetzen und sowohl die Fluktuationsrate als auch die Fehlzeitenquote konnten signifikant gesenkt werden.

Wie im Beispiel zu sehen ist, drückt sich die Mitarbeiterzufriedenheit sehr häufig auch in den Fluktuationszahlen aus. Deshalb ist eine weitere, leider sehr selten genutzte Maßnahme, das Mitarbeiteraustrittsgespräch.

9.2.2 Austrittsgespräche

Wenn Mitarbeiter das Unternehmen verlassen, hakt kaum ein Unternehmen nach, was die Ursachen für den Austritt sind. Dabei sind die Gründe wichtige Anhaltspunkte für die Mitarbeiterbindungspolitik. Ein Gespräch unter vier Augen einige Zeit nach Beendigung des Arbeitsverhältnisses kann hier wichtige Erkenntnisse bringen. Was zählt zu den am häufigsten genannten Fluktuationsgründen?

- ein unbefriedigendes Aufgabenfeld
- unzureichende Informationen über unternehmensrelevante Belange (unzureichende Transparenz über Unternehmensentscheidungen)
- mangelnde Klarheit über die eigene Rolle/das eigene Aufgabenfeld
- geringe Anerkennung der Leistung
- geringe Mitgestaltungs- und Entscheidungsmöglichkeiten
- zu hohe Belastungen
- unzumutbares Vorgesetztenverhalten
- zu geringe Entfaltungsmöglichkeiten für das eigene Leistungspotenzial

Zu den eher im persönlichen Arbeitsumfeld anzusiedelnden Gründen kommen noch allgemeinere Gründe dazu, die das Unternehmen als Ganzes betreffen:

- zu wenig Weiterbildungsmöglichkeiten
- schlechtes Betriebs-, Abteilungs- oder Teamklima
- schlechte Bezahlung
- wenig Karriereentwicklungsmöglichkeiten
- keine ausreichende Möglichkeit zur Gestaltung von Arbeitszeit- und Arbeitsort

Während diese Gründe im Arbeitsprozess selten angesprochen werden, besteht nach Beendigung des Arbeitsverhältnisses oft eine reale Chance diesen Ursachen auf den Grund zu gehen.

> **Praxisbeispiel**
>
> In einem Unternehmen, das ich betreut habe, wurden diese Gespräche externen Personen überlassen, um hier ehrliche Gründe und Ursachen zu erfahren. Diese Gespräche wurden drei bis vier Monate nach dem Austritt geführt. Dabei wurde es möglich, den ein oder anderen Mitarbeitenden vor Beendigung der Probezeit bei dem neuen Arbeitgeber wieder für das Unternehmen zu gewinnen.

Haben Sie keine Zeit für Einzelgespräche, erstellen Sie einen generellen Austrittsinterview-Fragebogen. Gestalten Sie ihn analog der Mitarbeiterbefragung als Multiple-Choice-Fragebogen, sodass es dem Mitarbeiter ermöglicht, schnelle Antworten zu geben. Dieser kann zum Beispiel auch per E-Mail oder über das Intranet ausgefüllt werden, wobei ein persönliches Gespräch hier besser wäre, da so Zwischentöne aufgefangen werden können. Dabei können folgende Themen und Problemkreise erörtert werden:

- Gibt es immer wieder auftretende Zusammenhänge zwischen Kündigungen und Rahmenbedingungen im Unternehmen?
- Durch welche Maßnahmen hätte sich eine Kündigung vermeiden lassen?
- Sind Konzentrationen auf Kernproblemfelder erkennbar?
- Lassen sich die Kündigungen auf bestimmte Personen oder Abteilungen zurückführen?
- Sind bestimmte Mitarbeiterkategorien häufiger vertreten als andere? (Alter, Geschlecht, Funktionen, Betriebszugehörigkeit …)

Doch nicht nur nach dem Austritt des Mitarbeitenden ist ein Gespräch sinnvoll, sondern es sollte die gesamte Arbeitsbiografie im Unternehmen begleiten.

9.2.3 Mitarbeitergespräche

In vielen Unternehmen wird das leider als lästige Aufgabe wahrgenommen, Zielvereinbarungen halbherzig aufgeschrieben und von Entwicklung ist nur am Rand die Rede.

> **Praxisbeispiel**
>
> „Ach Frau Müller, kommen sie doch nachher mal vorbei, wir müssen noch das jährliche Mitarbeitergespräch führen. So nach der Mittagspause habe ich zehn Minuten Zeit." Dann liegt der vorbereitete Bogen bereits auf dem Schreibtisch – „Lesen sie mal, ob das für sie ok ist, und wenn ja, unterschreiben sie. Die Personalabteilung will diesen Bogen unbedingt noch heute von mir haben".

So oder so ähnlich erleben viele ihre Jahres-, Mitarbeiter- oder auch Zielvereinbarungsgespräche, keine Zeit und von Offenheit, Transparenz, ja von Gespräch keine Spur oder nur eine geringe.

So geht es sicher bei Ihnen nicht zu, denn Ihnen ist klar, wie wertvoll diese Gespräche sind. Sie sollen bei der Standortbestimmung helfen und zwar für beide Seiten. Sowohl die Rückmeldung an den Mitarbeitenden als auch die an die Führungskraft bieten unglaublich viel Potenzial, wenn sie ehrlich, wertschätzend und konstruktiv geführt werden.

Dabei müssen nicht alle Gespräche unbedingt immer geplant ablaufen, auch ein kurzes Feedback zwischendurch ist ebenfalls möglich, denn die Anlässe für Mitarbeitergespräche sind vielfältig und können sich beispielsweise auf den Projektstatus, die Probezeit, die Beurteilung oder auch eine Zielvereinbarung beziehen. Hauptsache man redet miteinander, hat sich was zu sagen und hört zu.

In Lehrveranstaltungen für zukünftige Personalreferenten stelle ich oft die Frage, welches Veranstaltungsformat für Mitarbeiterinformation und -austausch die Lernenden am wichtigsten halten – komisch, in acht von zehn Fällen ist die Antwort: ein Meeting. Die

Begründung dafür ist meist, dass es entweder in den bekannten Unternehmen keine oder kaum Gespräche gab oder dass diese nur im Ausfüllen von Fragebögen bestanden und das wurde als nicht förderlich angesehen. Nach den Übungen änderten die Lernenden allerdings ihre Meinung.

Das Gespräch ist aus meiner Sicht das wichtigste Führungsmittel überhaupt, denn nur im gemeinsamen Austausch können offene Fragen geklärt, Anforderungen und Entwicklungschancen präzisiert werden. Ob und wie diese Gespräche stattfinden ergibt sich aus der herrschenden Unternehmenskultur. In einem offenen und transparenten Klima werden mehr und bessere Gespräche geführt als in einem Klima, das von Angst, Unterdrückung oder Nichtachtung geprägt ist.

9.2.4 Mitarbeiterbeurteilungen

Die Mitarbeiterbeurteilung gehört ebenfalls zu den wichtigen Führungs- und Förderinstrumenten eines Unternehmens und zwar dann, wenn sie neben der Beurteilung von Leistung auch Eignung, Talente und Entwicklungspotenziale erfasst. Die Erkenntnisse müssen in die individuelle Personalentwicklung und Bindungsmaßnahmen einfließen.

Sinn und Zweck der Beurteilungsgespräche ist ein offener Dialog zwischen Vorgesetztem und Mitarbeitendem über die Zusammenarbeit, Ziele und Maßnahmen der Leistungsförderung in der Zukunft. Zu den Aufgaben gehört neben den Möglichkeiten der beruflichen und persönlichen Entwicklung auch Probleme und Ängste zur Sprache zu bringen und so ein Vertrauensverhältnis zu schaffen. Daher muss es auch für den Mitarbeitenden möglich sein, Feedback an den Vorgesetzten zu geben.

In der Mitarbeiterbeurteilung gibt es unterschiedliche Instrumente, die am besten als System genutzt werden. Dazu gehört neben einer Selbsteinschätzung auch die Einschätzung durch Vorgesetzte, Kollegen, Kunden, Lieferanten usw. Das sogenannte 360-Grad-Feedback hat folgende Zielsetzung im Blick:

- Erstellung des Leistungsstatus verschiedener Organisationseinheiten
- Ableitung und Umsetzung strategischer Unternehmensentscheidungen
- Identifizierung der Leistungsträger und Ableitung von Entwicklungsprogrammen
- Entwicklung spezifischer Entlohnungssysteme
- Entwicklung entsprechender Rahmenbedingungen

Keineswegs jedoch ist es ausreichend, wenn diese Gespräche einmal jährlich geführt werden. Dieser Prozess bestehend aus vielen kleineren Feedbackrunden ist ein permanenter.

Damit diese Mitarbeiterbeurteilungen keinen demotivierenden Charakter bekommen, ist es wichtig, auf Fairness und klare Regeln sowie Transparenz zu achten sowie die Gefahren subjektiver Beurteilungen zu meiden. Entscheidend ist weiterhin, dass die abgeleiteten Maßnahmen individuell auf die Talente und Fähigkeiten des Mitarbeitenden abgestimmt werden.

9.3 Unternehmenskultur

9.3.1 Was ist Unternehmenskultur?

Ich stelle mir eine Unternehmenskultur gerne als ein Flussufer vor: Die Verhaltensweisen in einem Unternehmen werden durch den Fluss symbolisiert, der durch das Ufer begrenzt wird. Im Lauf der Zeit wird das Flussbett immer tiefer, weil das Wasser immer immer tiefer, weil das Wasser immer denselben Weg nimmt. Ebenso wird die Kultur immer weiter gefestigt, wenn die Verhaltensweisen festgeschrieben werden, die in der Vergangenheit zum Erfolg führten (Paul Bate 1997).

Im Kern besteht Unternehmenskultur aus den gemeinsamen gelebten und akzeptierten Werten, vorhandenen Verhaltensweisen, Praktiken, Normen bzw. Verhaltensnormen. Sie spiegelt sich in den Emotionen, den Gedanken und dem Verhalten der Mitarbeitenden wieder.

9.3.2 Wie wichtig ist Unternehmenskultur?

Unternehmenskultur, darin sind sich Experten mittlerweile einig, hat einen maßgeblichen Einfluss auf den langfristigen Erfolg von Unternehmen. Sehen wir dies aus der Mitarbeitersicht, ist das unstrittig. Wenn sich die Beschäftigten in Unternehmen wohlfühlen, identifizieren sie sich mit den Werten und Normen des Unternehmens und sie haben nicht das Bedürfnis, das Unternehmen zu verlassen. Sie werden engagierter und motivierter arbeiten als Beschäftigte, deren Werte und Normen nicht mit denen des Unternehmens übereinstimmen. Gleiches trifft auf die Führungskräfte eines Unternehmens zu. Effekte einer positiv empfundenen Unternehmenskultur können somit sein:

- Höhere Leistungsbereitschaft der Beschäftigten
- Konstruktive Kommunikation und Konfliktbewältigung
- Mitwirkungsbereitschaft der Beschäftigten an Veränderungsprozessen
- Verbessertes Image gegenüber potenziellen Bewerbenden
- Erhöhte Bindung der Leistungsträger an das Unternehmen
- Senkung des Krankenstandes
- Höhere Innovationskraft

Wahrnehmbar wird die Unternehmenskultur vor allem in den gelebten Führungsstilen, der Fehlerkultur, den Kommunikations- und Entscheidungswegen, der Möglichkeit zur eigenverantwortlichen Arbeit, der Mitarbeiterentwicklung sowie der Trennungskultur. Gerade jetzt, in Zeiten, in denen die Zahl der Arbeitslosen auf dem niedrigsten Stand seit 20 Jahren ist und der Kampf um Talente immer härter wird, wird die Unternehmenskultur zu einem wesentlichen Faktor, um als Sieger vom Platz zu gehen. Die Lösung ist, dass attraktive Arbeitgeber anders mit ihren Mitarbeitern umgehen. Sie investieren in ihre Mitarbeiter statt immer nur zu fordern und mehr und mehr aus ihnen herauszuholen.

9.3 Unternehmenskultur

Interview Sabine K., Oracle-Datenbankadministratorin; 50+
Was müsste ein Arbeitgeber Ihnen bieten, damit Sie ihn als attraktiv wahrnehmen?

- Ein gutes Team, in dem ein fairer und respektvoller Umgang herrscht
- Anspruchsvolle Aufgaben
- Fachlicher Austausch auf hohem Niveau
- Respektvolles Vorgesetztenverhalten, wertschätzend und Leistung anerkennend, fachlich interessiert und auch dazu regelmäßiger Austausch
- Möglichkeit zur Weiterbildung bei qualifizierten Anbietern z. B. bei den entsprechenden Softwareherstellern – wie Oracle
- Fehlerkultur – aus Fehlern lernen ermöglichen
- Angemessene Bezahlung auch für Frauen im IT-Umfeld

9.3.3 Veränderungen der Unternehmenskultur

Wenn Unternehmen sich verändern, werden Strukturen neu entwickelt, Einsparpotenzial wird gesucht und gehoben, Arbeitsprozesse durch IT-Prozesse übernommen. Das ist auch alles in Ordnung, wenn sich die Veränderungen nur nicht immer darauf beschränken würden und immer mehr Arbeit auf den Schultern der Mitarbeitenden lastet. Die damit verbundene Unzufriedenheit führt oft dazu, dass diese Maßnahmen nur kurzzeitig funktionieren und den gewünschten Erfolg bringen. Von daher steckt in jeder Rationalisierungswelle schon der Keim für die nächste. Der Grund dafür ist, dass sich Art und Kultur der Zusammenarbeit nicht mitentwickeln und genau hier steckt das Veränderungspotenzial der Zukunft.

Thomas Sattelberger, ehemaliger Personalvorstand der Deutschen Telekom, drückte das so aus: „Mitarbeiter haben ein seismografisches Gespür dafür, was von Ihnen erwartet wird. Sie werden sich stets so verhalten, wie sie glauben, dass es von Ihnen erwartet wird."
Studien verschiedener Institute und Einrichtungen wie Zeag, Inqua und Randstad, **um nur einige zu nennen, zeigen,** dass es eindeutige Zusammenhänge zwischen Unternehmenskultur und Wirksamkeit von Organisationen in ihren Umwelten gibt. Die folgende Übersicht zeigt die wichtigsten Gründe, warum es sinnvoll ist, Unternehmenskultur aktiv und bewusst zu gestalten:

- Ökonomische Gründe: Globalisierung, Digitalisierung, steigender Wettbewerb und knappere Budgets
- Soziale und kulturelle Gründe: Wertewandel, Diversität, demografischer Wandel und zunehmende Individualisierung
- Unternehmensinterne Gründe: hohe Fluktuation, Wachstum, Generationswechsel an der Führungsspitze

Es lässt sich nachweisen, dass kulturelle Normen in Organisationen Einfluss auf Effizienz und Gewinn haben und deshalb muss es darum gehen, diese Kultur zu gestalten und zu entwickeln. New Work, Agilität und Wertschätzung dürfen keine leeren Worthülsen bleiben, sondern müssen mit Leben gefüllt werden.

Dabei zeigt sich Unternehmenskultur auch nach außen, nämlich daran, wie wir mit unseren Kunden umgehen, wie mit Lieferanten, bei Reklamationen oder Zuständigkeiten. Hier haben sich in den letzten Jahren viele Unternehmen um Verbesserung bemüht, nachhaltige Kunden- und Lieferantenbeziehungen zu schaffen. Doch es gibt eine zweite Seite der Unternehmenskultur und die richtet sich nach innen und diese ist aus meiner Sicht die Tragende, denn nur wenn Mitarbeiter sich dem Unternehmen, den Werten und Leitbildern verbunden fühlen, werden Sie nach außen gerichtete Strategien umsetzen und so wirklich zu wertschätzenden Kundenbeziehungen beitragen.

Es geht letztendlich um eine Unternehmenskultur, die einen wertschätzenden Umgang miteinander pflegt und in der Mitarbeitende unterstützt werden. Eine Kultur, in der sich verschiedene Lebensmodelle nebeneinander wiederfinden und wohlfühlen, der Familienmensch genauso wie der ältere Beschäftigte, der pflegende Angehörige neben einem, der Karriere machen will. Für alle ist Platz und das ist die Verantwortung, die eine Unternehmenskultur übernehmen muss, wenn sie nachhaltig beim Mitarbeitenden und beim Bewerber attraktiv bleiben wollen.

9.3.4 Unternehmenswerte

Dabei stellen die gelebten Werte im Unternehmen einen äußerst wichtigen Faktor dar. Aus ihnen ergibt sich nicht nur eine stärkere Unternehmenskultur, sondern zugleich eine deutliche Verbesserung der finanziellen Ergebnisse und somit insgesamt eine höhere Wettbewerbsfähigkeit.

Gelebte Werte im Unternehmen bieten Mitarbeitenden ein Gefühl der Zugehörigkeit, erhöhen das Verantwortungsgefühl gegenüber der eigenen Arbeit und gegenüber dem Unternehmen. Sie erzeugen das Gefühl wahrgenommen zu werden, anerkannt und respektiert. Sie schaffen es, dem Mitarbeitenden die Chance zu geben, als Mensch zu wirken und eröffnen die Möglichkeiten, Ideen, Gefühle und Sorgen mitteilen zu können. Sie prägen die Kultur eines Unternehmens.

Vermittelt werden Werte auf jeder Webseite und in jeder Unternehmensbroschüre, was zeigt, dass sich Unternehmen der Bedeutung von Werten in der Zusammenarbeit durchaus bewusst sind. Sie dürfen jedoch nicht Lippenbekenntnisse bleiben, sondern es ist entscheidend, die Strukturen und Prozesse entsprechend zu gestalten und sie damit zum Anliegen aller Mitarbeiter, aber insbesondere der Führungskräfte zu machen

> Drei Erfindungen der Philosophen haben die Menschen in Atem gehalten: die Seele, das Atom, die Werte. Die ersten beiden stammen aus der Antike und lenken unsere Vorstellungen nur noch aus dem Hintergrund – die Werte aber, ein gedanklicher Nachkömmling aus dem 19. Jahrhundert, werden immer mehr zum Schlüsselwort unserer Zeit. Werte können aber nur ‚vermittelt' werden, wenn sie von überzeugten und dadurch überzeugenden Einzelnen artikuliert werden,

schrieb Der Spiegel am 25.02.2006.

Gesellschaftliche und kulturelle Werte haben schon immer Eingang in Unternehmen gefunden und diese von innen heraus verändert. Heute zeigt sich, dass äußere Anreize in vielen Fällen ausgedient haben. Geld, Status und Macht weichen neuen Motiven. Mitbestimmung, Gestaltungsspielräume, Verantwortung, Vielseitigkeit und Herausforderungen gewinnen an Bedeutung und sind die Voraussetzung, damit sich Mitarbeiter mit dem Unternehmen identifizieren. Die sich aus den gelebten Werten ergebende Glaubwürdigkeit und das Image sind Voraussetzungen des unternehmerischen Erfolges, sei es auf den Märkten im Wettbewerb um Kunden oder Mitarbeiter. Werte sind jedoch keine Handlungsanweisungen. Sie dienen dazu, sich zu orientieren und aus ihnen werden Verhaltensweisen abgeleitet. Voraussetzung ist, dass Bedingungen geschaffen werden, in denen die Werte gelebt und gefördert werden.

Der Zukunftsforscher Matthias Horx hat 2004 folgende Werte als zukünftig wichtige Werte benannt:

1. Vertrauen
2. Offenheit für die Vielfalt von Möglichkeiten und Lösungen
3. Freiheit, sich persönlich wie beruflich weiterzuentwickeln
4. Aufrichtigkeit, auch gegenüber sich selbst
5. Mut, Tabus zu brechen und sich auf unbekanntes Terrain zu trauen
6. Lernbereitschaft, Wissen und die darauf aufbauende Handlungskompetenz zu erwerben
7. Toleranz auch gegenüber Fehlern, die gemacht werden
8. Dankbarkeit
9. Nachhaltigkeit
10. Fairness, zum Beispiel, dass Entscheidungen im Konsens gefällt werden

Diese Liste dient als Anregung und Momentaufnahme. Sie darf nicht als für immer gegeben betrachtet werden, denn Werte sind konsensabhängig und unterliegen dem Wandel. Wobei ich der Überzeugung bin, dass es Grundwerte gibt, die sich im Lauf des Lebens nicht ändern. Dazu gehört bei vielen Menschen der Wert Sicherheit. Dem können Unternehmen mit angemessener Entlohnung, der Sicherheit des Arbeitsplatzes und der Sicherheit der Leistungsanerkennung und eigenen Entwicklung Rechnung tragen. Alles Aspekte der langfristigen beruflichen Sicherheit, die für circa 62 % der Menschen entscheidend sind für die Attraktivität eines Arbeitgebers.

Werteindex 2018

Der in Hamburg vom Institut Kantar TNS vorgestellte Werteindex 2018 zeigt auf, dass Natur, Gesundheit und Familie die drei wichtigsten Werte der Deutschen sind. Erfolg und Freiheit rutschen in der Werteskala ab. Der Wert Erfolg fällt dabei sogar aus den Top Fünf. Die Deutschen setzen mehr auf Glück statt Erfolg, so das Fazit. „Historisches Tief" für Freiheit titelt die WirtschaftsWoche-online. Der Wert fällt auf Rang vier und stützt sich dabei hauptsächlich auf „individuelles Definieren und Erleben von Freiheit im Alltag". Gesundheit steht zum ersten Mal seit Erhebung des Indexes auf Platz eins.

Was heißt das für das Thema Mitarbeiterbindung in einer immer unsicherer werdenden Welt?

Wenn Sicherheit und Gesundheit für so viele Menschen die grundlegende Bedeutung für ihr Leben haben, wie soll dann mit den sich verändernden Bedingungen umgegangen werden? Wie mit Agilität?

9.4 Agilität

Agilität beschreibt die Fähigkeit von Menschen oder auch Organisationen, rasch und effektiv auf Veränderungen zu reagieren. Dabei ist das Konzept der Agilität nicht neu, sondern hat eine lange Geschichte. Vorläufer des Konzepts sowie einzelne Instrumente lassen sich bis in die 1950er-Jahre zurückverfolgen. Aktuell erlebt das agile Vorgehen jedoch einen regelrechten Hype und hat den Bereich der IT und des Projektmanagements bereits verlassen.

Die Grundlage bildet das agile Manifest, das ursprünglich für die agile Softwareentwicklung erstellt wurde. Schnell zeigte sich jedoch, dass die zwölf Prinzipien auch für andere Unternehmensbereiche bedeutsam sind. Die drei folgenden Prinzipien jedenfalls lassen sich in alle Organisationseinheiten übertragen. Sie bilden die Grundlage für die Entwicklung eines agilen Mindsets, die Basis für den Einsatz agiler Methoden und New-Work-Konzepte:

1. Errichte Projekte rund um motivierte Individuen. Gib ihnen das Umfeld und die Unterstützung, die sie benötigen und vertraue darauf, dass sie die Aufgabe erledigen.
2. Die effizienteste und effektivste Methode, Informationen an und innerhalb eines Entwicklungsteams zu übermitteln, ist im Gespräch von Angesicht zu Angesicht.
3. In regelmäßigen Abständen reflektiert das Team, wie es effektiver werden kann und passt sein Verhalten entsprechend an.

(Kent Beck und Mike Beelde 2001)

Was ist es nun aber, was Agilität in den Augen so vieler zu mehr macht als einem neuen Managementsystem, das sich nicht durchsetzen oder bleiben wird? Agilität gilt als neue Schlüsselkompetenz für Organisationen, die auch zukünftig wettbewerbsfähig und attraktiv sein wollen. Das Neue ist, dass nicht nur auf Methoden gesetzt wird, sondern sich dahinter eine andere Art der Zusammenarbeit, Entscheidungsfindung und Kommunikation sowohl mit dem Mitarbeiter als auch mit den Kunden verbirgt. Dazu basiert Agilität neben den Prinzipen auch noch auf neun Werten, die in der Zusammenarbeit eine bedeutende Rolle spielen:

- **Respekt** – alle Teammitglieder respektieren einander als kompetente und unabhängige Menschen
- **Commitment (Zusage)** – alle Teammitglieder arbeiten verbindlich an der Erreichung der Ziele

- **Einfachheit** – Wählen Sie die einfachste Lösung, um den größtmöglichen Nutzen, die beste Lösung und den größten Wert bereit zu stellen.
- **Feedback** – Zeige Projektergebnisse früh und oft, hol die Rückmeldungen dazu ein und passe die Vorgehensweise darauf an.
- **Fokus** – Jeder fokussiert sich in seiner Arbeit auf den Fortgang und die Ziele des Teams.
- **Kommunikation** – Alle im Team kommunizieren täglich miteinander und arbeiten zusammen, um die beste Lösung zu finden.
- **Mut** – Die Teammitglieder haben den Mut, die richtigen Dinge zu tun und schwierige Probleme anzugehen.
- **Offenheit** – Agile Methoden macht jeden Aspekt eines Projektes für alle sichtbar. Liefere alle Informationen zeitnah und transparent. Stelle ein Umfeld her, in dem Wahrheit und Ehrlichkeit ein sicherer Raum gegeben wird.

Diese Werte bilden das Rückgrat agilen Arbeitens. Auf welche Werte sich ein Einzelner, ein Team oder eine ganze Organisation fokussiert, hängt vom jeweiligen Umfeld und der Einschätzung der Beteiligten ab und kann sich auch im Laufe der Zeit ändern. Der wichtige Punkt dabei ist, dass überhaupt eine gemeinsame und einheitliche Klarheit über das grundlegende Wertesystem geschaffen wird. Geschieht dies nicht, dann existiert keine gemeinsame Basis, auf der Entscheidungen getroffen und weitergehende Prinzipien, Strategien und Praktiken definiert werden können.

9.4.1 Woher kommt Agilität?

Vor den Auswirkungen der Stagnation in der Wirtschaft der USA stehen wurde 1986 eine Kommission am Massachusetts Institute of Technology (MIT) gegründet, die sich mit der Untersuchung des sich verändernden Wirtschaftssystems am internationalen Markt beschäftigte. Die wesentlichen Schwächen der Industrie wurden dabei in sechs Punkten zusammengefasst:

1. Veraltete Strategien
2. Kurze Zeithorizonte
3. Technologische Schwächen
4. Vernachlässigung der Humanressourcen
5. Fehler in der Kooperation mit den Kunden und den Lieferanten
6. Missverständnisse zwischen Regierung und Industrie

Zu den Empfehlungen der Kommission gehörten die Verbesserung der drei Faktoren Kosten, Zeit und Qualität sowie engere Kunden- und Lieferantenbeziehungen, bessere Technologieausnutzung, flachere Hierarchien und eine innovative Personalpolitik. Diese Elemente wurden unter dem Begriff Agilität zusammengefasst. Der damals erstellte

Lehigh-Report schloss mit der Feststellung, dass aufgrund der Entwicklung computerbasierter Technologien, Produktionsformen und Kommunikationsmöglichkeiten neue dynamische Formen der Integration von menschlichen, physischen und wissensorientierten Ressourcen entwickelt und umgesetzt werden müssen. Seitdem werden unterschiedliche Theorien und Ansätze im Rahmen der Organisationstheorie entwickelt.

9.4.2 Agilität in der Praxis

Scrum eingeführt, zumindest in der IT-Abteilung, in jedem Büro ein Kanbanboard, jeden Tag ein verpflichtendes Daily-Stand-up-Meeting und schon heißt es, wir sind jetzt agil. Wo man hinhört, wird ein Unternehmen agil, ist schon agil oder hat zumindest eine Projektgruppe zur Einführung von Agilität gegründet. Und warum möchten so viele Unternehmen jetzt agil werden?

Zunächst einmal bedeutet „agil" laut Duden: leicht zu führen, beweglich, geschäftig. Agile Unternehmen sollten flexibel und anpassungsfähig sein, um in der modernen Welt aktiv handeln zu können statt auf Entwicklungen zu reagieren. Sie können flexibler mit den Anforderungen auf den Märkten, in der Gesellschaft und der Welt umgehen. Für viele ist Agilität kein Modebegriff, kein Trend, sondern eine neue Art der Zusammenarbeit, die Grundvoraussetzung für ein Bestehen in der sich extrem wandelnden Welt ist.

Tatsächlich ist Agilität in den letzten Jahren immer komplexer betrachtet worden. Es geht nicht mehr nur um agile Methoden oder agiles Arbeiten, es ist eine globale Bewegung, die in dem „Agilen Manifest" ihren Ursprung hat.

Wenn man jedoch die Unternehmen betrachtet, vor allem traditionell gewachsene, kleine und mittelständische Unternehmen, dann sind die meisten von Agilität weit entfernt. Und sie fragen sich teilweise zu Recht, ob das Überstülpen eines solche Systems für sie machbar und gesund ist. Die Literatur zum Thema Agilität räumt in vielen Fällen mit dem alten Denken auf. Oft wird fast alles verteufelt, was nur irgendwie nach „Old System" klingt, teilweise finden Wortgefechte statt Annäherungsversuche statt.

Personalentwicklung soll es nicht mehr heißen, denn das impliziert, dass der Betrieb die Verantwortung für das Lernen übernimmt und vorgibt, wer, was, wann lernen soll. Aus meiner Sicht wird damit den Bemühungen der Personalentwicklung der vergangenen Jahre nicht Rechnung getragen, auch wenn es hier noch viel Nachholbedarf gab, gab es auch sehr gute Bestrebungen und das wirkliche Bemühen um Entwicklung der Mitarbeiter im Sinn des Unternehmens und im Sinn des Mitarbeiters.

In die Beratung kommen heute viele Menschen, die zehn, zwanzig oder noch mehr Jahre in einem Unternehmen gearbeitet haben. Die meisten von ihnen sind heute nicht mehr in ihrem erlernten Beruf beschäftigt. Sie haben sich weiterentwickelt, Verantwortung übernommen, sind auf dem neuesten Stand der Forschung in ihrem Arbeitsgebiet und alles ermöglicht vom Unternehmen. Selten haben hierbei klassische Methoden wie Seminare, Zertifikats-Lehrgänge oder ähnliches im Vordergrund gestanden. Es war meist ein selbstbestimmtes Lernen, oft Learning by doing oder Learning on the job. Agilität nennt das Workplace learning und meint damit das Lernen direkt am Arbeitsplatz – nichts anderes war es vorher auch.

Aus Gesprächen mit Unternehmen, Beratern und Mitarbeitenden ergibt sich größtenteils folgendes agile Bild in der Realität. Seminare und Workshops werden angeboten, die über Agilität informieren, die die Grundsätze und grundlegenden Methoden an den Mann bringen, doch mit der Transformation in die Praxis hapert es. In vielen Unternehmen herrschen streng hierarchische Strukturen, die agiles Arbeiten auf ganzer Linie eher unmöglich machen. Mitarbeitende können nicht von heute auf morgen in die Eigenverantwortung gebracht werden, sie durften es jahrelang nicht. Manche Menschen wollen so auch nicht arbeiten.

Die Einführung oder Umstellung auf agile Arbeitsweisen ist aus meiner Sicht ein längerer Weg. Besonders für Abteilungen, die ganz andere Arbeitsweisen haben, wie Personalabteilungen, Buchhaltungen usw. ist es eine komplette Veränderung ihrer Arbeitsstrukturen. Dass es in IT-Abteilungen, im Marketing, im Projektmanagement leichter gelingt, nach agilen Prinzipien zu arbeiten, stellen Unternehmen seit Jahren unter Beweis. Wenn aber die Einführung einer Bewerberdeadline als agile Errungenschaft dargestellt wird, dann zeigt sich, dass hier auch alte Blüten zum neuen Sprießen gebracht werden. Diese Selbstverständlichkeit sollte fester Bestandteil des Bewerbungsprozesses sein.

Ich bin der Auffassung, dass agile Arbeitsweisen Unternehmen und Mitarbeitenden die Zusammenarbeit erleichtern. Ich bin überzeugt davon, dass sich hier etwas ändern wird und muss, dass Flexibilität und Kooperation für die Lösung komplexer Aufgaben, als es sie jemals vorher gab, unerlässlich sind. Und bin sicher, dass agiles Mindset, agile Methoden und Tools ihre Berechtigung haben. Ich meine aber auch, dass sie, wenn sie erfolgreich eingeführt werden sollen, sensibel und behutsam in die Organisationen getragen werden müssen. Es braucht Zeit neue Arbeitsweisen zu erlernen, umzusetzen und sich wie selbstverständlich zu eigen zu machen. Und genau diese Zeit wollen viele Unternehmen sich nicht nehmen, es soll schnell, effizient und mit möglichst vorzeigbaren Ergebnissen passieren. Grundvoraussetzung ist hierbei, dass das Topmanagement den Rahmen schafft, voll dahintersteht und auch mit Rückschlägen oder Wiederholungsschleifen umgehen kann. Und hier fehlt es aus meiner Sicht am meisten.

Rolle der Führungskraft im agilen Umfeld
Führungskräften kommt in dem ganzen Prozess eine besondere Rolle und eine Vorbildfunktion zu. Sie ist verbunden mit einer veränderten Aufgabe der Führungskraft. Die Führungskraft der Zukunft muss stärker als Coach agieren, Mitarbeitende begleiten und befähigen eigenverantwortlich zu arbeiten. Transparenz und Verlässlichkeit ist Agilität, während fehlendes Vertrauen und fehlende Handlungsspielräume dem entgegenstehen. Agilität wird dann erschwert, wenn bei Führungskräften starkes Hierarchiedenken und sich daraus ableitende Handlungsweisen vorherrschen.

Die größte Schwierigkeit heute besteht darin, dass es keine einheitlichen Vorstellungen oder Begrifflichkeiten von Agilität im Organisationsumfeld gibt. Teilweise erklärt sich ein Unternehmen bereits mit der Einführung und Umsetzung von einigen agilen Methoden wir Scrum oder Kanban zur agilen Organisation. Wie es in der Praxis teilweise gelebt und betrachtet wird, dazu habe ich ein Interview mit Michaela geführt, die als Bewerberin für eine Stelle als agiler Coach oder agile Organisationsentwicklerin Einblicke in die agile Vorstellungswelt unterschiedlicher Unternehmen erhalten hat:

Praxisinterview

Hallo Michaela, schön, dass Du Zeit hast für unser Interview zum Thema agiles Coaching. Du hast Dich ja eine Zeit lang auf dem Jobmarkt umgeguckt in der Richtung: Was gibt es für agile Coaches zu tun? Was interessiert Dich eigentlich an dem Thema Agilität?
Was mich an dem Thema besonders interessiert ist die Wertewelt, die mit dem Thema Agilität verbunden ist und wofür Agilität steht, also weniger Effizienzsteigerung und Gewinnmaximierung, sondern mehr das Miteinander, also wie gearbeitet wird. Die Werte wie Transparenz, Offenheit, Kommunikation. Das klingt jetzt auch wieder wie so Schlagworte – also auch da muss man kucken, was heißt das für den Einzelnen. Ich glaub, das sind die Themen, die ich spannend finde am agilen Arbeiten und die Tatsache, dass es ein Arbeiten – nach meiner Definition ist, was mehr arbeiten auf Augenhöhe ermöglicht. Und auch mit einem Gespür von mehr Selbstwirksamkeit, in dem was ich tue und Authentizität. Also weg von starken hierarchischen Strukturen.

Sind die Stellen, auf die Du Dich beworben hast so ausgeschrieben? Hattest du das Gefühl, dass das angesprochen wird, was Agilität für Dich ausmacht?
Sehr unterschiedlich, bei manchen Ausschreibungen habe ich den Eindruck, das ist ganz klar das methodische Framework im Vordergrund. Ich muss Scrum verstehen, Kanban, Design Thinking oder Lean Start-up und da die Prozesse, Eigenschaften, Artefakte und bei anderen Ausschreibungen, aber das ist sehr sehr selten, habe ich den Eindruck, so wie die Ausschreibung formuliert ist, dass es auch ernst gemeint sein könnte.

Gibt es einen erkennbaren Trend nach Unternehmensgröße, Branche?
Ich war in unterschiedlichen Branchen unterwegs, in solchen, die bekannt sind als klassisch hierarchisch zum Beispiel Finanzinstitutionen – da ist es auch ein Thema – bis hin zu Produktion. Es scheint aber momentan eher ein Thema für die Konzerne zu sein. Für die kleineren Unternehmen ist das sicher auch ein Thema, aber die würden es vielleicht nicht Agilität nennen, die nennen es vielleicht ganz anders. Die Frage ist, was steckt dahinter? Es muss nicht immer das Label agil sein, damit es agil ist.

9.4 Agilität

Was steckt dahinter? Was sind hier Deine Erfahrungen aus den Gesprächen?
Sehr verschiedene Erfahrungen, meistens waren es Gespräche, aus denen ich frustriert hervorging, weil ich den Eindruck hatte, das ist eben nicht gemeint mit agiler Arbeitsweise. So konnte ich wahrnehmen, dass es sich eher um sehr hierarchische Strukturen handelte, was mir auch im Gespräch vermittelt wurde. Daraus konnte ich Rückschlüsse ziehen, wenn ich dort arbeite, ist das für mich alles andere als ein agiler Kontext, was ja auch nicht schlimm ist, wenn ein Unternehmen sich dagegen entscheidet: Wenn es sich aber zum Beispiel für Hierarchieabbau ausspricht – wie kann das aussehen, dann möchte ich in ein Team kommen, dass so arbeiten möchte und sich für agiles Arbeiten entscheidet.

Viele können Agilität für sich nicht wirklich definieren, oder haben Definitionen, die nicht der meinen entsprechen. Es geht auch darum, wie kann ich mich als Organisation an eine sich stark verändernden Umwelt anpassen, wo ich nicht weiß, was morgen ist. Das ist berechtigt, aber oft wird nicht die Frage gestellt, wie gelingt es mit unseren Mitarbeitenden, wie nehmen wir die auf dem Weg mit. Das ist aus meiner Sicht eher meist sehr kurz gedacht.

Michaela nimmt zu ihrem Gespräch natürlich vorbereitete Fragen mit, um eine gemeinsame Gesprächsbasis herzustellen; Fragen wie: **Was ist Agilität eigentlich für Sie? Auf was sind sie stolz in der eigenen Arbeit? Was war der größte Fehler, den Ihre Organisation gemacht hat? Bei Unternehmen, von denen ich weiß, dass sie eine hohe Fluktuationsrate haben, frage ich: Was muss man tun, um hier gekündigt zu werden? Was ist wichtig bei der Zusammenarbeit im Team?**

Ihre Prüfkriterien sind dabei: Wie reflektiert ist eine Organisation zu diesem Thema? Wird das Gespräch auf Augenhöhe geführt? (Das allerdings hat sie meist vermisst.) Spricht mit mir der Mensch oder ein institutionalisiertes Wesen (was leider fast immer der Fall war) Wird Offenheit gelebt, traut man sich zum Beispiel zu Fehlern zu stehen? (nein)

Gab es etwas ganz Kurioses worüber du heute noch lachen kannst?
(lacht laut) Ja, da gab es vieles. Spontan fällt mir ein: In einem Konzern ging es bei der Position um agiles Change Management, darum den Prozess zu begleiten. Als ich ankam, wurde ich in die Teeküche geführt, wo dann auch der Kicker stand, bunte Post-its überall. Im Gespräch dann aber zeigte sich das Unternehmen allerdings alles andere als agil.

Vielleicht fragen Sie sich, warum hier so ausführlich auf Agilität eingegangen wird und dann noch im Kontext der Mitarbeiterbindung. Meiner Meinung nach werden zukünftig immer mehr Mitarbeitende diese Fragen stellen werden. Und sie wollen mehr als Tischkicker und Post-its. Sie wollen auf Augenhöhe arbeiten, Transparenz in der Informationsübermittlung, offene Kommunikationswege, eine Fehlerkultur, die diesen Namen verdient. Und im Rennen um die besten Köpfe werden die Unternehmen die Nase vorn haben, die solche Arbeitsweisen nicht nur propagieren, sondern auch leben.

Und dabei haben Führungskräfte eine entscheidende Rolle, diese Art der Zusammenarbeit zu ermöglichen, zu begleiten und Raum für die individuelle Entfaltung zu geben. Übrigens nicht nur bei den Generationen Y und Z, sondern für alle Arbeitnehmenden.

9.4.3 Was, wenn es nicht agil zugeht

Mitarbeiterbindung richtet sich aber nicht nur an Akademiker und „New Worker", sondern auch und natürlich auch an Fachkräfte. Hier geht es um andere – bereits auch eingangs genannte Faktoren – wie zum Beispiel: pünktliche Zahlung eines Gehaltes, mit dem es sich gut auskommen lässt; ebenso spielen Arbeitsschutz und Arbeitswerkzeuge eine große Rolle sowie eine fachlich versierte Führungskraft, die Leistung und Qualität anerkennt.

> **Praxisbeispiel**
> Vor einiger Zeit betreute ich Facharbeiter im Rahmen einer Outplacementgesellschaft. Sie waren weit über 50 und die Situation für sie auf dem Arbeitsmarkt war schwierig, da die Branche insgesamt in Berlin eher eine rückläufige Entwicklung zu verzeichnen hat. So waren wir froh, dass sich bereits nach einigen Tagen eine andere Firma meldete, die den Facharbeitern ein Arbeitsangebot machte. Doch zwei Tage später standen alle der Betroffenen wieder in meinem Büro: „Da gehen wir nicht mehr hin. Die Qualität der Arbeit können wir nicht mit den Ansprüchen an unsere Arbeit vereinbaren. Zur Messung von millimetergenauen Bohrungen sollen wir das Augenmaß einsetzen. Bei parallel anzubringenden Teilen sollen wir einen 0,7 mm Abstand schätzen. So nicht."

Für Akademiker ist die pünktliche und zuverlässige Gehaltszahlung selbstverständlich, bei Fachkräften spielt dieser Aspekt öfter eine wesentliche Rolle. Selbstverständlich wollen auch Fachkräfte ein angemessenes Gehalt beziehen, von dem sie gut leben können – die Prioritäten liegen aber trotzdem in ganz anderen Bereichen. Eine gute Fachkraft braucht anständiges Arbeitsmaterial, sie will Qualität abliefern und sie will, dass Leistung zählt. Und auch Fachkräfte wünschen sich einen Handlungs- und Verantwortungsspielraum in ihrem Fachbereich. Lange Genehmigungswege, umständliche Beantragungen und Vorschriften, die Arbeit eher behindern als fördern, bringen die Loyalität des Mitarbeitenden ins Wanken.

Denken Sie einmal an Ihre Arbeit: Was lässt Sie morgens freudig aus dem Bett springen, begeistert an die Arbeit gehen und loyal zu Ihrem Arbeitgeber zu stehen? Woran machen Sie ein gutes Betriebsklima, eine wertschätzende und innovationsfördernde und mitarbeiterbindende Unternehmenskultur fest? Und wann beginnt für Sie der Bindungsprozess?

Literatur

Bate, Paul. 1997 Cultural Change; Murmann Publishers
Beck, K;/Beddle, M. http://agilemanifesto.org/iso 2001
Ford, Henry: Mein Leben und Werk, deutsch im AMRA Verlag, Hanau (2014)
Sprenger, Reinhard K.: Mythos Motivation; Campus Verlag, Frankfurt am Main 2014
Zeag GmbH – Zentrum für Arbeitgeberattraktivität Trendstudie zum Thema Arbeitgeberattraktivität der Universität St. Gallen 2015

Weiterführende Literatur

Berg, Elmar: Employer Branding als Fachkräftesicherung im Generationenwechsel, Diplomica Verlag GmbH Hamburg 2015
Brecke, Jan: So wollen Top-Talente arbeiten, Frankfurter Societäts-Medien GmbH, Frankfurt am Main 2015
Brenner, Doris: Onboarding: Als Führungskraft neue Mitarbeiter erfolgreich einarbeiten und integrieren; Springer Gabler, Springer Fach Medien, Wiesbaden 2014
Brockhoff, Stephan/Panreck, Klaus: Menschlichkeit rechnet sich, Campus Verlag GmbH, Frankfurt am Main 2016
Geffroy, Edgar/Geffroy, Barbara: Die neue Macht der Mitarbeiter; GABAL Verlag GmbH, Offenbach 2017
Graf/ Gramß/ Edelkraut: Agiles Lernen, Haufe-Lexware GmbH 6 Co. KG, Freiburg 2017
Hackl, Benedikt/ Gerpott, Fabiola: HR 2020 Personalmanagement der Zukunft; Verlag Franz Vahlen GmbH, München 2015
Hanssen, Dennis: Generation Y und Z: Analyse ausgewählter Werke der Mitarbeiterbindung, Books on Demand 2015
Hofert, Svenja: Agiler führen: Springer Gabler, Springer Fach Medien, Wiesbaden 2016
Jannsen, Herbert: Die besten Mitarbeiter erfolgreich gewinnen, entwickeln und halten; PRAXIUM-Verlag, Zürich 2012
Jànszky, Gàbor Das Recruiting-Dilemma, Zukunft der Personalarbeit in Zeiten des Fachkräftemangels, Haufe Gruppe, 2014
Great Place to work http://www.greatplacetowork.de (Stand September 2017)
Knoblauch, Jörg/Kurz Jürgen: Die besten Mitarbeiter finden und halten, Campus Verlag GmbH, Frankfurt am Main 2007
Knoblauch Jörg/Kuttler, Benjamin: das Geheimnis der Champions; Campus Verlag GmbH, Frankfurt am Main 2016
Kürschner, Isabelle: Wie wir morgen tun, was wir heute wollen, Goldegg Verlag 2015
Lang, Karl: Personalmanagement 3.0; Linde Verlag Ges.m.b.H., Wien 2014
Oelsnitz, Dietrich von der / Stein, Volker/ Habmann, Martin: Der Talente-Krieg; Haupt Verlag 2007
Randstadt: https://www.randstad.de/news/20160317/bmw-fraunhofer-und-audi-sind-attraktivste-arbeitgeber-deutschlands (17.03.2016)
Remdisch, Sabine Hrsg.: Human Performance Management; Haufe-Lexware GmbH 6 Co. KG, Freiburg 2014
Rosenberger, Bernhard Hrsg.: Modernes Personalmanagement; Springer Gabler, Springer Fach Medien, Wiesbaden 2014
Rump, Jutta/ Walter, Norbert: Arbeitswelt 2030; Schäffer-Pöschel Verlag Stuttgart, Stuttgart 2013

Schermuly, Carsten C.: New Work – Gute Arbeit gestalten; Haufe-Lexware GmbH 6 Co. KG, Freiburg 2016
Schüller, Anne M.; Das Touchpoint-Unternehmen, GABAL Verlag GmbH, Offenbach 2014
Stracke, Friedemann Menschen verstehen – Potenziale erkennen, Springer Gabler 2014
Weckmüller, Heiko: Exzellenz im Personalmanagement, Haufe-Lexware GmbH 6 Co. KG, Freiburg 2013

Wichtige Instrumente und Potenziale

10.1 Einarbeitung

Wird eine gute und umfangreiche Einarbeitung oft während der Bewerbungsphase versprochen und in Hochglanzbroschüren verkündet, zeigt sich jedoch schnell im Arbeitsumfeld, was von den Versprechungen zu halten ist. Die erste Erfahrung machen Arbeitende oft bereits kurz nach der Unterzeichnung des Arbeitsvertrages. Dabei bietet die Einarbeitungszeit doch Gelegenheit den Mitarbeiter für das Unternehmen zu gewinnen, ihn an Bord zu holen und dem Unternehmen gewogen bleiben zu lassen. Nicht selten jedoch beginnt hier bereits das „böse" Erwachen.

Praxisbeispiel

Markus und Vanessa haben es geschafft, sie sind eingestellt und haben den Arbeitsvertrag unterschrieben. Der erste Arbeitstag steht bevor. Vanessa sieht mit gemischten Gefühlen auf diesen Tag, denn aus ihrem Bekanntenkreis weiß sie, dass die Erfahrungen sehr unterschiedlich und größtenteils keine Willkommenskultur sind. Markus ist überzeugt, sich für den richtigen Arbeitgeber entschieden zu haben.

Vanessa passiert das Tor und wird bereits vom Pförtner freundlich begrüßt: der Herr Müller erwartet sie schon in Raum 216 sind seine Worte. Dort angekommen ist neben Herrn Müller noch Frau Meister im Raum. Sie wird als Vanessas Mentorin vorgestellt. Beide begrüßen Vanessa herzlich und besprechen mit ihr, wie die Einarbeitung konkret vonstattengeht. Sie findet an ihrem voll funktionstüchtigen Arbeitsplatz alle Informationen, Passwörter und den Einarbeitungsplan vor. Vanessa fühlt sich vom ersten Moment an wohl im Unternehmen und ist überzeugt, dass sie hier gute Arbeit leisten wird.

Markus erscheint zu seinem ersten Tag in einem anderen Unternehmen. Er wird in die Personalabteilung geschickt und steht vor verschlossenen Türen. Den Namen seines neuen Chefs weiß er noch aus dem Vorstellungsgespräch und er geht zu ihm, doch auch hier – keiner da. Die Sekretärin entschuldigt und zeigt ihm einen Arbeitsplatz. „Sie müssen erstmal hier sitzen am Praktikantentisch. Wir haben noch keinen Platz für sie und melden sie sich mit Praktikant 08/15 an. Der Chef ist am nächsten Montag da und hat dann ein paar Minuten Zeit für Sie." In Markus macht sich bereits nach einer halben Stunde ein ungutes Gefühl breit. Hat er sich wirklich richtig entschieden? Er beschließt den Montag abzuwarten und sich in der ersten Woche selbst bekannt zu machen und zu beschäftigen. Aber der Stachel des ersten Tages lässt sich nicht so einfach beiseiteschieben.

Wie geht es neuen Mitarbeitern in Ihrem Unternehmen? Eher wie Vanessa, wie Markus oder irgendwie dazwischen? Warum das wichtig ist, kann ich vielleicht am besten mit Worten von Christiane Hörbiger ausdrücken, die von ihrer ersten Bühnenerfahrung so berichtet: *„Man war sehr um mich bemüht, ich war neu und jeder half mir wo er konnte, denn man wollte ja das Beste aus mir rausholen."* Und wie wir heute wissen, wurde das Beste aus ihr herausgeholt.

Nach den Anstrengungen und Bemühungen den besten, den richtigen Mitarbeiter zu finden, beginnt nun ein Prozess, der sich häufig über einen längeren Zeitraum erstreckt – den Prozess der Einarbeitung, Integration oder auch des Onboardings. Die Begrifflichkeiten mögen verschieden sein, der Prozess und sein Ziel sind dasselbe – die Hoffnung mehr Kapazität zur Erreichung Ihrer Ziele zu haben. Praktisch bedeutet dies zunächst einen beachtlichen zeitlichen Mehraufwand zu haben. Der Neue muss sich unter den Rahmenbedingungen zurechtfinden, sich mit den an ihn gestellten Erwartungen vertraut machen und seinen Weg finden, sich in das vorhandene Gefüge einzubringen.

Erst bei einem Zusammenspiel aller Faktoren kann ein neuer Mitarbeitender einen eigenen produktiven Beitrag leisten und den Erwartungen des Unternehmens gerecht werden. Gemeistert werden muss diese Aufgabe gemeinsam von der Personalabteilung und der Führungskraft sowie dem Team. Eine besondere Rolle kommt dabei jedoch der Führungskraft zu. Sie ist Vorgesetzter, übernimmt die Verantwortung, setzt Ziele und vereinbart die Maßnahmen der Einarbeitungsphase. Sie bestimmt über die Aufgabenverteilung, beobachtet die Entwicklung und hat eine entscheidende Stimme bei der Beendigung der Probezeit über die Weiterbeschäftigung im besten Fall nach Rücksprache mit den Teamkollegen. Diese Aufgaben verlangen neben einem großen zeitlichen Engagement Interesse am Mitarbeiter sowie eine gute Planung. Am Ende des ganzen Prozesses soll ja ein Mitarbeiter stehen, der die erwartete Leistung oder mehr bringt, der sich dem Unternehmen gegenüber loyal verhält und sich das Arbeitsverhältnis somit für beide Seiten erfolgreich entwickelt.

10.1.1 Wann es beginnt …

Wie im ersten Teil des Buches beschrieben, beginnt das Onboarding bereits mit der Vorbereitung der Einstellung. Je umsichtiger, genauer und treffender hier gearbeitet wird, desto eher können Schwierigkeiten bei der Einarbeitung vermieden bzw. reduziert werden. Das Anforderungsprofil, der Matchingprozess (Abgleich zwischen Stellenanforderungen und Kandidatenprofil) bilden die Grundvoraussetzung für eine gute Integration des neuen Mitarbeiters. Bereits zu Beginn erkannte Defizite können dann in einem zeitlichen Rahmen und mit den effizientesten Maßnahmen abgebaut werden. Da es bekanntlich den Idealkandidaten nicht gibt, wird dies in jedem Fall erforderlich sein. Heute ist immer noch oft zu beobachten, dass – trotz aller anderslautenden Beteuerungen – Fachwissen und Abschlüsse vor alle anderen Kriterien gestellt werden. Hinsichtlich der Einarbeitung wäre hier zu bedenken, dass fachliche Defizite abbaubar sind, menschliche und unternehmenskulturelle eher nicht. Die Hinwendung zur Übereinstimmung des „cultural fit" – der sogenannten kulturellen Passung – ist ein erster Schritt in diese Richtung.

Die Integration des Mitarbeiters findet in der Regel auf drei Ebenen statt – der fachlichen, der sozialen und der werteorientierten. Fachlich geht es um die Aneignung von Kenntnissen über das Unternehmen und über das eigene Arbeitsgebiet, bestimmte Aufgabenstellungen, spezielles Faktenwissen sowie Organisationsstruktur und Ansprechpartner. Sozial muss sich der neue Mitarbeiter mit dem bestehenden Team, dem Vorgesetzten und der eigenen Position mit dem Ziel als Teil der Gemeinschaft zu agieren, auseinandersetzen. Die werteorientierte Integration bedeutet eine Auseinandersetzung mit der Firmenkultur, den Werten und Zielen des Unternehmens, den Führungsgrundsätzen. Dieser Teil dauert in der Praxis am längsten, denn hier geht es nicht um erlernbares Wissen, sondern um gelebte Kultur und Werte, die sich dem neuen Mitarbeiter in der Regel erst im Lauf der Zeit erschließen. Das Misslingen der sozialen und werteorientierten Integration gehört zu den häufigsten Gründen für die Beendigung des Arbeitsverhältnisses während der Probezeit. In den Erklärungen wird von „nicht stimmender Chemie" gesprochen und zwar von beiden Seiten. Worauf Sie beim Onboarding achten sollten, hängt sehr stark von den individuellen Gegebenheiten des einzelnen ab. Einen Hochschulabsolventen, eine Fachkraft oder eine erfahrene Führungskraft stellen unterschiedliche Anforderungen an den Onboardingprozess. Genauso ist es verschieden, ob Sie einen ITler einstellen oder einen Marketing- oder Vertriebsmitarbeiter. Gleich ist aber bei allen, dass bestimmte Elemente im Prozess eingesetzt werden können.

> **Praxisbeispiel: Fehler beim Onboarding**
>
> Martin und Rebecca begannen beide am 01.04.2016 ihre Arbeit in dem neuen Unternehmen. Ihnen wurden Ansprechpartner zugeteilt, die sich wirklich um sie kümmerten. Aufgaben wurden besprochen, Fehler aufgezeigt und erste eigenverantwortliche Aufgaben erteilt.

Rebecca hatte gerade ihren Master abgeschlossen und ihre Zielsetzung war sich schnell einzuarbeiten und sich dann Aufstiegsmöglichkeiten zu eröffnen. Sie verlangte nach eigenen Projekten, nach Verantwortung, ließ bei Routineaufgaben jedoch Sorgfalt und Zuverlässigkeit missen.

Martin hingegen hatte bereits erste Berufserfahrung in einem Start-up gesammelt und suchte nun einen Arbeitgeber mit einer sichereren Perspektive, einem eigenen Aufgabengebiet und einem ordentlichen Auskommen für seine kleine Familie. Seine Begabung lag vor allem in den Aufgaben, die eine IT-Affinität voraussetzten und er erarbeitete hier unterstützende Lösungen. Doch bei Routineaufgaben stieg seine Fehlerquote und die geführten Feedbackgespräche konnten daran nichts ändern.

Die Probezeit verging und in der Abteilung wurde diskutiert, inwieweit eine Übernahme erfolgen sollte. Mit beiden wurde mehrmals gesprochen und auf die Mängel hingewiesen.

Dann, kurz vor Ende der Probezeit entschied das Team, dass Martin bleiben sollte, aber man auf die Mitarbeit von Rebecca verzichten sollte. Die Gespräche sollten demnächst stattfinden. Doch es kam anders. Rebecca kündigte zum Ende der Probezeit, da sie zu wenig gefordert würde und die flachen Hierarchien ihr keinen Aufstieg ermöglichen würden. Sie hatte einen anderen Arbeitsplatz gefunden. Für das Team war das in Ordnung, da man sich ja sowieso gegen Rebecca entschieden hatte. Tags darauf kündigte jedoch auch Martin. Seine Begründung war, dass er die Unsicherheit über die Übernahme nicht aushalten konnte, die vielen Fehlergespräche hatten ihn verunsichert und auf seine Fragen zum Verbleib bekam er zu lange keine Antwort. So hatte auch er sich umgesehen und eine neue Stelle gefunden.

Chance vertan, Einarbeitungsprozess schiefgelaufen. Damit Ihnen das nicht passiert, werden hier einige Instrumente für eine gelungene Einarbeitung vorgestellt.

10.1.2 Onboarding-Instrumente

Eine **Einführungsveranstaltung** ist eine Möglichkeit, neue Mitarbeiter wollkommen zu heißen. Je nach Einstellungsumfang kann diese monatlich oder auch halbjährlich durchgeführt werden. Sie dient dazu einen Überblick über das Unternehmen zu geben, globale Ansprechpartner vorzustellen und den Kontakt zwischen den „Neuen" herzustellen und somit das spätere Netzwerken zu fördern.

Der erste Arbeitstag ist sehr wichtig. Ein eigener Arbeitsplatz, ein Ansprechpartner, Zugänge zu Computer, zu zentralen Einrichtungen und ein eigenes Namensschild usw. sollten selbstverständlich sein. Doch die Praxis zeigt, dass dies nicht überall der Fall ist. Praktikantenplätze, Katzentisch, Urlaub des Vorgesetzten gibt es nach Aussagen meiner Klienten noch immer viel zu oft. Wenn ein Mitarbeiter eingestellt wird, so findet das in der Regel nicht in letzter Minute statt, was heißt, dass sein erster Arbeitstag bereits feststeht und deshalb gut vorbereitet werden kann.

Die **Einarbeitung am Arbeitsplatz** erfolgt am besten durch schrittweise selbstständige Bearbeitung einzelner Aufgaben, begleitet durch entsprechende Informationen oder Mentoren, die die nach und nach Übernahme erleichtern. Unterstützt werden kann dies durch spezielle **Schulungsmaßnahmen,** die sich aus dem Abgleich von Anforderungs- und Kandidatenprofil ergeben haben. Als hilfreich kann sich auch erweisen, dass zum besseren Verständnis der Zusammenhänge sogenannte Abteilungsdurchläufe organisiert werden. Der Mitarbeiter lernt dadurch seine eigene Rolle und Wertigkeit sowie Abhängigkeiten besser kennen und verstehen und wird sie in seiner zukünftigen Arbeit berücksichtigen.

> **Praxisbeispiel**
>
> So hat eine Restaurantkette ein Einarbeitungssystem eingeführt, in dem jeder neue Mitarbeiter – unabhängig von seinem späteren Einsatz (Küche oder Service sogar Management) in der Küche beginnt, verschiedene Servicestationen durchläuft und erst dann an seinem eigentlichen Arbeitsplatz eingesetzt wird. In der Folge zeigte sich ein tieferes Verständnis für die Aufgaben des anderen, eine größere Hilfsbereitschaft bei Engpässen und so auch zu einem serviceorientierten Verhalten gegenüber dem Gast – was in Umsatzsteigerungen mündete.

Begleitet wird der gesamte Prozess durch regelmäßige Feedbackgespräche und Überprüfung der Zielvorgaben.

Interne Paten, Mentoren oder auch externe Coaches können als neutrale Ansprechpartner fungieren und dem neuen Mitarbeiter für zahlreiche Fragestellungen zur Verfügung stehen, die er vielleicht nicht in erster Linie mit dem Vorgesetzten besprechen möchte.

Bereits in der Einarbeitungsphase werden dem neuen Mitarbeiter unternehmenskulturelle Eigenheiten, das Wertesystem und die Führungskultur Tag für Tag mehr erlebbar. Wie bereits erwähnt, liegen hier oft die Ursachen für eine Beendigung des Arbeitsverhältnisses während oder zum Ende der Probezeit. Da diese Faktoren auch in der Liste der Attribute auftauchen, die einen attraktiven Arbeitgeber ausmachen, wollen wir uns im nächsten Abschnitten damit auseinandersetzen.

10.1.3 Befristete Arbeitsverhältnisse

Doch was, werden Sie mit Recht sagen, ist, wenn das Arbeitsverhältnis befristet ist? Was, wenn es sich um eine Mitarbeit in einem Projekt handelt, von dem ich weiß, dass es nach einem, zwei oder fünf Jahren beendet ist? Muss ich mir dann ebenfalls Zeit und Kraft für die Einarbeitung ans Bein binden? Ja klar, sie muss genauso sorgfältig und wertschätzend erfolgen wie bei einem Mitarbeiter, den Sie langfristig binden wollen. Denn bedenken Sie, vielleicht benötigen Sie den Projektmitarbeiter in ein paar Jahren für ein anders Projekt erneut. Der Trend geht zu Befristungen, zu Interimsmitarbeitenden oder zur Kooperation mit Freelancern. Können Sie jetzt schon ausschließen, dass Sie mit dem Mitarbeiter nur in diesem kurzen Zeitraum einmalig zusammenarbeiten werden? Ich könnte es nicht.

Bereits hier, in der Einarbeitungszeit zeigen sich grundlegende Einstellungen des Unternehmens wie Führungskultur, Umgang mit Fehlern, die Kommunikationsstruktur usw.

10.2 Mitarbeiterführung

Wie bereits oben ausgeführt, ist die Mitarbeiterführung und das Verhalten von Vorgesetzten ein wesentlicher Aspekt im Rahmen der Unternehmenskultur und somit auch für die Mitarbeiterbindung, leider aber oft auch der wichtigste Kündigungsgrund seitens des Mitarbeitenden.

Laut dem Gabler Wirtschaftslexikon ist Mitarbeiterführung:

> durch Interaktion vermittelte Ausrichtung des Handelns von Individuen und Gruppen auf die Verwirklichung vorgegebener Ziele; beinhaltet asymmetrische soziale Beziehungen der Über- und Unterordnung.
>
> Neben der Orientierung auf die Erreichung von Zielen durch Individuen und Gruppen in Organisationen, Unternehmen, Betrieben etc. bestehen Führungsfunktionen in der Motivation der Mitarbeiter (Untergebenen) und in der Sicherung des Gruppenzusammenhalts.
>
> Führung wird allg. als *psychologische und soziale Fähigkeit einer Person im Umgang mit Menschen* betrachtet. Neben Persönlichkeitseigenschaften des Vorgesetzten haben weitere Faktoren wie die fachliche Autorität, die situativen Bedingungen, der Einsatz von Führungstechniken und die sozialen Beziehungen eine entscheidende Bedeutung für eine erfolgreiche Führung, die dadurch zu einem komplexen sozialen Prozess wird.
>
> Führungskompetenz ist durch die formelle Organisation definiert und abgegrenzt *(formelle Führung)*. In Arbeitsgruppen kann sich eine *informelle Führung* herausbilden; diese erfolgt durch Mitarbeiter ohne formelle Führungsposition, die aufgrund ihrer Persönlichkeit, Fachkompetenz und Erfahrung bes. geachtet werden und daher Einfluss ausüben (http://wirtschaftslexikon.gabler.de/Archiv/78154/fuehrung-v7.html).

Ist das wirklich noch zeitgemäß, von Untergebenen zu sprechen, von Über- und Unterordnung? Mir erscheint das als ein Führungsbild, wie es lange Zeit gelebt wurde, doch eigentlich auch schon lange nicht mehr zeitgemäß ist.

10.2.1 Was ist gute Führung?

Diesen Fragen ging eine Studie der Initiative Neue Qualität der Arbeit (http://www.inqa.de/) nach:

Wie agiere ich als Führungskraft im Sinne des Unternehmens und der Kundinnen und Kunden? Wie verhalte ich mich gegenüber meinen Mitarbeiterinnen und Mitarbeitern? Hat Führung eine gesellschaftliche Verantwortung? Was sind also heute und morgen die

10.2 Mitarbeiterführung

Anforderungen an „gute Führung"? Ziel der Studie ist es, Führungsverantwortliche in Deutschland dabei zu unterstützen, Führungskonzepte neu zu denken, die den komplexen Anforderungen der modernen Arbeitswelt gerecht werden und Unternehmen zukunftsfähig machen. Aus den geführten Interviews kristallisieren sich die folgenden zehn Kernaussagen zu guter Führung heraus.

- Flexibilität und Diversität sind weitgehend akzeptierte Erfolgsfaktoren
- Prozesskompetenz ist das wichtigste Entwicklungsziel für Führungskräfte
- Selbst organisierende Netzwerke sind das favorisierte Zukunftsmodell
- Hierarchisch steuernden Managementstrukturen wird mehrheitlich eine Absage erteilt
- Kooperationsfähigkeit hat Vorrang vor alleiniger Renditefixierung
- Persönliches Coaching ist ein unverzichtbares Führungswerkzeug
- Motivation wird an Selbstbestimmung und Wertschätzung gekoppelt
- Gesellschaftliche Themen rücken in den Fokus der Aufmerksamkeit
- Führungskultur wird kontrovers diskutiert
- Führungskräfte wünschen sich einen Paradigmenwechsel in der Führungskultur

Dieser letzte Punkt ist der entscheidende, denn alle positiven Ansätze für eine gute Führungskultur, die in den vorherigen neuen Punkten gesehen werden, verkümmern, wenn nicht gehandelt und nicht verändert wird. Denn in diesem Punkt kommen die interviewten Führungskräfte selbst zu dem Ergebnis, dass in Deutschland eine große Distanz zwischen den Anforderungen an Führung und der in der Praxis gelebten Führung besteht.

> Sie kritisieren eine seit Jahren bestehende Fehlentwicklung der Führungskultur. Die Situation sei mit einem anfahrenden Zug vergleichbar: Die Gefahr, den Anschluss zu verpassen, nehme kontinuierlich zu (Ergebnispräsentation der Studie der Initiative Neue Qualität der Arbeit, S. 11).

Welche Möglichkeiten gibt es nun, die Führungskultur in Deutschland an die Erfordernisse des neuen Arbeitnehmermarktes anzupassen? Das wird ein länger andauernder Prozess, denn auch Arbeitnehmende müssen sich anpassen und viele Verhaltensweisen „neu" erlernen. Was bedeutet eigenverantwortliches Handeln und Entscheiden im Arbeitskontext? Wie schaffe ich Teamstrukturen, in denen Kooperation statt Ellenbogen herrscht? Was bedeuten Offenheit und Transparenz untereinander?

Praxisbeispiel

In einem von mir beratenen Unternehmen des Mittelstandes wollte die Personalabteilung Vorreiter für neue Entwicklungen in der Arbeitswelt werden. Sie hatten sich auf die Fahnen geschrieben agil zu arbeiten und führungslos, da sich seit geraumer Zeit kein passender Personalleiter finden ließ. Die Initiative ging von der Personalabteilung aus, der Geschäftsführer gab Raum.

Am Beginn stand die Entwicklung einer gemeinsamen Vision für die neue Rolle der Personalabteilung, aus der sich dann die Ziele und der Weg ableiten sollten. Die

Vision war schnell gefunden, eine moderne Personalabteilung, die Raum geben würde für Entwicklungen, die ihre Rolle als Gestalter des Arbeitsprozesses und der Zusammenarbeit im Unternehmen finden wollte, die als Berater für Führungskräfte und Mitarbeitende fungierte und die neue Entwicklung im Personalbereich verfolgen, prüfen und umsetzen wollte. Das sich daraus entwickelnde Ziel war die Schaffung einer kompetenten, agilen und selbstverwalteten Personalabteilung.

Wir überlegten uns ein schrittweises Konzept, denn die Arbeit im Tagesgeschäft musste ja weitergehen. Neben einer neuen Organisationsstruktur, die aus aufgabenbezogenen Kleinteams bestand, sollten sich Arbeitskreise bilden, die Projekte und Sonderaufgaben anstoßen und erarbeiten. Diese bildeten sich nach dem Prinzip der Integrierbarkeit ins Unternehmen und wurden von den Teammitgliedern geleitet, die über das größte Wissen oder größte Interesse an der Aufgabenstellung verfügten. In deren Händen lag es, ein Team für das Thema zu generieren sowie die Organisation der Arbeitskreise. Regelmäßig wurde im Gesamtmeeting über die Ergebnisse berichtet. Diese Arbeitskreise waren temporär angelegt und lösten sich nach Überführung des Themas in die Organisation wieder auf.

Deutlich wurde, dass der Kommunikationsbedarf bei dieser Arbeitsweise sprunghaft anstieg. Neue Formen mussten gefunden und ausprobiert werden, ohne dass eine Überstrapazierung in Form von endlosen Meetings stattfand. Bestand hatten nach einigem Austesten das Daily-Stand-up für übergreifende Aufgaben, ein Gesamtteammeeting 14-täglich. Die gesamte weitere Kommunikation wurde situationsabhängig bilateral geführt, dabei stand im Vordergrund, dass die persönliche Ansprache der telefonischen vorzuziehen ist. E-Mails dienen lediglich der Bestätigung bzw. der Weitergabe von Informationspapieren.

Der nächste Schritt war die Einführung einer neuen Entscheidungskultur, denn alle Entscheidungen mussten einzeln oder im Team getroffen werden, ein Abschieben an den Chef war nicht mehr möglich. Das erwies sich als schwerer Schritt, denn selbst entscheiden und die Konsequenzen tragen, war ungewohnt. Wir etablierten drei mögliche Szenarien: die Einzelentscheidung, die Entscheidung im Kleinteam und die Entscheidung, die von allen getroffen werden musste. Kriterien wurden dazu erarbeitet.

Und so entwickelte sich die Abteilung immer weiter zu einer selbstständig agierenden und mitentscheidenden Abteilung. Doch alles positiv darzustellen wäre nur die halbe Wahrheit. Tatsächlich zeigte sich, dass einige Mitarbeiter in solchen Strukturen nicht arbeiten wollen. Sie verließen die Abteilung oder das Unternehmen. Es zeigte sich weiterhin, dass es eine Zeit braucht, um neue Kommunikations-, Konflikt- und Entscheidungsstrukturen zu etablieren und auch hier zeitweise versucht wurde, den Berater als externen Chef zu nutzen.

Letztendlich hat die Umstrukturierung fast zwei Jahre gedauert, doch der Lerneffekt war enorm. Klar ist geworden, dass es bei solchen Prozessen unerlässlich ist mit einer voll funktionierenden Software zu arbeiten, da sich ansonsten die angestrebte Reduzierung von administrativen Aufgaben nicht erreichen lässt und so der zeitliche Spielraum für neue Ideen und die Entwicklung kreativer Ansätze fehlt. Gezeigt hat

10.2 Mitarbeiterführung

sich auch, dass Fortschritte und Lernschleifen sich abwechseln und das im Kopf Erarbeitetes noch lange nicht auch erfolgreich Umgesetztes ist und dass es für alle Beteiligten ein großes Maß an Stärke, Kraft und den unbedingten Willen braucht, was nur geht, wenn die Mitarbeiter eingebunden und zu Mitgestaltern gemacht werden.

Leider sind die Anstrengungen von der Geschäftsführung nur teilweise honoriert worden, während anfangs noch Euphorie herrschte und die Abteilung als Vorzeigeprojekt dastand, wurde sie nach und nach von Ungeduld abgelöst (man müsse doch endlich fertig werden) und zu guter Letzt mit der Mitteilung beendet: „Ok, gut das war's, wir machen jetzt in Spiral Dynamics".

Damit war die Motivation der Mitarbeiterinnen der Personalabteilung mehrheitlich zerstört, Krankmeldungen und Kündigungen waren die Folge.

Ein Phänomen, dass Mitarbeitende sicher schon aus vergangenen Zeiten kennen, wenn verschiedene Managementtools eingeführt, verworfen und durch neue abgelöst wurden. Genau das befürchten viele Mitarbeitende und Unternehmen auch jetzt, wenn die Begrifflichkeiten Agilität oder New Work fallen. Und doch ist es anders, es muss anders sein, denn der Markt, der Arbeitsmarkt, die digitalisierte und globalisierte Welt zwingen uns zu Veränderungen in der Führung, der Zusammenarbeit und in den herrschenden Organisationsstrukturen. Sie greift auf, was eingangs als ein Ergebnis der Studie vorgestellt wurde – die neun Kernthemen zu guter Führung ergänzt durch ein zehntes, dass eine fortschreitende Entwicklung in die Richtung guter Führung anzeigt.

Die Konsequenz davon ist, dass die Führungsfähigkeit und die Soialkompetenz von Führungskräften von entscheidender Bedeutung sind. Führungskräfte, die Mitarbeitende fördern, ihre Leistungen und Werte anerkennen, sie wertschätzen, ihnen Perspektiven aufzeigen und ihre Entwicklung fördern, sind der beste Garant für eine erfolgreiche Mitarbeiterbindung.

Diese Bestrebungen anzuerkennen und publik zu machen, dafür steht die Organisation „Great Place to Work". Laut dem „Great Place to Work-Institut" werden dazu die folgenden Kriterien abgefragt: angefangen von Führung, -Zusammenarbeit und Wertschätzung über die Identifikation mit der Arbeit und die Bindung an das Unternehmen bis hin zu Weiterbildung, Vergütung, Gesundheitsförderung und Work-Life-Balance. Ihre Idee ist dabei, dass die Qualität eines ausgezeichneten Arbeitsplatzes von drei miteinander verbundenen Arten von Beziehungen bestimmt ist:

1. Beziehung zwischen Mitarbeiter und Management
2. Beziehung zwischen Mitarbeiter und Arbeitstätigkeit und
3. Zwischen dem Unternehmen und den Mitarbeitern untereinander.

Die im Jahr 2017 durchgeführte Mitarbeiterbefragung umfasst Aspekte aus folgenden Themenbereichen:

1. **Das allgemeine Betriebsklima** in Punkten wie Vertrauen, Teamgeist und Zusammenarbeit
2. **Förderung und Unterstützung der Beschäftigten** durch Sozialleistungen, Weiterbildungsangebote, Vereinbarkeit von Familie und Beruf sowie betriebliche Gesundheitsförderung
3. **Glaubwürdigkeit und Fairness der Führung** sowie Wertschätzung und Chancengleichheit der Angestellten
4. **Identifikation** mit der eigenen Arbeit und dem Unternehmen

Konkrete Aussagen von Mitarbeitenden lesen sich wie folgt:

> Die Mitarbeitenden kommen gerne zur Arbeit. Ich bin stolz auf das, was wir gemeinsam leisten. Ich möchte hier noch möglichst lange arbeiten. Alles in allem kann ich sagen, dies hier ist ein großartiger Arbeitsplatz.

„Ich habe keine Angst Fehler zu machen; so kann ich risikofreudig agieren und meine Ideen in diesem Unternehmen umsetzen."

„Das ist ein ausgezeichneter Arbeitsplatz, weil die Menschen sich gegenseitig umeinander kümmern. Es wirkt nicht so sehr wie Arbeit, wenn man von Menschen umgeben ist, die sich persönlich um einen kümmern."

Danach heben sich die besten Unternehmen durch die in Abb. 10.1 gezeigten Punkte ab (die besten Arbeitgeber [oberer Wert] im Vergleich zum bundesweiten Durchschnitt [unterer Wert]) (vgl. Abb. 10.1).

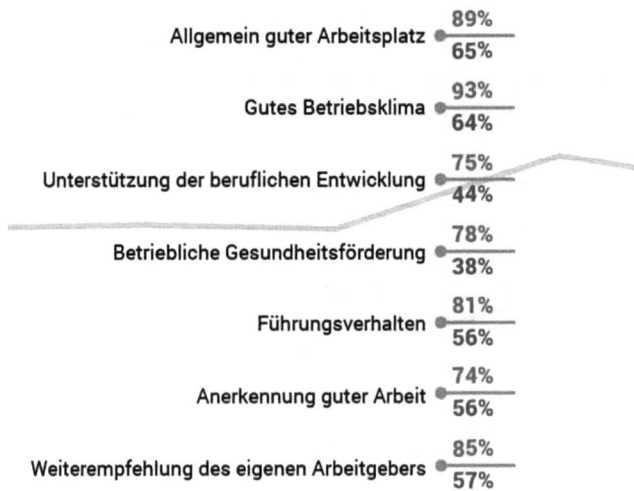

Abb. 10.1 Great place to work

10.2.2 Woran misst sich Führung?

Gute Führung ist also ein zentrales Thema. Doch woran kann gute Führung festgemacht werden? Zunächst einmal gibt es die **klassischen Führungsthemen,** die in jedem Unternehmen eine bedeutende Rolle spielen. Dazu gehören neben der werteorientierten Führung die Steigerung der Leistungsfähigkeit, die faire und wirksame Kommunikation, die Übernahme von Verantwortung sowie die Förderung von Potenzialen.

Darüber hinaus werden Führungskräfte auch daran gemessen, wie sie mit aktuellen Trendthemen umgehen, wie Führung in agilen Teams, organisationalen Netzwerken, dezentraler Führung, aber auch Frauen in Führungspositionen, Führen in Teilzeit und Führen in Veränderungsprozessen.

Führung zeigt sich weiterhin in der Qualität der Zusammenarbeit. Ziele und Erwartungen klären, Kooperationen schaffen gehören genauso in die Führungsaufgaben wie Feedbackkultur und Diversity fördern, Teamgeist stärken, neue Mitarbeiter integrieren sowie Lösungen in Krisen und Konflikten herbeiführen.

Führungsaufgaben wie Ergebnisse in hierarchischen Organisationen kontrollieren, eher Direktor als Organisator sein und eher Lehrer als Wissensvermittler, wandeln sich derzeit. Zukünftig werden Bereiche, wie Raum schaffen für Visionen und zu Bewahrendes erhalten, Entwicklung von Vertrauen und Offenheit, Möglichkeiten für Begegnung schaffen, Probleme in Ziele verwandeln, Ressourcen erkennen und unterstützen sowie Verantwortlichkeiten festlegen und delegieren zu den Haupttätigkeitsfeldern von Führungskräften gehören. Sie werden sich daran messen lassen müssen, inwieweit sie bereit und in der Lage sind, Räume zu schaffen, Entwicklungen zu fördern und Potenziale zu erkennen. Ob dies der Zustand ist, in dem Führung verweilt, ist noch unklar, es kann zu weitergehenden Veränderungen kommen. Vielleicht folgt dann eine Struktur ohne Führungskräfte, die aus selbstorganisierten Netzwerken besteht oder eine Struktur, in der Führung nur teilweise und themenbezogen funktioniert, in der es drum geht, vollkommen auf Augenhöhe miteinander zu arbeiten. Wer weiß, die Zukunft wird es zeigen. Sicher ist, dass die Zukunft, wie immer sie tatsächlich aussehen mag, geprägt sein wird von einer offenen und transparenten Kommunikation und Informationsweitergabe.

10.3 Interne Unternehmenskommunikation

Unternehmenskommunikation ist der systematisch kombinierte Einsatz aller Kommunikationsmittel und –maßnahmen mit dem Ziel, das Betriebsklima (intern) und die öffentliche Meinung (extern) gegenüber der Organisation zu beeinflussen. Dazu zählen beispielsweise Werbung, Public Relations (Öffentlichkeitsarbeit) und Sponsoring.

Corporate Communication ist also eine langfristig angelegte Kommunikation, mit der das Image aufgebaut, gepflegt oder verändert werden soll (https://wiki.infowiss.net/Unternehmenskommunikation).

10.3.1 Die Bedeutung der internen Kommunikation

Die Weltwirtschaft hat sich in den letzten Jahren stark verändert und noch größere Veränderungen werden auf uns zukommen. Das ist mit vielen Herausforderungen an die interne Kommunikation verbunden. Einige sollen hier benannt werden:

1. Der lebenslange Arbeitsplatz ist für viele Mitarbeitende nicht mehr sicher. Das verunsichert und macht Angst, Angst den Arbeitsplatz durch Fusionen, Verkäufe und Verlagerungen zu verlieren. Diese Prozesse müssen in der Kommunikation begleitet werden (siehe Abschn. 10.8 Trennungsmanagement).
2. Zur Erhaltung der Wettbewerbsfähigkeit müssen Mitarbeitende motiviert und engagiert arbeiten. Das erfordert wertschätzende und klare Kommunikation auf Augenhöhe.
3. Kürzere Innovationszyklen lassen technische Neuerungen immer schneller Eingang in die Arbeitswelt finden. Skepsis und Ablehnung müssen mit geeigneten Kommunikationsmaßnahmen ernst genommen und abgebaut werden.
4. Globalisierung bringt Dezentralisierung mit sich, auch in der Belegschaft. Kommunikation muss nun nicht nur über regionale, sondern über internationale und kulturelle Grenzen hinweg geführt und organisiert werden.
5. Entwicklungen in den Medien und den Kommunikationswegen lassen neue Möglichkeiten der Kommunikation entstehen. Die Frage, was wird wie und mit wem kommuniziert, impliziert: Welchen Weg nutze ich für welche Inhalte? Welcher Weg ist für bestimmte Zielgruppen der geeignetste?

Das alles ist zu berücksichtigen und zudem auf zwei Bereiche anzuwenden, denn Unternehmenskommunikation beinhaltet zwei wesentliche Aspekte: Einerseits ist es die Informationsvermittlung und andererseits die Gesprächsführung. Beides ist mehrseitig ausgerichtet. Informationen werden sowohl vom Management an die Belegschaft weitergegeben, als auch umgekehrt. Leider funktioniert der Weg aus der Belegschaft ans Management seltener. Mitarbeitende fühlen sich oft von den Führungskräften nicht gehört. Das beginnt bei Vorschlägen zur Arbeitsorganisation über Kundenanliegen bis zu innovativeren Lösungen. In einer wertschätzenden Gesprächsführung dagegen werden Rückmeldungen erwartet. Hier kommt es darauf an, dass ein Klima geschaffen wird, in dem Rückmeldungen offen gegeben werden können ohne Angst vor Arbeitsplatzverlust oder Degradierung.

Auch das ist in vielen Bereichen nicht gegeben. Vor allem Rückmeldungen über Missstände werden oft nicht gehört, sind nicht erwünscht oder werden mit Repressalien belegt. Mitarbeitende, die sich nicht mehr zu helfen wissen, wenden sich nicht selten anonym an die Medien, um darauf aufmerksam zu machen. Zustände, wie sie in einer Unternehmens- und Kommunikationskultur des Miteinander und der gegenseitigen

10.3 Interne Unternehmenskommunikation

Wertschätzung nicht vorkommen dürfen. Angst ist kein Führungsmittel und führt definitiv nicht zu zufriedeneren Mitarbeitenden, die bleiben.

Praxis

Nicht zuletzt aus diesem Grund haben sich Beratungsunternehmen gegründet, die eine Art „betriebliche Telefonseelsorge" anbieten.

Das EAP (Employer Assistence Programm) unterstützt Unternehmen und Mitarbeitende bei der Förderung von Gesundheit, Gleichgesicht und Leistungsfähigkeit, um die Stabilität der Menschen in der Organisation auch in kritischen Situationen zu gewährleisten. Das EAP steht jederzeit und jeder Person im Unternehmen zur Verfügung. Es hilft allen, es entlastet Führungskräfte und spart so jede Menge Zeit, Geld und Nerven (https://www.eap.de/).

Auch ist es immer wieder erstaunlich, wie viele Mitarbeitende nur wenig oder gar nichts über die Ziele, Visionen und Entwicklungen ihres Arbeitgebers wissen. Der Informationsfluss ist in vielen Unternehmen tröpfelnd, kaskadenartig mit sich nach unten verringerndem Umfang. Hinzu kommt, dass oft weder besonders klar noch präzise kommuniziert wird. Äußerungen wie: „Wir müssten mal…", „Wir sollten darüber sprechen, wie wir das Problem anpacken", „Wir werden nächstens darüber nachdenken" wirken weder kompetent noch handlungsorientiert. Dabei fördert eine offene, transparente, zeitnahe und klare Kommunikation den Austausch, erleichtert interne Abläufe und schafft eine motivierende Arbeitsatmosphäre. Mitarbeitende, die umfassend informiert sind, mit denen klar und präzise kommuniziert wird und die ihre Meinung äußern dürfen, fühlen sich mehr als Teil des Ganzen, fühlen sich einbezogen und sind motivierter.

Ein Mittel, zu dem nicht oft genug oder zu spät gegriffen wird, sind Informationsveranstaltungen. Meist finden diese statt, wenn sich die Gerüchteküche nicht mehr anders beherrschen lässt. Das ist vor allem bei größeren Personalveränderungsmaßnahmen zu beobachten. Sind zum Beispiel größere Personalabbaumaßnahmen geplant, können Ängste und Sorgen abgebaut und Spekulationen vorgebaut werden.

Praxisbeispiel

Seit einigen Jahren arbeitete ich als Coach in Outplacementprojekten. Zu Beginn dieser Projekte kommt man während des Einstiegsprofilings mit den Mitarbeitern ins Gespräch, unter anderem, um einschätzen zu können, an welchem Punkt der Trennungsphase die Betroffenen stehen. Bei meinen ersten Einsätzen hatte ich immer ein wenig die Befürchtung, dass ich es mit Menschen zu tun bekomme, die am Boden zerstört sind (vor allem in Erinnerung an den Film „Up in the air".).

Doch ehrlich, im Lauf der Jahre ist ein völliger Zusammenbruch nur selten vorgekommen. Meist waren die Betroffenen froh, nun endlich Bescheid zu wissen. In vielen Fällen gingen zweijährige Spekulationsphasen diesen Abbaumaßnahmen voraus. Stellen Sie sich vor, zwei Jahre Unruhe, Ungewissheit, zwei Jahre zwischen Hoffen und Bangen. Grabenkämpfe kommen auf die Tagesordnung, manche Mitarbeiter kündigen (meist die, die man eigentlich halten wollte). Alles in allem zwei Jahre, die eher unproduktiv verlaufen und nicht selten das Image des Arbeitgebers auf dem Markt schädigen. Offene Kommunikation würde hier Abhilfe schaffen.

Ebenso können Change-Maßnahmen besprochen werden. In Großgruppenveranstaltungen lassen sich hier die Mitarbeiter sogar frühzeitig in die Veränderungsprozesse einbinden und Teil davon werden lassen. Mit dem Worldcafé, Open Space, Unternehmenstheater und vielen weiteren Veranstaltungsformaten gelingt das hervorragend. Auf diese Weise geht es nicht nur um Information, sondern Mitarbeitende können aktiv Einfluss nehmen, Unklarheiten beseitigen, Meinungen und Kritik äußern. Aber auch hier sollte es nicht bei der Sammlung von Meinungen, Ideen und Vorschlägen bleiben – ohne Umsetzungskonsequenz bekommen solche Veranstaltungen einen schlechten Nachgeschmack und im Weiderholungsfall wird es kaum zu verwertbaren Ergebnissen kommen.

Die Folgen schlechter Kommunikation zeigen sich allerding ebenfalls sehr deutlich, wie ich in der Praxis schon oft erleben musste:

- Fehlende Abstimmung zwischen Bereichen und Teams
- Unzureichende Erledigung der Aufgaben, weil wichtige Informationen fehlten
- Innere Kündigung der Mitarbeitenden, weil sie sich nicht als Teil des Unternehmens fühlen
- Geringe Verantwortungs-, Veränderungs- und Innovationsbereitschaft
- Missverständnisse aufgrund der falsch gewählten Kommunikationswege

Wenn Unternehmen hier nicht gegensteuern, wirken sich unzureichende Information und unklare Kommunikation auf Wettbewerbsfähigkeit, Attraktivität des Arbeitgebers und somit letztlich auf sein Image negativ aus.

Gute Kommunikation basiert darauf, dass das Menschenbild des Unternehmens wertschätzend und respektvoll ist. Informierte und eingezogene Mitarbeiter stärken, stützen und entwickeln das Unternehmen jederzeit mit.

10.3.2 So gelingt gute Kommunikation

- Informationen überzeugend vermitteln
- Maximale Offenheit und wenn das nicht möglich ist, begründen
- Vermitteln, was hinter den Zahlen steckt
- Fehler und Schwierigkeiten ebenfalls kommunizieren
- Glaubwürdigkeit durch Problem- und Risikokommunikation
- Informationen benutzergerecht zur Verfügung stellen – Information ist kein Herrschaftsgut
- Information ist auch Holschuld
- Fragen zulassen

10.3 Interne Unternehmenskommunikation

- Transparente externe und interne Kommunikation erhöhen die Glaubwürdigkeit

Unternehmenskommunikation zeigt sich bereits in kleinen Gesten, wie der Sitzordnung im Mitarbeitergespräch. Sitzt man sich gegenüber mit dem Schreibtisch dazwischen, so ist Distanz geschaffen – hierarchisch und räumlich. Beim Sitzen über Eck aber kann gemeinsam an Lösungen gearbeitet werden. Die Situation ist entspannter und der kooperative Aspekt der Zusammenarbeit wird betont.

Da Kommunikation im Unternehmen immer stattfindet, ist die bewusste Ausgestaltung entscheidend. Sonst machen Gerüchte die Runde, Mitarbeiter verlieren das Vertrauen ins Unternehmen, werden verunsichert. Authentische Kommunikation ist gefragt. Dabei gilt der Satz von Paul Watzlawick: „Man kann nicht nicht kommunizieren". Wer sich nicht um seine Unternehmenskommunikation kümmert, vermittelt aber trotzdem eine Botschaft. Wer keinen Wert auf eine bewusste Gestaltung seiner Unternehmenskultur legt, gibt damit auch die Möglichkeit aus der Hand, auf diese Kultur positiv Einfluss zu nehmen! Das rächt sich besonders in Zeiten des permanenten Wandels oder in Krisenzeiten.

10.3.3 Kommunikation in Veränderungsprozessen

Veränderungen und Krisen stellen eine besondere Herausforderung für die Unternehmenskommunikation dar: Gerade hier kann intern vieles schief laufen, besonders, wenn sich das Management nicht darauf vorbereitet. Kommt es zu Veränderungen, fragen Mitarbeiter und Führungskräfte sich nach der Bedeutung der Veränderungen für ihre Zukunft: Inwieweit hat die Veränderung Einfluss auf die Zukunft des Unternehmens – Erfolg oder Misserfolg? Wie verändern sich meine Karriere- und Arbeitsmöglichkeiten? Inwieweit verändern sich Arbeitsprozesse oder Unternehmensstrukturen? Inwieweit ist das Unternehmen gefährdet? Lohnt sich der Einsatz noch oder ist es besser Zeit sich umzusehen?

Der internationale PR-Profi Oliver S. Schmidt hat ein paar Tipps, wie Unternehmen in einem Krisenfall die interne Kommunikation gestalten sollten:

- **Mitarbeiter als wichtige Zielgruppe erkennen:** Fehlende Kommunikation führt zu Motivations- und Vertrauensverlusten bei den Mitarbeitern, schwere ökonomische Schäden sind die Folge. In der Krise besteht ein erhöhter Kommunikationsbedarf – Gerüchte, Fehlinformationen oder gar Panik sind zu vermeiden.
- **Aufrichtige und zeitnahe Kommunikation:** Schlechte Nachrichten sollten die Mitarbeiter nicht aus externen Quellen erreichen. Eine offene Kommunikation fördert das Verständnis der Mitarbeiter für unpopuläre Maßnahmen, um die Wettbewerbsfähigkeit zu sichern.
- **Ängste der Mitarbeiter ernst nehmen:** Sorgen und Nöte der Mitarbeiter sollen systematisch aufgegriffen, identifiziert und kommunikativ beantwortet werden. Die

Leitung des Unternehmens muss zeigen, dass die Mitarbeiter ihr zu Recht vertrauen können.
- **Mitarbeiter als Verbündete:** In der Krise wollen Mitarbeiter in der Regel ihr Unternehmen unterstützen. Durch eine geschickte Kommunikationsarbeit vertreten dann Mitarbeiter die Position des Unternehmens nach innen und außen (Intranet, Gespräche mit Vorgesetzten).
- **Einheitliche Botschaft:** Extern und intern sollten Mitteilungen zeitlich und inhaltlich gut koordiniert sein (One Voice Policy). Als Unternehmenssprecher sollten nur entsprechend qualifizierte Personen auftreten. Intern gilt das genauso, weil sonst private Äußerungen der Mitarbeiter das einheitliche Erscheinungsbild nach außen unterlaufen können.
- **Kommunikation ohne Einbahnstraße:** Im direkten Gespräch oder über Mitarbeiter-Foren im Intranet kann das Management ein Feedback der Mitarbeiter einholen. So lassen sich die Wirksamkeit der Kommunikationsstrategie prüfen und weitere Informationen sammeln, wie externe Gruppen auf die Krise reagieren.
- **Materielle und immaterielle Ressourcen ausschöpfen:** Ideal wäre es, wenn alle Standorte, Geschäftsbereiche und Ebenen eines Unternehmens eingebunden sind, um eine Kommunikationsstrategie für den Krisenfall vorzubereiten. Dabei geht es um eine tragfähige Struktur für das Krisenmanagement.
- **Notwendigkeit systematischer Planung:** Kommunikation ist der Schlüssel zu einer erfolgreichen Krisenbewältigung. Daher sollten alle Bereiche des Krisenmanagements kontinuierlich geplant werden, um letztlich Lerneffekte aus Krisen in einen Wettbewerbsvorteil verwandeln zu können.

Leipner/foerderland

Ziel muss es sein, Unsicherheiten und Mehrdeutigkeiten zu bewältigen. Veränderungsbereitschaft muss gestärkt, die Veränderungsnotwendigkeit verdeutlicht und eine gemeinsame Lösung herbeiführt werden. Das gelingt besonders in Veränderungsprozessen mit aktiver Kommunikation statt Schweigen, konkreten Aussagen statt allgemeinen Statements, mit der ganzen Wahrheit statt Salamitaktik. Die möglichst frühzeitige und vollständige Kommunikation eröffnet Wege zum gemeinsamen Handeln und für gemeinsame Lösungen.

Literaturverzeichnis

Leipner, Ingo https://www.foerderland.de/managen/marketing/unternehmenskommunikation/ Oktober 2018.

10.4 Arbeitszeit- und Arbeitsortmodelle

Das Angebot verschiedener Modelle für Arbeitszeiten und Arbeitsorte ist umso wichtiger als nicht alle Mitarbeiter immer zur selben Zeit am selben Ort arbeiten. Unterschiedliche Modelle der Arbeitszeiten, sowie verschiedene Arbeitsorte, die sich sowohl aus der technischen Entwicklung ergeben, als auch aus der globalen Arbeitsmarktsituation. Und so wie über Wege in der Kommunikation nachgedacht werden muss, steht die Frage nach Arbeitszeitmodellen und möglichen Arbeitsorten im Raum.

10.4.1 Arbeitszeitmodelle

Oft stehen die in Arbeitsverträgen festgelegten Arbeitszeiten nach dem Eintritt nur noch auf dem Papier. Wer sich keiner Zeiterfassung unterziehen muss, wird dafür oft von Kollegen und Vorgesetzten beargwöhnt und beobachtet. So zumindest die Aussagen vieler Beschäftigten. Das kann damit zusammenhängen, dass verschiedene Arbeitszeitmodelle im Einsatz sind, die alle Vor- und Nachteile haben und es immer vom Unternehmen, den Kollegen und der eigenen Einstellung abhängt, welches Modell passt.

10.4.1.1 Gleitende Arbeitszeit

Die Gleitzeit funktioniert in der Regel um eine Kernzeit herum, in dieser Zeit muss der Beschäftigte im Büro sein, um die betrieblichen Abläufe zu gewährleisten. Die Zeit davor und danach kann von dem Arbeitnehmenden frei verfügt werden. Das verringert den Stress, wenn zum Beispiel wichtige private Termine anstehen. Diese Kernzeit kann heute aber auch aufgrund betrieblicher Gegebenheiten entfallen. Da Überstunden erfasst werden, können sie durch Freizeitausgleich abgebaut werden. Diese Regelungen kommen den meisten Arbeitnehmenden sehr zugute, da sie Spielräume und gewisse teilweise Flexibilität zulassen. Nicht nur Familien oder Mütter profitieren davon.

10.4.1.2 Vertrauensarbeitszeit

Was steckt dahinter? Der Arbeitnehmende hat grundsätzlich eine vertragliche vereinbarte Arbeitszeit von beispielsweise 40,0 h. Es gibt aber keine Kernzeit, in der gearbeitet werden, sondern der Arbeitgeber vertraut darauf, dass in diesen Stunden gearbeitet wird. Ob der Beschäftigtes seinen Arbeitstag erst um 10 Uhr beginnt und bis 20 Uhr bleibt oder bereits um 6 Uhr startet, mittags drei Stunden Pause macht und abends geht, wenn seine Arbeit getan ist, bleibt ihm überlassen.

Im Arbeitsalltag zeigt sich aber dann doch, dass zu bestimmten Zeiten gearbeitet werden muss, um erreichbar zu sein, an Meetings teilzunehmen. Es hängt hier eindeutig vom Miteinander der Kollegen und dem Zugeständnis durch den Vorgesetzten ab, ob diese Regelung auch wirklich gelebt werden kann. Ein Nachteil ist, dass Überstunden nicht nachgewiesen werden können und Arbeitnehmende sich übervorteilt fühlen können, wenn es zum Beispiel viel zu tun gibt. Auch ist bei der Form der Arbeitszeit häufig die

Beobachtung durch Kollegen und Vorgesetzte besonders stark ausgeprägt, vor allem in Zeiten mit weniger Arbeitsaufkommen.

10.4.1.3 Jobsharing

Beim Jobsharing teilen sich mindestens zwei Teilzeitbeschäftigte eine Stelle. Arbeitszeiten und freie Tage werden unter den beiden frei aufgeteilt, wobei immer einer der beiden ansprechbar bzw. vor Ort sein muss. Das ist bei zwei einzelnen Teilzeitstellen nicht unbedingt der Fall. Der Nachteil für den Arbeitnehmenden ist aber eine zeitliche und auch inhaltliche Abhängigkeit von Kollegen. Das bedarf sehr guter Abstimmungsprozesse. Eine gut organisierte Übergabe der erledigten und offenen Tätigkeiten ist absolute Voraussetzung für dieses Modell. Für das Unternehmen hingegen kann die Neubesetzung bei einer Kündigung schwierig werden, da das Modell noch nicht so begeistert angenommen wird.

10.4.1.4 Teilzeit

Das Teilzeitmodell ist zum Beispiel für Eltern, die sich um Kinder und Haushalt kümmern, oder auch für Mitarbeiter, die nur einen Teil ihrer Zeit auf der Arbeit verbringen möchten, geeignet. Ob nun 30 oder 50 oder auch 80 % der Zeit gearbeitet wird, ist eine individuelle Regelung. Genau wie die, wann der Arbeitnehmende arbeitet: So ist es möglich täglich verkürzt zu arbeiten oder nur an drei oder vier Tagen in der Woche Vollzeit oder aber zwei Wochen Vollzeit, um dann zwei Wochen im Monat zu Hause zu bleiben. Entscheidend ist, welche Variante am besten zum Arbeitnehmenden und zur Aufgabe passt. Die Entwicklung scheint immer mehr dahin zu gehen, dass Beschäftigte auf die Vier-Tage-Woche zusteuern. Klienten erzählen mir oft, dass der Gewinn an Lebensqualität mit keinem Geld der Welt aufzuwiegen ist.

Der größte Nachteil liegt bisher darin, dass es fast unmöglich ist beim selben Arbeitgeber in eine Vollzeitbeschäftigung zurück zu wechseln. Dazu müssen die Rahmenbedingungen stimmen und das Unternehmen muss eine freie Stelle haben. Oft ist ein Wechsel in ein anderes Unternehmen einfacher. Langfristig wirkt sich eine Teilzeitstelle natürlich auch auf die Rentenhöhe oder im Fall der Arbeitslosigkeit auf die Höhe des Arbeitslosengeldes aus. Das sollte ebenfalls vorab bedacht werden.

10.4.1.5 Arbeitszeitkonten

Arbeitszeitkonten sind eigentlich kein Arbeitszeitmodell, jedoch eignen sie sich für bestimmte Arbeitnehmende, die ihre eigene Lebensziel damit verwirklichen könnten.

In einem Arbeitszeitkonto werden geleistete Stunden gesammelt, die dann flexibel wieder verbraucht werden. Bei langer Beschäftigung ist es so sogar möglich Sabbaticals über mehrere Monate zu „vorzufinanzieren", ohne dann Urlaub nehmen oder unbezahlt freigestellt werden zu müssen. Das erfordert eindeutige Absprachen und eine genau Dokumentation der Arbeitszeit.

So nahm sich ein junger Mann vor, nach 6 Jahren Arbeit ein Jahr Auszeit zu nehmen, um eine Weltreise zu machen, die er als Familienvater oder älterer Mensch vielleicht so nicht mehr machen kann. Bei rechtzeitiger Ansprache und Planung mit seinem Arbeitgeber war das dann auch möglich und er kam motiviert zurück.

10.4.2 Homeoffice

In den letzten Jahren wird Homeoffice für viele Arbeitnehmende, aber auch Arbeitgeber immer interessanter. Die Vorteile für den Arbeitnehmenden sind: Keine Anfahrt zum Unternehmen, flexible Zeit für die Familie und eine individuelle Arbeitsumgebung. Für Arbeitgeber spart es häufig Arbeitsplätze – Stühle, Tische, Raum usw. Doch wird es trotz seiner Vorteile nicht übermäßig genutzt, auch wenn Beschäftigte durchaus mehrfach Interesse daran hätten. Gründe sind schlechte Kontrollmöglichkeiten aus Sicht des Arbeitgebers, aber auch die Entfernung vom sozialen Umfeld im Unternehmen und von den Kollegen. Informationsweitergabe und kurze Dienstwege für Entscheidungen werden erschwert.

10.5 Gesundheitsmanagement

Den Fragen der Gesundheit kommt eine immer größere Bedeutung zu. Im Werteindex 2018 landet sie auf Platz zwei gleich hinter Natur und weit vor Erfolg. Demzufolge gehören Angebote zu diesen Themen unbedingt zu einem erfolgreichen Mitarbeiterbindungsprogramm. Dabei kann es aber nicht nur um das Angebot von Yogakursen oder dem Obstteller gehen. Wikipedia definiert es als „... eine Vielzahl von Aufgaben und Funktionen zum Organisieren von Gesundheit, insbesondere in Form der Gesundheitsförderung." Gesundheit ist das Zusammenspiel von körperlichem, geistigem und sozialem Wohlbefinden und trägt so zur Bewältigung der Herausforderungen der sich ständig wandelnden Arbeitswelt bei. Aus diesem Grund kommt dem betrieblichen Gesundheitsmanagement (BGM) eine wichtige Bedeutung zu. Was ist betriebliches Gesundheitsmanagement?

1. ein strukturierter und systematischer Prozess. Er orientiert sich an einer strategischen Zielsetzung und Bestandsaufnahme, an Analysenergebnissen, wie z. B. Mitarbeiterbefragungen. Anschießend werden zielgerichtete Maßnahmen ableitet, geplant und umgesetzt. Am Ende eines jeden BGM-Zyklus steht die Evaluation der Maßnahmen und des Effektes auf die im Vorfeld festgelegten Ziele (Stefan Buchner 2003).

Damit ist Betriebliches Gesundheitsmanagement ein übergeordnetes Bestreben, einzelne Maßnahmen zu bündeln, miteinander zu verknüpfen und zu strukturieren. Dabei wird es mit den benannten Bindungsinstrumenten wie Personalentwicklung, Führung (gesunde Führung), Arbeits- und Gesundheitsschutz sowie Betrieblicher Gesundheitsförderung in Einklang gebracht. Die Einführung und Umsetzung des BGM leitet sich ebenfalls aus den Megatrends an, die Eingang vorgestellt wurden.

1. Im Ringen um die besten Fachkräfte spielen, wie der Werteindex zeigt, Gesundheit und Familie eine große Rolle. Faktoren wie Vereinbarkeit von Familie und Beruf sowie ein ausgeglichenes Verhältnis von Arbeit und Freizeit gewinnen an Bedeutung für Mitarbeitende und Bewerber. (**Megatrend Fachkräftemangel**)
2. Im Jahr 2020 werden mehr als 50 % der Arbeitskräfte über 50 sein. Hinzu kommt eine längere Lebensarbeitszeit, die sich je nach Beruf und Branche unterschiedlich auf die Gesundheit auswirkt. (**Megatrend Demografischer Wandel**)
3. Flexibilität, Komplexität, zunehmende Vernetzung und Innovations- und Wettbewerbsdruck durch Digitalisierung, Robotik und Künstliche Intelligenz ziehen erhöhte soziale und psychische Belastungen nach sich. Neue Geschäftsmodelle, Arbeitszeitmodelle und Arbeitsformen wirken sich auf die Beschäftigten aus. (**Megatrend Digitalisierung**)

Zudem zwingt die Gesundheitsreform von 2004 die Unternehmen sich stärker für die Gesundheitsvorsorge ihrer Mitarbeitenden einzusetzen.

Zu messen, ob das Gesundheitsmanagement erfolgreich ist, ist schwer, da es sich in den gleichen Kennzahlen widerspiegelt wie viele andere Instrumente der Mitarbeiterbindung: in Senkung der Fehlzeiten, Rückgang der Fluktuation, Rückgang des Krankenstandes und kürzere Dauer von Arbeitsunfähigkeiten. Vor allem bei Letzteren muss genau hingeschaut werden, denn auch eine Kultur der Angst kann zu steigenden Krankenständen führen.

Sinnvolles BGM

Wie alle anderen Instrumente zur Mitarbeiterbindung ist auch das BGM an die Zielgruppen anzupassen und ein Mix aus unterschiedlichen Maßnahmen anzubieten. Dabei gibt es Maßnahmen, die für die gesamte Belegschaft sinnvoll sind, z. B. gesunde Küche in der Kantine, Angebote zum Thema „Stressmanagement z. B. für ITler" oder „Sitzen am Schreibtisch für Assistentinnen". Aber auch Themen wie „Zum Umgang der Generationen untereinander" oder „Wie Nachwuchsführungskräfte mit älteren Mitarbeitern arbeiten" genauso wie „Gesunde Führung". Ebenso können Sportangebote das BGM abrunden.

Da nicht jedes Unternehmen über unbegrenzte Mittel verfügt und es viele Instrumente der Mitarbeiterbindung gibt, sollte sich hier die Frage gestellt werden: Welche Maßnahme erreicht mit den mir zur Verfügung stehenden Mitteln einen hohen gesundheitsförderlichen Effekt? Für die Berechnung des Budgets wird ein Betrag von 100,00 € pro Mitarbeitendem empfohlen.

Zudem sollten bei der Planung und Einführung folgende Punkte bedacht werden. Wie hoch wird der finanzielle und zeitliche Aufwand für die Umsetzung? Inwieweit wird der Betriebsablauf gestört oder beeinträchtigt? Wird das BGM von den Mitarbeitenden angenommen? Wie ist der Erfolg konkret messbar?

Als eine kostengünstige und wirksame Maßnahme haben sich auch hier Mitarbeitergespräche bewährt, so zum Beispiel Rückkehrgespräche nach längerer Krankheit (hier empfiehlt sich auch den Kontakt während der Krankheit nicht abbrechen zu lassen) oder auch Fürsorgegespräche.

> **Praxisbeispiel**
> Bei Sandra wurde eine schwere Krankheit diagnostiziert, die eine Fehlzeit von mehreren Monaten bedeutete. Sie war bestürzt und kam demzufolge Tränen überströmt im Betrieb an. Die Vorgesetzte nahm sich sofort Zeit für ein empathisches und Zuversicht gebendes Gespräch. Sie spürte, dass sich neben der Angst vor der Krankheit auch die Ungewissheit um den Arbeitsplatz in Sandra breit machte.
>
> Aufgrund ihrer Zusicherung, dass es nicht den Verlust des Arbeitsplatzes bedeuten würde, dass sich Sandra Zeit nehmen solle, beruhigte sich Sandra und konzentrierte sich auf ihre Gesundung. In den folgenden Monaten gab es immer wieder Kontakt zwischen Sandra und ihrem Arbeitgeber, ohne Druck und ohne Forderungen. So konnte Sandra schneller an ihren Arbeitsplatz zurückkehren. Eine Eingliederungsmaßnahme unterstütze sie dabei.

Schwierig ist es für viele, die nicht mit körperlichen, sondern psychischen Problemen zu kämpfen haben. Burn-out, Depressionen aber auch Bore-out entwickeln sich zu den Volkskrankheiten Nummer eins. Um dem entgegenzuwirken ist eine angstfreie, an die Fähigkeiten und Talente angepasste Personalentwicklung sowie eine gute Gesundheitsprävention anbietende Umgebung unerlässlich.

10.6 Personal- und Karriereentwicklung

Wenn wir davon reden, dass Mitarbeitende eigenverantwortlich, selbstbestimmt, mitgestaltend arbeiten möchten, dann stellt sich natürlich die Frage nach Qualifizierung, Potenzialentwicklung und Karrieremöglichkeiten im Unternehmen. Themen, die zu den Top5 der Aspekte gehören, die einen Arbeitgeber attraktiv machen. Fragen, die sich hierbei gestellt werden sollten, sind:

- Welche Karrieremöglichkeiten gibt es im Unternehmen?
- Welche Kompetenzen brauche ich heute und zukünftig?
- Sind Frau Müller und Herr Mayer am richtigen Platz? Nutze ich ihr Potenzial wirklich?
- Wie gestalte ich Karrieren und Personalentwicklung in Zeiten befristeter Arbeitsverhältnisse?
- Welche Instrumente der Personalentwicklung setze ich ein?
- Inwieweit fördere ich selbstverantwortliches Lernen?
- Was bedeutet für mich Nachwuchsförderung?
- Weiterbildung auch noch für 50+?

Personalentwicklung, Karriere- und Kompetenzmanagement sind dabei untrennbar miteinander verbunden, ja beeinflussen sich untereinander. Die besondere Herausforderung für die Zukunft ist dabei die Tatsache, dass klassische Karrieren ausgedient haben werden, Mosaik- oder Patchworkkarrieren treten wesentlich häufiger auf. Sie sind gekennzeichnet durch unterschiedliche Phasen, in denen sich Fach-, Führungs- und Projekteinsätze abwechseln. Den Mitarbeitenden geht es aber trotzdem um eine planbare Sicherheit, sie wollen die nächsten Schritte und Optionen kennen um mögliche Planungen vornehmen zu können. Das bietet zwar mehr Flexibilität auf der einen Seite, erfordert aber trotz aller Eigenverantwortung, dass Unternehmen hier als Unterstützer und Ermöglicher agieren.

10.6.1 Karrieremanagement

Das Thema Karrieremanagement wird aus meiner Sicht in den meisten Organisationen eher stiefmütterlich behandelt. Volle Unterstützung hat der auserkorene Führungskräftenachwuchs und die High Potentials, wie überhaupt in der Personalentwicklung. Hier muss sich etwas ändern, denn laut einer Studie der Personalberatung von Rundstedt nahm die Hälfte der Befragten fehlende Entwicklungsangebote und -möglichkeiten sowie mangelnde Arbeitgeberattraktivität zukünftig als die größten Risiken wahr. Laut der Studie klaffen hier Anspruch und Realität noch weit auseinander. Während 90 % der Unternehmen davon überzeugt sind, „dass individuelles Karrieremanagement ein geeignetes Instrument zur Mitarbeiterbindung ist", fördert nur jedes dritte Unternehmen die Mitarbeitenden entlang ihrer Wünsche und Bedürfnisse. Sie förderte weiterhin zutage, dass nur 55 % der Organisationen über transparente und flexible Karrieremöglichkeiten verfügen. Das ist bedenklich, wenn bekannt ist, dass dies zu den wichtigsten Aspekten der Arbeitgeberattraktivität gehört und sich das in der Zukunft noch steigern wird.

Viele Unternehmen stehen bereits heute unter Druck. Sie haben zwar erkannt, dass fehlende Karrieremöglichkeiten ihre Attraktivität auf dem Markt schmälert, doch fehlt in vielen das echte Engagement mehr zu tun.

Doch was kann getan werden? Eine gute und umfassende Maßnahme wäre die Einführung eines kombinierten Systems aus Karrieremanagement, Kompetenzmanagement und individuellem Lernen. Das umfasst Angebote zur Standortbestimmung, Karrieremöglichkeiten anhand von Potenzialanalysen und Wünschen, Aufzeigen der nächstmöglichen Schritte sowie Transparenz der Möglichkeiten im Unternehmen. Sicher ist, dass sich circa 80 % der Menschen weiterentwickeln wollen, was nicht immer in einer Führungskarriere mündet. Doch ihnen fehlt auf der einen Seite ein eigener Plan und auf der anderen Seite die Kenntnis der Möglichkeiten. Vervollständigt wäre das Entwicklungsmanagementsystem durch gezielte Angeboten zur Qualifizierung, die sowohl auf den Bedarf des Unternehmens als auch auf die Bedürfnisse und Fähigkeiten des Mitarbeitenden abgestimmt sind. Hierbei ist das Zusammenspiel von Mitarbeiter, Führungskraft und Unternehmen von entscheidender Bedeutung. Es reicht nicht aus, die Talente und

Fähigkeiten des Mitarbeitenden zu kennen, nichts aber über seine Karriereziele und Entwicklungswünsche zu wissen. So manche Führungskraft findet sich heute in Positionen wieder, die sie nie angestrebt hat und in denen sie sich nicht wohl fühlt.

10.6.2 Verantwortliche für das Karrieremanagement

Die Zusammenarbeit kann dabei folgendermaßen aussehen. Während der Mitarbeiter seine Karriere proaktiv angeht und seine Ziele strategisch vorantreibt, agiert die Führungskraft als Karrierecoach. Sie unterstützt bei der Ausformulierung der Karriereziele und ermöglicht die entsprechenden Weiterbildungen. Die Organisation kommuniziert die Unternehmensziele, fördert Netzwerke, wendet die entsprechenden Instrumente an und ermöglicht individuelles Lernen.

Eine wichtige Rolle kommt also den Führungskräften zu. Sie sollten als Sparringspartner agieren. Leider fühlen sich mehr als zwei Drittel dafür nicht zuständig. Und wahrscheinlich vertrauen viele Mitarbeiter ihren Führungskräften nicht hinsichtlich einer offenen und ehrlichen Karrierediskussion.

Unverständlich ist auch, dass nur wenige Führungskräfte bereit sind, Fachkräfte an andere Bereiche oder gar Organisationen abzugeben, wenn der Bedarf nicht vorhanden ist oder der Mensch nicht (mehr) ins Team oder zu den Aufgaben passt.

> **Praxisbeispiel**
>
> Ein mittelständisches Unternehmen rief an, um eine Teamentwicklungsmaßnahme durchführen zu lassen. Gemäß meiner Arbeitsweise sprach ich zuerst mit den Teammitgliedern einzeln und es stellte sich heraus, dass das Team neu aufgestellt und mit veränderten Aufgaben betraut wurde. Sechs der sieben Teammitglieder fühlten sich mit diesen neuen Aufgaben sehr wohl und zeigten einen ähnlichen Arbeitsstil. Es wurden vier Tage der Woche von zu Hause gearbeitet.
>
> Frau K. jedoch hatte Angst vor den neuen Aufgaben: „Sie entsprechen so gar nicht meinen Fähigkeiten und Wünschen und ich brauche ein Team. Zu viel Homeoffice will ich nicht, da hakt die Kommunikation."
>
> Sie wurde unzufrieden, ihre Arbeitsleistung sank und die Krankheitstage häuften sich. Die Unruhe darüber stieg im Team.
>
> In der Folge besprach ich eingehend mit ihr, wo sie sich sehen würde und was sie sich von ihren Aufgaben her wünscht. Gemeinsam mit der Personalabteilung des Unternehmens fanden wir eine gute Lösung in einer anderen Abteilung. Letztendlich wurde es so etwas wie ein Ringtausch zwischen drei Mitarbeitenden. Eine Teamentwicklung war nicht mehr erforderlich.
>
> Das klingt im ersten Moment aufwendig, ist es vielleicht sogar, aber letztlich wurden die „Probleme" von drei Mitarbeitenden und einem Team gelöst. Solche Karrieremaßnahmen habe ich in dem Unternehmen noch mehrmals durchgeführt. Immer nahm es einen guten Ausgang und Teamprozesse sowie Führungskräftecoachings wurden überflüssig.

10.6.3 Aufbau einer Karrierekultur

Grundvoraussetzung für die Implementierung einer Karrierekultur ist die Transparenz und Offenlegung der entsprechenden Unternehmensstrategie. Das Management muss seine Rolle als interner Karrierecoach erkennen und leben. Das bedeutet für viele Unternehmen einen Kulturwandel, die diesen Aspekt in erster Linie in der Eigenverantwortung des Mitarbeitenden sehen. Klassische Karrierefragen wie „Was interessiert mich? Welche Fähigkeiten, Erfahrungen und Talente besitze ich und möchte ich einsetzen? Was ist mein Wert für das Unternehmen?" werden häufig nicht gestellt.

Weiterhin sollte das Unternehmen Karrierewechsel, die erfolgreich waren, auch publik machen, was die Arbeitgeberattraktivität erhöht. Dazu ist es erforderlich, die Führungskräfte zu schulen Karrieregespräche mit den Mitarbeitenden zu führen, sie bei der Entwicklung von Karriereplänen zu unterstützen und über mögliche Qualifizierungen zu beraten. Dazu bedarf es einer entsprechenden Kultur, einem Vertrauensverhältnis und einer hohen Akzeptanz von allen drei Seiten: Mitarbeitender, Führungskraft, Unternehmen.

10.6.4 Karrieremodelle

Wie schon erwähnt, wird die Zahl der klassischen Karrieremodelle abnehmen und Alternativen müssen her – vor allem akzeptierte Alternativen. In vielen Unternehmen herrscht heute noch ausschließlich die Führungslaufbahn vor. Weniger beachtet und unterstützt werden die beiden Modelle der Fachlaufbahn der Spezialisten oder die Laufbahn des Projektmitarbeitenden oder Projektmanagers. Sie haben sich leider noch nicht als gleichwertige Karrieremodelle etabliert, obwohl beide in der Praxis eine unternehmerische Bedeutung haben. Aber ohne Führungsaufgaben entwickelt man sich in den meisten Unternehmen nicht so schnell, wenn überhaupt. Dabei kommen vielen Mitarbeitenden diese Modelle entgegen, sie wollen keine Führungsverantwortung, Titel und Status haben an Bedeutung verloren.

10.6.5 Talentmanagement

Zum Talentmanagement gehören alle Instrumente und Maßnahmen, die dazu dienen, alle Positionen – vor allem aber alle Top-Positionen – langfristig zu besetzen. Daher ist es entscheidend, dass die Fähigkeiten aller Mitarbeiter bekannt sind, um beispielsweise entscheiden zu können, ob eine dieser Positionen von innen besetzt werden kann oder eine externe Einstellung vorgenommen werden muss. Die Ziele des Talentmanagements müssen eng mit den Unternehmenszielen verknüpft und im Unternehmen verankert sein.

10.6 Personal- und Karriereentwicklung

Auch Talent Management ist heute schon in vielen Unternehmen angesiedelt, richtet aber auch hier meist nur an die ca. 5 % der benötigten Top-Talente. Und das obwohl der Anteil der arbeitenden Bevölkerung schrumpft und es schwieriger wird, Fachkräfte in fast allen Bereichen zu finden.

Ziel muss es sein, alle Mitarbeitenden optimal zu entwickeln und entsprechend ihrer Talente ideal für die Unternehmensziele einzusetzen. Das sollte ältere und weibliche Arbeitnehmende einschließen.

Die Hauptaufgabe des Talentmanagements besteht darin:

▶ Die richtigen Mitarbeiter auf den richtigen, für sie idealen Platz zu setzen.

Das kann auch bedeuten, dass Mitarbeiter nicht ins Unternehmen passen und darauf sollte man vorbereitet sein. Dann gilt es auch hier, Unterstützung anzubieten, zum Beispiel durch einen begleiteten Ausstiegsprozess (Outplacement) oder durch Vermittlung in andere Unternehmen über den Netzwerkgedanken, sei es regional oder branchenverbunden usw. (siehe Abschn. 10.8). Die daraus entstehende Flexibilität wirkt sich positiv auf die Anforderungen des Marktes aus. Besonders für KMU lohnen sich Kooperationen, da die ansonsten genutzten Maßnahmen meist zulasten der Mitarbeitenden gehen.

Notlösungen sind hier: Entlassungen, befristete Arbeitsverhältnisse, Zeitarbeit, Teilzeit, Überstunden, Vorruhestand oder gar Kurzarbeit, die oft von kleinen und mittelständischen Unternehmen nicht so umfangreich angewendet werden können wie von größere Unternehmen.

Zukünftig muss also gelten, alle Mitarbeiterressourcen zu pflegen, zu erschließen und zu entwickeln. Eine Möglichkeit stellt hierbei die Vernetzung regionaler Unternehmen untereinander durch Arbeitgeberzusammenschlüsse, mit Bildungseinrichtungen, der Verwaltung, auch branchenübergreifend dar. Das gilt nicht nur für Personalrekrutierung, sondern für die Aus- und Weiterbildung und auch für übergreifende Kooperationen im Personalmanagement.

Nachholbedarf gibt es hier vor allem aber in der Führungskräfteentwicklung. Immer noch ist es in vielen Unternehmen so, dass der fachlich Beste zur nächsten Führungskraft befördert wird, dabei ist längst bekannt und bewiesen, dass Führung ganz andere Fähigkeiten erfordert. Oft ist es sogar so, dass die Auserwählten die angebotene Position nicht wirklich wollen, aber aus Angst oder teilweise auch aus Eitelkeit nicht ablehnen.

> **Praxisbeispiel**
> Ich bekam einen Auftrag zu einer Teamentwicklung in einem mittelständischen Unternehmen, da es dort immer mehr Ärger im Team gab, die Kündigungen rapide zunahmen und die verbleibenden Teammitglieder nicht mehr in der Lage waren, die zusätzliche Arbeit aufzufangen. Im Rahmen von Neueinstellungen sollte das Team auch von einer Teamentwicklungsmaßnahme profitieren.
>
> Gemäß meiner Arbeitsweise sprach ich zuerst mit jedem Teammitglied, der Teamleiterin und deren Vorgesetzten. Wie fast immer bei solchen Anfragen, zeigte sich

schnell, dass der Knackpunkt die Führungskräfte waren. So wie die Teamleiterin sich in Tagesaufgaben verlor und Führungsaufgaben eher aussaß, hatte auch die übergeordnete Führungskraft ein großes Pensum an Fachaufgaben zu erledigen und konnte sich um seine Leitungsfunktion nicht kümmern. Daraus folgte, dass Entscheidungen auf die lange Bank geschoben wurden, Mitarbeitergespräche nicht geführt und die Aufgabenverteilung eher willkürlich erfolgte.

Die Folge war, dass einige Mitarbeiter bereits einige hundert Überstunden angesammelt hatten, während andere öfter krank waren, zu spät kamen und wenn sie da waren auch noch Fehler produzierten.

Angedacht wurde nun ein Führungskräftecoaching zur Rollenklärung, zur Erarbeitung einer Führungsstrategie und da infolge digitalisierender Maßnahmen eine Umstrukturierung und neue Aufgabenverteilung anstand, sollten Workshops, die von der Teamleiterin angeleitet werden sollten, diesen Prozess begleiten. Alle waren einverstanden und es sollte mit der Teamleitung begonnen werden.

Doch dazu kam es nie, die Teamleiterin schob ständig Gründe vor, diesen Prozess zu beginnen.

Es folgte ein weiteres Gespräch mit ihr und erst nach und nach enthüllte sie, dass sie diesen Posten nie gewollt hatte. Es war nicht ihr Ding, doch danach war sie scheinbar nie gefragt worden.

10.6.6 Personalentwicklung mit System

Sie sehen, dass der gesamte Bereich der Personalentwicklung ein zentrales Thema darstellt. Egal, ob Führungskräfte entwickelt werden sollen oder ob Mitarbeiter auf Spezialaufgaben oder Projektmitarbeit vorbereitet werden sollen, es erfordert Fingerspitzengefühl, Empathie und dazu eine gute Kenntnis der Möglichkeiten des Einzelnen im Wollen und im Können. Erst dann kann eine wirklich angemessene Entwicklung stattfinden, die für beide Seiten von Vorteil ist. Das kostet auf der einen Seite Geld, aber auch Zeit und Führungskräfte, die eine Beratung in der Karriere- und Persönlichkeitsentwicklung durchführen können und dazu gewillt sind.

Immer noch ist jedoch gängige Praxis, dass bei ungünstiger betriebswirtschaftlicher Lage genau dort zuerst eingespart wird. Und von den allgemeinen Angebotskatalogen werden eher noch die für alle nützlichen Seminare wie Kommunikation, Rhetorik und Zeitmanagement angeboten. Alles wichtige Themen, doch ich glaube, dass Personalentwicklung individueller werden muss. Denn zukünftig werden sich Mitarbeitende für Unternehmen entscheiden, die Entwicklungsperspektiven anbieten, in denen die individuellen Bedürfnisse berücksichtig und Unterstützung bei der Karriereplanung gegeben wird.

> **Praxisbeispiel**
> Matthias H. ist 36 Jahre alt und wollte eigentlich schon längst eine Familie gegründet haben. Er ist sehr gut ausgebildet, hat einen Doktortitel in Geschichte und seine erste Anstellung als Historiker in einem Verlag war befristet. Aufgrund der wirtschaftlichen Lage und dem damals einsetzenden Verlagssterben sah er sich um und bekam eine befristete Teilzeitstelle in einem Forschungsteam einer großen Universität. Hier war er sehr zufrieden und sein Vertrag wurde verlängert, aber nach 5 Jahren an der Uni war auch hier Schluss. Es folgte eine Anstellung bei der Arbeitsagentur, zuerst im Forschungsbereich, dann in der Beratung, immer Teilzeit und immer befristet. Jede neue Bewerbung weckte in ihm die Hoffnung nun endlich beruflich sesshaft zu werden und sich um seine Privatsituation zu kümmern und jede neue Stelle zerschlug diese Hoffnung, weil sie Teilzeit, befristet und mit relativ wenig Gehalt ausgestattet war.
>
> Menschen wie Matthias habe ich einige in meinen Beratungen kennengelernt, gut ausgebildet – meist Geisteswissenschaftler – sich in Praktika tummelnd, in befristeten und prekären Arbeitsverhältnissen. Ein Potenzial, das zu verschwenden wir uns eigentlich gar nicht leisten könnten.

Doch wir tun es, trotz Fachkräftemangel und trotz sich verändernder, flexibler werdender Welt, verzichten wir auf Arbeitskräfte, die „nicht die richtige Ausbildung" haben. Ja sicher, sie müssten eingearbeitet und entwickelt werden, das kostet Zeit und Geld, aber sollte es uns das im Sinne der Absicherung einer wachsenden und zukunftsfähigen Wirtschaft nicht wert sein?

Mit einer systematisch angelegten Personalentwicklung, aufbauend auf ein flexibles Personalbeschaffungssystem ließe sich die Abhilfe schaffen. Eine solche Systematik umfasst drei Bausteine: Ausbildung, Qualifizierung und Umschulung. Bisher haben wir in den meisten Unternehmen die Ausbildung recht gut etabliert, die Qualifizierung oder Weiterbildung ansatzweise und die Umschulung zum Beispiel so gut wie gar nicht. Dabei gibt es so viele Instrumente in der Personalentwicklung, die eingesetzt werden könnten, neuere Formate, die der Flexibilität Rechnung tragen können. Angesichts des technischen Fortschritts reicht es heute nicht mehr aus, eine Ausbildung oder ein Studium absolviert zu haben. Arbeitnehmende müssen sich noch dringlicher als bisher ständig weiterbilden. Um das in Einklang zu bringen mit einer flexibleren und fordernderen Arbeitswelt muss betriebliches Lernen flexibel, individuell, zeit- und arbeitsnah – eben auch agil werden.

10.6.7 Personalentwicklung der Zukunft

Die gegenwärtig laufenden Diskussionen zeigen, dass mit größter Wahrscheinlichkeit alle Unternehmen mehr oder weniger von den Veränderungen, wie der Digitalisierung, betroffen sein werden (vgl. Abb. 10.2). Für sie und ihre Mitarbeitenden ist es daher nötig, neue und umfassendere Ansätze zu etablieren, die es ermöglichen schnell die wirklich relevanten Kompetenzen zu erwerben. In der Konsequenz gehört das kontinuierliche Lernen zu den zentralen Aufgaben der Personalentwicklung. Der derzeitige Stand der Entwicklungsmaßnahmen bestätigt einen hohen Handlungsbedarf.

Dabei erhält Individualisierung und Personalisierung einen höheren Stellenwert in der Personalentwicklung der Zukunft. Vor dem Hintergrund zunehmender Vielfältigkeit der Mitarbeitenden wie Bildungshintergrund, Migrationshintergrund usw. verändern sich die Anforderungen im Umgang mit Lern- und Entwicklungsprozessen. Ein Ansatz ist, die Mitarbeitenden stärker in die Verantwortung zu nehmen, dann müssen ihnen die Möglichkeiten für informelles Lernen gegeben werden. Weiterhin ist es auch dann erforderlich, die Planung des Bildungsprozesses vorzunehmen. Die Bestimmung des Bildungsbedarfes, die Planung und Durchführung von Bildung bis zur Evaluation bleiben auch weiterhin die Phasen der Personalentwicklung, wie im Modell in Abb. 10.3 aufgezeigt wird.

Dabei stehen Unternehmen heute schon Möglichkeiten der Personalisierung zur Verfügung. Megan Torrance (2017) führt in ihrem Beitrag „How (your) data can enable learning personalization (today)" folgendes auf:

Abb. 10.2 Digitalisierung der Arbeitswelt

10.6 Personal- und Karriereentwicklung

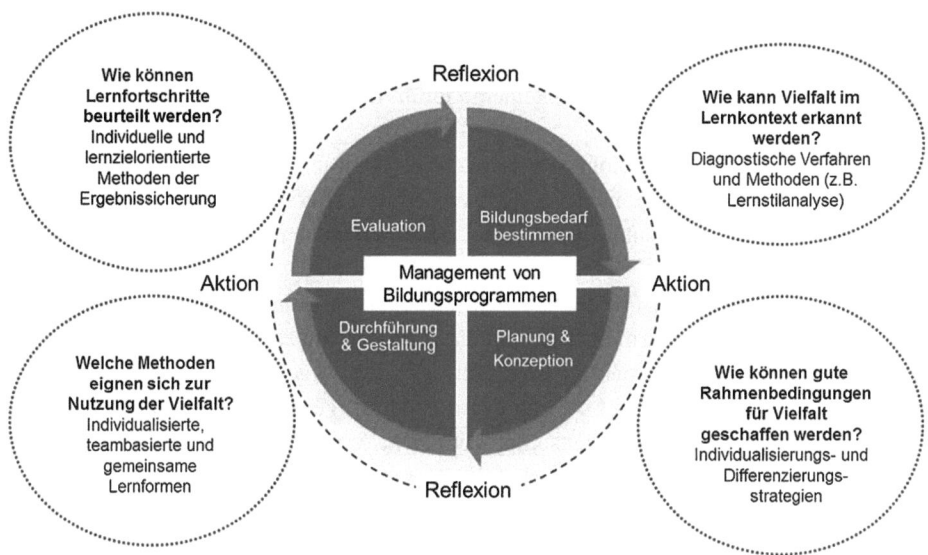

Abb. 10.3 Management von Bildungsprogrammen

1. Bevorzugte Sprache
2. Bevorzugtes Endgerät (z. B. Tablet)
3. Funktion/Rolle in der Organisation
4. Organisationseinheit
5. Anstellungsverhältnis (Teil-/Vollzeit)
6. Beschäftigungsdauer im Unternehmen
7. Wohnort und Zeitzone

Ergänzt werden können diese Möglichkeiten durch:

1. Weiterbildungshistorie (z. B. Teilnahme an Programmen)
2. Aktueller Bearbeitungsstand (z. B. in einem Online-Kurs)
3. Bereits aufgerufene Inhalte (z. B. einer Inhalte-Bibliothek)
4. Häufig durchgeführte Transaktionen (z. B. an einer Maschine oder in einem ERP-System)

Die große Herausforderung liegt darin, diese Daten in einem System abbildbar und nutzbar machen zu können. Das ist in vielen Unternehmen so noch nicht der Fall. Denn zur Umsetzung solch individueller Lernprozesse werden neben den technischen Gegebenheiten, digital aufbereitete Lerninhalte verschiedener Formate auch Daten und zwar Nutzerdaten, die Auskunft über Lernverhalten, Wissensstand, aktuellen Aufgaben und Entwicklungsmöglichkeiten geben, benötigt. Wenn das auf Menschen trifft, die neugierig sind, lern- und entwicklungsbegeistert, dann könnten solche Angebote den Personalentwicklungsprozess unterstützen. Voraussetzung hierfür ist jedoch die Akzeptanz durch den Mitarbeitenden. Es darf hier zu keinem Gefühl der Überwachung und Beobachtung kommen.

Der Personalentwicklung kommt eine wichtige Rolle in Unternehmen zu, die meisten sind jedoch darauf noch nicht wirklich vorbereitet. Hier sind beide Seiten gefragt – aktiver, an seiner Entwicklung interessierter Mitarbeitender und ein Unternehmen, das dies zu schätzen weiß, den Rahmen bietet und lebenslanges Lernen unterstützt. Dabei sind die bisher etablierten Personalentwicklungssysteme oft zu statisch. Kurse werden nach dem Gießkannenprinzip zu bestimmten Terminen angeboten, die Inhalte sind für alle Mitarbeiter gleich und der Transfer fällt bei vielen aus. Zertifikate beweisen, dass der Mitarbeitende etwas gelernt hat und damit endet oft genug die Personalentwicklung. Das meiste, was wirklich im Arbeitsalltag gebraucht wird, eignet sich der Mitarbeitende nebenbei an – Learning by doing, kollektive Beratung und Unterstützung oder Selbstlernen stehen auf dem Programm. Zumal die Aufgaben meist schnell erledigt werden müssen und die Zeit, um bis zu einem geplanten Kurs zu warten, oft nicht da ist. Schätzungen gehen davon aus, dass circa 60 % des Gelernten eigeninitiativ erarbeitet werden. Das ist wundervoll und ein Handlungsfeld für Unternehmen.

Hand in Hand gehen verschiedenste Methoden, die lebenslanges Lernen ermöglichen und diese wollen wir näher beleuchten.

10.6.8 Instrumente der Personalentwicklung

Keines der bekannten Instrumente der Personalentwicklung, die uns bekannt sind, hat aus meiner Sicht ausgedient. Manche sind vielleicht neu zu interpretieren und die Häufigkeit des Einsatzes zu variieren, aber jedes hat seine Berechtigung. Wollen wir uns im Folgenden die wesentlichen ansehen und hinterfragen bzw. neue Einsatzmöglichkeiten klären.

10.6.8.1 Training on the Job oder Workplace Learning

Training on the Job, selbstständiges Lernen am Arbeitsplatz in der Situation im Arbeitsprozess ist wohl die am weitesten verbreitete Form des Lernens. Jeder, der ein neues Aufgabengebiet übernimmt, arbeitet sich ein, informiert sich und lernt. Informationen beschafft sich der Beschäftigte selbst und ohne externe Vorgaben. So war es schon immer und so wird es bleiben. Wenn Mitarbeitende nicht schon seit Jahrzehnten so lernen würden, wäre mancher Fortschritt auf der Strecke geblieben und Entwicklungen hätten nicht umgesetzt werden können.

> **Praxisbeispiel**
>
> Alex K. wurde darüber informiert, dass an seinem Arbeitsplatz zukünftig mit SAP gearbeitet würde. Eine Fortbildung oder Einführung zu dem System war im Budget

des Unternehmens aber nicht vorgesehen. Alex musste sich also selbstständig in das System einarbeiten, um den Anforderungen seiner Aufgaben gerecht werden zu können.

Was es dafür in Zukunft aber besser braucht ist Zeit, Rahmenbedingungen und Anerkennung. Mitarbeitende, die neue Aufgaben übernehmen, in die sie sich einarbeiten, müssen die Zeit dafür bekommen und heute auch eine entsprechende technische Ausstattung. Ihnen muss ermöglicht werden mit Kollegen gemeinsam Lösungen für Fragestellungen zu finden. Das mag in einigen Firmen selbstverständlich sein, aber nicht überall. Was hier für mich aber eine viel wichtigere Rolle spielt, ist die Anerkennung solcher Wissensaneignung auf dem Arbeitsmarkt – im Recruiting ist es noch immer nicht selbstverständlich, dass Wissen ohne Zertifikat existiert. Und diese Zeiten sind vorbei, jedes Wissen ist jedem zugänglich, die Lernbereitschaft der Menschen ist vorhanden und trotzdem wird das ohne Nachweis nicht akzeptiert.

> **Praxisbeispiel**
> Sabine F. hat sich während ihrer 27-jährigen Arbeitsbiografie bei einem Arbeitgeber von der Industriekauffrau bis zur Managerin internationaler Projekte mit einem Millionenbudget und mit bis zu 300 Mitarbeitern weltweit entwickelt. Sie machte ihre Sache hervorragend, war anerkannt und geschätzt.
>
> Dann die große „Überraschung" – der Arbeitgeber schloss den Standort und die Mitarbeiter verloren ihren Job. Bereits in der Phase, in der die Gerüchte über die Schließung die Runde machten, bewarb sich Sabine K. als Projektleiterin. Ablehnungen kamen und es gab kaum eine Einladung zum Gespräch. Nach einem Gespräch, dass dann doch in einer Absage mündete, bekam sie eine Antwort auf die Frage nach den Gründen: Sie haben keinen Abschluss als Projektleiterin.
>
> Und tatsächlich, obwohl Sabine K. jahrelang in dem Job tätig war und ihn aus dem Effeff beherrschte, hatte sie es aus Zeitgründen nie geschafft eine Zertifizierung abzulegen. Das fiel ihr jetzt auf die Füße. Nach einer Weiterbildung mit einem Zertifikat auf einem sehr hohen Level klappte es dann.

Sabine K. ist kein Einzelfall. Berufliche Veränderungen, die sich nicht auf eine Ausbildung, ein Zertifikat oder einen ähnlichen Nachweis gründen, werden noch nicht beachtet. Ausführen zählt nicht, nur das Papier. Solange diese Praxis sich hartnäckig in der Personalgewinnung hält, ist eine gravierende Veränderung in der Personalentwicklung den Mitarbeitenden wenig zuträglich. Hier muss sich dringend etwas ändern. Denn gerade in den Zeiten einer zunehmend komplexeren Um- und Arbeitswelt und steigenden Anforderungen am Arbeitsplatz gewinnt das sogenannte informelle Lernen immer weiter an Bedeutung. Die Aneignung und Austausch sowie Anwendbarkeit des Wissens stehen im Vordergrund. Dazu können neben Büchern, Zeitschriften, dem Internet oder Intranet auch Videos, Kongress- oder Messebesuche sowie Webinare dienen. So gelingt Lernen individueller, kooperativer und selbstbestimmter.

Gerade hinsichtlich der immer weiter voranschreitenden Dynamik der Arbeitsprozesse und der zunehmenden Digitalisierung von Arbeit ist ein selbstgesteuertes und effektives Lernen Grundvoraussetzung. Um mit den Herausforderungen Schritt halten zu können, ist es entscheidend, flexibel, zeitnah und dann zu lernen, wenn der Bedarf besteht. Dies kann analog durch Austausch oder digital durch Wissensaufnahme stattfinden. Lernformate müssen sich an diese Umstände anpassen und flexibler, in kürzeren Einheiten und leichter abrufbar angeboten werden.

10.6.8.2 Seminar oder Webinar

Analoge Lernformate sind dabei Präsenzveranstaltungen wie Seminare und Workshops, aber auch Formate, die den Austausch fördern. Eine moderne Form ist zum Beispiel „Lunch & Learn". Diese analogen Formen dienen einerseits der Wissensvermittlung, aber auch der Reflexion oder dem Kompetenzaufbau durch Übungen und Rollenspiele, zur Transfersicherung.

Ein weiterer Pluspunkt für diese Formate ist der direkte und unmittelbare Austausch zwischen den Teilnehmenden. Hierbei entsteht Lernen durch Erfahrungsaustausch, gemeinsame Lösungssuche oder gemeinsame Reflexion. Allerdings ist mit diesen Methoden oft ein hoher finanzieller und zeitlicher Aufwand verbunden und die Terminierung schränkt die Flexibilität ein. Finden Präsenzveranstaltungen im Haus statt, kommt oft noch hinzu, dass Mitarbeitende aufgrund wichtigerer Aufgaben die Veranstaltung abbrechen, längere Pausen vornehmen oder auch ganz absagen müssen.

Eine Alternative, die es schon länger gibt, die aber im Unternehmenskontext kaum genutzt wird, sind trainergeführtes Lernen im virtuellen, synchronen Klassenraum. Das ermöglicht die Teilnahme großer Gruppen. Das erfordert eine Umstellung vor allem bei den Trainern, denen es sehr wohl gelingen kann, die Teilnehmenden zu aktivieren und einzubinden. Das geschieht unter anderem durch Teilnehmerabfragen, Chats, aber auch Gruppenübungen mit anschließender Ergebnispräsentation sind möglich.

Allerdings stellt dieses Format auch an die Teilnehmenden große Herausforderungen, da sie sich mit mehreren Funktionen gleichzeitig auseinandersetzen müssen. So erfordert beispielsweise eine Abfrage mehr Zeit, da die entsprechenden Funktionen erst freigeschaltet werden müssen, um dann von den Teilnehmenden genutzt werden können. Zudem ist darauf zu achten, dass es für die derzeit nicht aktiv Teilnehmenden nicht langatmig wird. Hier ist der Trainer, eventuell ein Co-Trainer gefordert.

Darüber hinaus gibt es noch eine Vielzahl digitaler Instrumente, die weitgehend unabhängig von zeitlichen und räumlichen Einschränkungen genutzt werden können. So gibt es verschiedene E-Learning-Module, die zum Einsatz kommen können. Neben klassischen Webinaren kommen heute auch Learnquizzes, Communities of Practice oder Onlinespiele zum Einsatz.

Eine weitere Variante können Mischformen sein, bei denen das Wissen über Webinare erlernt und dann in Workshops vertieft und geübt wird. Auch besteht die Möglichkeit vertiefendes Material als Begleitung zu Seminaren digital zur Verfügung zu stellen und dieses gemeinschaftlich von den Teilnehmenden nutzen zu lassen. Solche Blended-Learning-Konzepte schaffen gute Möglichkeiten, die breite Vielfalt von Lernformen zu kombinieren und den bestmöglichen Entwicklungserfolg zu erzielen.

Begleitet werden kann das selbstbestimmte Lernen durch Mentoring, Coaching, kollegiale Beratung oder informelles Feedback.

10.6.8.3 Mentoring und Coaching

Coaching und Mentoring begleiten Beschäftigte seit vielen Jahren im Arbeitsgeschehen. Zugegeben anfangs ausschließlich auf den Chefetagen, doch das hat sich gewandelt. Vielen Mitarbeitenden stehen beide Möglichkeiten jetzt offen und werden genutzt.

Während Mentoren jedoch in der Regel aus dem Unternehmen kommen und ihre Rolle als Ermöglicher, Netzwerker, Einführer in die Unternehmensstrukturen wahrnehmen, kommen Coaches meist noch als Externe daher. Unabhängigkeit, externer Blick und Aufbau von Vertrauen sind Gründe, die hierfür oft ins Spiel gebracht werden.

Sicher ist, dass bei der Anwendung der unterschiedlichen Methoden und Instrumente im Vordergrund steht, welche zu wem und zum Thema passt. Dass es hier durchaus Unterschiede gibt und dass auch die Zusammenarbeit zwischen den Generationen eine Herausforderung darstellt, dazu lesen Sie im nächsten Abschnitt mehr.

10.6.9 Die Rolle von Personalentwicklung

Träger der Karriere- und Personalentwicklung sind Human Ressources und die Führungskräfte eines Unternehmens. Sie müssen gemeinsam den Rahmen, die Möglichkeiten schaffen und den Prozess begleiten. Dazu ist die Hinwendung eher zu Beratung und Unterstützung als dem Abliefern von Weiterbildungskatalogen erforderlich. Das bedeutet mit dem Mitarbeitenden zu kommunizieren, seinen Bedarf zu analysieren genauso wie Probleme anzusprechen und gemeinsame Lösungsmöglichkeiten zu finden. Es umfasst das Herausfinden geeigneter Methoden und die Begleitung während des Entwicklungsprozesses.

Dafür muss der Bereich Personalentwicklung über umfassendes Know-how zu den Arbeitsinhalten, den neuen Technologien aber auch den Methoden der Diagnostik und Entwicklung von Persönlichkeit und Leistungsvermögen verfügen. Alle Maßnahmen sind dabei mit den Unternehmen abzustimmen, um so den Return on Investment zu gewährleisten. Dazu bedarf es in erster Linie der eigenen Entwicklung und Weiterbildung.

Die strategischen Herausforderungen, die zu berücksichtigen sind, liegen einmal in den bereits stattfinden Entwicklungen von Wirtschaft und Gesellschaft, in den Entwicklungen im Bildungssektor, in den technologischen Entwicklungen und den Bedürfnissen der Kunden. Geschwindigkeit, Anpassungsfähigkeit, Innovationsfähigkeit sowie zeitnahe, spezifische und individuelle Angebote bestimmen zunehmend den Alltag. Damit muss sich Personalentwicklung auseinandersetzen und diese mit den operativen Herausforderungen des Arbeitsalltags in Einklang bringen. Danach sind die größten Herausforderungen einer zukunftsfähigen Personalentwicklung (Schermuly et al. 2010):

1. Umgang mit immer schnelleren Veränderungen – erfordert einen permanenten Abgleich der Erfordernisse
2. Steigerung des Nutzens von Personalentwicklung und deren Integration in die Unternehmensentwicklung
3. Fachkräftemangel – kann nicht nur durch Recruiting bewältigt werden, daher kommt Personalentwicklung eine entscheidende Rolle zu
4. Demografischer Wandel – Beschäftigte mit 55 plus gehören heute nicht zum „alten Eisen", sondern müssen durch Aufrechterhaltung der Leistungsfähigkeit und Anpassungsfortbildungen gehalten werden
5. Optimierung von Effektivität und des Nutzens von PE
6. Wissens- und Innovationsmanagement – abteilungsübergreifende Vernetzung von Experten, Communities of Practice
7. Förderung der Werteentwicklung und Unternehmenskultur – Entwicklung und Lernen zum festen Bestandteil der Organisation machen, Umgang mit Globalisierung und Diversität – interkulturelles Management über Grenzen und Kulturen hinweg wirksam machen
8. Work-Life-Balance und Gesundheitsmanagement
9. Vereinbarkeit von Familie und Beruf – geht über Wissen darüber hinaus, muss den Rahmen schaffen für Kinderbetreuung, Pflege von Angehörigen, Sabbaticals zur Weiterentwicklung oder als Auszeit
10. Legitimierung – den Wertebeitrag von PE klarmachen

Dazu ändert sich die Rolle von Personalentwicklung zu einer strategischen, fördernden und coachenden Rolle als wesentlicher Bestandteil zur Sicherung des Unternehmenserfolges. Wer Mitarbeitende motivieren will, muss ihnen die Möglichkeiten geben ihre Entwicklung selbst in die Hand zu nehmen. Es muss eine Atmosphäre von Wertschätzung, Vertrauen und regelmäßigem Feedback geschaffen werden. Geleistete Arbeit muss anerkannt, Fehler zugelassen werden. PE muss dafür Sorge tragen, dass Handlungsmöglichkeiten geschaffen werden für eine kulturübergreifende, mehrere Generationen vereinende und von Austausch geprägte Unternehmenskultur.

10.7 Generationenübergreifende Zusammenarbeit

Die sich verändernde Demografie in der Arbeitswelt führt dazu, dass bis zu fünf Generationen unter einem Dach arbeiten. Da ist zunächst einmal die Nachkriegsgeneration (geboren 1945–1955), die sich heute am Ende ihres Berufslebens befindet oder bereits im Ruhestand ist. Zum anderen zählen die Vertreter der Babyboomer (geboren 1956–1965), die der Generation X (geboren 1966–1979), die der Generation Y (geboren 1980–1994) und die der Generation Z (geboren nach 1994) ebenfalls zur heute arbeitenden Bevölkerung. Da kann es schon mal zu folgenden Situationen kommen:

> **Praxisbeispiel**
>
> Marianne, 50, fand einen Job in einer Social-Media-Agentur. Sie arbeitete für ihre vorherige Firma schon lange mit den Social Media Tools und vertiefte dieses Wissen nach ihrer Kündigung durch gezielte Qualifizierungen. Im Anschluss erhielt sie diese neue Anstellung in einer Agentur. Die Agentur beschäftigte ausschließlich Mitarbeiter zwischen fünfundzwanzig und dreißig und aufgrund einer Idee der Personalerin wollte man mit der Zusammenarbeit unterschiedlicher Generationen experimentieren. Man entschied also seitens des Managements eine Mittfünfzigerin einzustellen. Und das war Marianne.
>
> Sie arbeitete sich ein, musste sich aber an Klima und Stil der Arbeit in einer Agentur erst gewöhnen. Es fiel ihr nicht so leicht, wie gedacht.
>
> Die Schwierigkeiten begannen, als deutlich wurde, dass ihre Chefin, 31, nicht mit ihr kommunizieren konnte. Sie traute sich nicht, Marianne Aufgaben, Anweisungen und Feedback zu geben. Die Kommunikation erfolgte ausschließlich über Mails. Für Marianne war dies kaum auszuhalten, da der Umgang in der Agentur sonst eher familiär und offen war. Gespräche mit der Chefin führten zu keiner Änderung im Verhältnis der beiden.
>
> Zum Ende der Probezeit verließ Marianne das Unternehmen. Für Marianne wurde klar, dass sie sich in einem anderen Umfeld umsehen musste.

Veränderte Einstellungen im Umgang miteinander, Klärung der Rollen und Gespräche nicht nur auf bilateraler Ebene hätten hier sicherlich helfen können. Entscheidend wäre aber gewesen, wenn sich die Agentur vorab Gedanken gemacht hätte, wie eine Zusammenarbeit aussehen soll und welche Regeln gelten. So ist das Experiment gescheitert und die Agentur stellt so schnell keine älteren Arbeitnehmenden mehr ein.

Schauen wir uns die Generationen, die da aufeinandertreffen etwas genauer an:

10.7.1 Nachkriegsgeneration

Auch wenn die in dieser Zeit geborenen häufig auf dem Weg in den Ruhestand sind, nehmen sie noch am Arbeitsleben teil, sei es durch Minijobs oder Beraterverträgen, denn im Gegensatz zu den Vorgängergenerationen sind sie mit 65 noch lange nicht alt. Sie haben den ersten Nachkriegswohlstand erlebt und profitierten als erste von den menschlicher werdenden Arbeitsbedingungen. Sie wollen im Arbeitsleben ihr Wissen weitergeben, junge Menschen anleiten oder noch ein letztes Projekt mit auf den Weg bringen. Befristete Projektverträge sind gern gesehen, wie auch die Möglichkeit noch ein bisschen als Berater tätig zu bleiben. Mit dem Ausscheiden dieser Generation aus dem Arbeitsprozess geht eine Menge praktischen Wissens verloren, das bewahrt werden sollte. Im Rahmen von Wissensmanagement, Mentorentätigkeit oder Ausbildungsbeauftragung könnte dem Wissensverlust vorgebeugt werden. Dabei muss klar sein, dass es nicht um „das haben wir schon immer so gemacht" geht, sondern um Anregungen, die weitergegeben werden, Denkanstöße und auch Netzwerke. Sie waren auch die Generation, die mit Erfindergeist viele Engpässe überwinden und Innovationen erfinden musste, ein Potenzial das es abzuschöpfen gilt.

10.7.2 Babyboomer

Sie stellen momentan noch die größte Mitarbeitergeneration dar, bilden häufig das Rückgrat der Gesellschaft und haben gelernt, ihre Ziele mit Ehrgeiz zu verfolgen. Wir finden aus dieser Generationen viele Vertreter im Top-Management, oft hochgearbeitet zum Teil noch ohne Studium. Karrieren, wie sie heute kaum noch gelingen würden. Sie stellen eine Generation im Aufbruch dar: Umweltbewegung, Friedensaktivisten und das Motto „leben und leben lassen", Wegbereiter der 68er-Bewegung. Sie waren der Ansicht, dass sich die angestaubte Gesellschaft verändern muss. Durch den Eintritt dieser Generation in den Ruhestand, was zwischen 2020 und 2030 der Fall sein wird, wird sich die Zahl der Erwerbstätigen deutlich reduzieren.

Mit ihnen finden wir eine Generation, die meist loyal zum Unternehmen steht, zwanzig, dreißig Jahre Betriebszugehörigkeit sind keine Seltenheit. Betrieblich geht es hier um den idealen Einsatz im Unternehmen – interne Veränderungen gepaart mit betrieblichem Gesundheitswesen, dem Fokus auf Arbeitszufriedenheit und der gelungenen Zusammenarbeit mit anderen Generationen. Oft wird aber bereits hier der Aspekt der Weiterbildung vernachlässigt, was sicher ein Fehler ist, denn mit ihrem Wissen und ihrer Sozialkompetenz können sie wichtige Rollen im Unternehmen übernehmen. Wichtig sind ihnen flexible Arbeitszeitmodelle, eine Wertschätzung ihrer Erfahrung und das Gefühl Nutzen zu stiften und einen sinnvollen Beitrag zu leisten.

Leider ist es heute auch so, dass, wenn sie ihren Job verloren haben, die Chancen auf eine weitere Beschäftigung, einen beruflichen Neuanfang nicht so hoch sind, auch wenn in den Medien etwas anderes behauptet wird.

Praxiserlebnis

Vor kurzem war ich auf eine Veranstaltung zum Thema Recruiting und Employer Branding, die von Personalverantwortlichen gut besucht war. Mein erstes Erstaunen war, dass der Altersdurchschnitt bei 30 Jahren lag. Ich kam ins Gespräch und bald kam das Thema auf Altersbegrenzungen bei Einstellungen. Meine Gesprächspartner bestätigten mir, dass 50 plus definitiv ein Hinderungsgrund für eine Einstellung sei, teilweise sogar schon 40 plus. Meine Frage nach dem Grund wurde wie folgt beantwortet:

- Die Verdienstwünsche würden bei 120.000 € liegen, das können wir nicht bezahlen.
- Die wollen alle Führungspositionen, so viel Posten haben wir nicht zu vergeben
- Die wollen immer alles besser wissen und sind nicht mehr ausreichend innovativ.

Meine nächste Frage lautete: Wie viele Mittfünfziger sie in Vorstellungsgesprächen sie schon darauf angesprochen hätte. Die Antwort konnte ich mir denken: Keinen.

Hinzufügen möchte ich noch, dass es sich bei den Personalvertretern nicht nur um Mitarbeitende aus Start-ups handelte.

Was ich den auswählenden Personalern zugutehalten möchte, ist eine Erfahrung, die ich immer wieder mache, wenn Mitarbeiter der Generation 40 oder 50 plus abgebaut werden. An vielen von ihnen ist betriebliche Weiterbildung seit Jahrzehnten spurlos vorübergegangen. Mal ein Minikurs hier und mal einer da, meist betriebsintern, ohne Abschlüsse, und das fällt ihnen jetzt auf die Füße, denn eine Anerkennung des Geleisteten ohne Zertifikat gibt es noch nicht. Ein Sachverhalt, über den Unternehmen im Umgang mit ihren Mitarbeitenden, aber auch Personalentscheider überdenken sollten. So produzieren wir eine Gesellschaft der Verlierer auf Seiten von Organisationen und Menschen.

10.7.3 Generation X

Hier beginnt der Wohlstand zu bröckeln, für die ökologischen und ökonomischen Sünden der Elterngeneration beginnt man zu büßen. In seinem Buch „Generation X" prägte Douglas Coupland für sie auch den Begriff „McJobber", als Zeichen dafür, dass ihre Jobmöglichkeiten niedrig dotiert, vor allem im Dienstleistungsbereich mit wenig Prestige, Würde und Nutzen lagen. Nur wenige sind bereit den Job zu wechseln für ein selbstbestimmtes Arbeiten, das Freiräume schafft. Sie können mit individueller Karriereberatung ihren idealen Platz finden.

10.7.4 Generation Y

Der Generation „Warum" wird nachgesagt, dass sie aufgrund ihres Aktivismus, ihrer Vorstellungen von der Arbeitswelt, ihres Wissensdurstes und ihrer hinterfragenden Grundhaltung einen großen Einfluss auf die Gestaltung der Arbeitsumwelt der Zukunft hat, besonders da sie auch zahlenmäßig eine ausreichend große Gruppe darstellt, die Veränderungen anstoßen und umsetzen kann. In der Beratung lässt sich feststellen, dass ein Großteil dieser Gruppe sinnorientiert ist, verstärkt Eigenständigkeit und Unangepasstheit verlangt, sowohl im privaten als auch im Arbeitsumfeld. Natürlich haben nicht alle der in dieser Zeit Geborenen diese Ansprüche, es gibt auch hier Menschen, die klassisch Karriere machen wollen und Menschen, denen Sicherheit über alles geht. Trotzdem wird die Generation eher mit den Sinnfragen verbunden, wahrscheinlich, weil eben doch mehr als 50 % sich genau diesen Fragen stellt, eigene berufliche Wege geht und auch Arbeitgeber vermehr in die Pflicht nimmt. CoWorking, Arbeitsnomaden usw. sind „Erfindungen" der Generation Y.

Für sie gehören Spaß an der Arbeit, Entwicklungsmöglichkeiten und herausfordernde Aufgaben zu den wichtigsten Attributen eines attraktiven Arbeitgebers. Das und die völlig freien Zugänge zu Informationen zu jeder Zeit scheinen sie sprunghaft zu machen. Sie sind jederzeit bereit den Arbeitgeber zu wechseln, wenn ihnen ein interessanteres Angebot gemacht wird. Bisher verhinderte die wirtschaftliche Lage feste Beschäftigungsverhältnisse für junge Akademiker, doch das ändert sich gerade. Solange sie jedoch in Ihrem Unternehmen arbeiten, können sie gute Leistung für gutes Geld erwarten. Allerdings müssen Sie damit rechnen, dass eine lange Verweildauer im Unternehmen nicht angestrebt wird.

Wenig bereit, sich in Konzernstrukturen einzupassen, offene Kommunikation ihrer Anliegen, Ablehnung von Hierarchien sowie Arbeitsanweisungen fordernd, werden sie Unternehmenskulturen in ihren Grundfesten erschüttern. Deshalb sind sie so sehr offen für die Ideen der Agilität und den dahinterstehenden Werten. Um sie zu halten, müssen herausfordernde Aufgaben zum Beispiel in wechselnden Projekten, Entwicklungsmöglichkeiten und auch gute Verdienstmöglichkeiten gegeben sein.

10.7.5 Generation Z

Hierzu gibt es noch wenige Daten, da diese Generation erst in den Arbeitsmarkt eintritt. Hier wird sich, zumindest bei den gut Ausgebildeten, der Trend der Generation Y zu herausfordernden Aufgaben, wenig bis keinen Hierarchien und guter Entlohnung fortsetzen. Was sich allerdings nicht fortsetzen wird, ist der Drang immer und überall zu arbeiten, ist das Verschmelzen von Arbeit und Privatleben, sondern es deutet sich an, dass Feierabend, Wochenende, Zeit mit Freunden und für Hobbys wieder stärker in den Fokus rücken.

10.7.6 Rückschlüsse

In Unternehmen finden wir derzeit also Vertreter von fünf Generationen, die miteinander arbeiten sollen und wollen, die völlig unterschiedliche Auffassungen von Arbeit und Leben haben. Die Diskrepanzen sind enorm und müssen nicht nur Beachtung finden, sondern es müssen Lösungswege für die Zusammenarbeit gefunden werden. Immer häufiger tritt ein, dass Vorgesetzte jünger sind als ihre Teammitglieder. Anweisungen geben fällt ihnen schwer, schwerer als den Älteren diese anzunehmen. In Organisationen muss das Bewusstsein für diese Unterschiede geschaffen und gemeinsam Kommunikationswege sowie Wege der Zusammenarbeit gefunden werden.

Stellen Sie sich folgende Fragen:

- Wie ist die Verteilung der Generationen jetzt in Ihrem Unternehmen und wie wird es in zehn Jahren aussehen?
- Inwieweit ist Ihr Unternehmen für welche Generation attraktiv? Können Sie auch die jüngeren Generationen anziehen?
- Inwieweit sind Arbeitszeit und -ort flexibel?
- Wie sieht Ihre hierarchische Ausrichtung aus?
- Stehen Sie als Ansprechpartner oder Mentor immer bereit?
- Beziehen Sie Ihre Mitarbeiter ausreichend in Entscheidungen mit ein?

Letztendlich wollen alle Generationen arbeiten, einen angemessenen Lohn erhalten, sinnvolle Tätigkeiten ausführen und eigene Gestaltungsspielräume haben. Unterschiedlich sind oft die Vorstellungen vom Leben, von Status, Freizeitgestaltung und Karriere. Unterschiedlich ist die Art miteinander zu kommunizieren und unterschiedlich sind vielleicht auch ein Stück weit die Anforderungen an die Angebote der Arbeitgeber. Diese jedoch wandeln sich im Laufe der Zeit und passen sich an die Lebensabschnitte der Beschäftigten an.

Deshalb ist es genauso wichtig sich diese Abschnitte genau anzusehen, ein junger Mensch hat andere Wünsche an das Leben als ein Familienvater oder eine Mutter und diese unterscheiden sich wieder von denen der Menschen, die Kinder, Haus und Besitz bereits geschaffen haben und nun einen neuen Lebensabschnitt starten. Auch hier wieder sehr individuell verschieden.

Alles in allem zeigt sich doch immer wieder, dass Individualität die herausforderndste Aufgabe für Unternehmen sein wird und zwar im Einklang mit den wirtschaftlichen Zielen des Unternehmens. Es soll hier auf keinen Fall der Eindruck entstehen, dass dies außer Acht gelassen werden kann, denn existenzgefährdend kann und darf Mitarbeiterbindung auch nicht sein. Denn was nicht erreicht werden soll, ist Trennung. Dabei ist nicht auszuschließen, dass sich Unternehmen von Mitarbeitenden trennen, doch wenn das erforderlich wird, dann bitte fair.

10.8 Trennungsmanagement

Mit der Kündigung von Mitarbeitern sind viele Unternehmen überfordert. Dem unangenehmen Trennungsgespräch wird lieber aus dem Weg gegangen oder es wird an Dritte delegiert. Die Folge: Verunsicherung bei dem Betroffenen und Unmut bei den verbleibenden Mitarbeitern. Worauf man bei einem professionellen Trennungsmanagement achten sollte, lesen Sie auf den folgenden Seiten.

> **Praxisbeispiel**
>
> Gabriele K.s Karriere ging steil nach oben: Nach abgeschlossener Ausbildung zur Industriefachfrau folgte der Einstieg in die Marketingabteilung in einem mittelständischen Finanz-Unternehmen. Danach Vorstandsassistentin und nach einer weiteren Station als Abteilungsleiterin wurde sie leitende Managerin für eine Produktsparte mit globaler Verantwortung. Mit 38 ist sie weit oben angekommen und muss erleben, wie es ist, tief zu fallen. Eines Morgens wird sie zum Personalchef gebeten, der ihr stammelnd die Kündigung beibringt und wenige Augenblicke später mit ihr über das Angebot einer Abfindung sprechen will. Schockiert und ungläubig ob der ausgesprochenen Kündigung, kann die Managerin dem Personalchef kaum folgen. Zu sehr ist sie gedanklich mit dem Warum beschäftigt. Die Gerüchte um den Personalabbau aufgrund geplanter agiler Strukturen sind nicht an ihr vorbeigegangen – trotzdem denkt sie fassungslos: Wieso trifft es mich?

So wie K. geht es vielen Mitarbeitern, auch im Top-Management. Gerade hoch bezahlte Jobs sind gefährdet, wenn in einem Unternehmen umstrukturiert wird und infolgedessen ganze Hierarchiestufen wegfallen. Noch nach Tagen sitzt der Schock bei der Managerin tief: Nicht nur, weil sie plötzlich an ihren Leistungen zweifelt und nicht weiß, wie sie ihren Mitarbeitern gegenübertreten soll, sondern vor allem, weil der Personalchef sie mit dieser schwerwiegenden Nachricht überfahren hat und noch viel mehr, weil ihr direkter Vorgesetzten nicht persönlich mit ihr gesprochen hat.

Kaum ein Thema ist so heikel und gleichzeitig einschneidend wie die Kündigung eines Mitarbeiters. Unabhängig von den Ursachen – das können z. B. strategische Neuausrichtungen, Fusionen, Verkäufe von Geschäftsbereichen oder neue Strukturmodelle, z. B. Agilität und Selbstverwaltung, sein – geht dem Gekündigten die Botschaft, den Arbeitsplatz räumen zu müssen, an die Nieren und kratzt an der eigenen Persönlichkeit.

So verwundert es nicht, dass sich Vorgesetzte oftmals vor dem Gespräch drücken: Wie sage ich es meinem Mitarbeiter, und wie gehe ich mit dessen emotionalen Reaktionen um? Weinen und heftige Wutausbrüche sind durchaus üblich. Der Vorgesetzte wiederum ist oft selbst sehr betroffen und hat mangels Erfahrung mit solchen Gesprächen Probleme, richtig zu argumentieren. Vermeidet er dieses Gespräch oder wälzt es auf andere ab, hinterlässt das bei dem Betroffenen einen schlechten Nachgeschmack. Und bei den Mitarbeitern, die bleiben, ist die Verunsicherung groß. Trifft es mich als nächstes? Kommt jetzt Mehrarbeit auf mich zu? Wie steht es um die Zukunft des Unternehmens? Als Führungskraft muss man zuversichtlich und glaubwürdig vermitteln, wie es mit den Leistungsträgern im Unternehmen weitergehen wird.

10.8.1 Faire Trennungskultur

Sobald fest steht, dass und wer abgebaut werden soll, sollten schnellstmöglich persönliche Gespräche mit den Betroffenen geführt werden. Um Gerüchten und Demotivation vorzubeugen, ist es wichtig, eine Trennungskultur mit einer offenen Kommunikation zu etablieren. Bei dem Erstgespräch sollte es darum gehen, die Tatsachen zu benennen, zu begründen. Dabei ist es wichtig, klar und wertschätzend zu kommunizieren, damit die Kündigung nicht als persönliche Abwertung empfunden wird. An dieses erste Gespräch sollten sich weitere anschließen, denn der Betroffene ist in dieser ersten Situation nicht wirklich aufnahmefähig.

Ist der erste Schock überwunden, kommt es jetzt darauf an, dass sich der Vorgesetzte genügend Zeit für den Mitarbeiter und dessen Bedürfnisse nimmt. Denn für den Gekündigten ist es wichtig, die Entscheidung des Unternehmens nachvollziehen und einordnen zu können.

Oft braucht auch die Führungskraft selbst Unterstützung, um solche Gespräche souverän führen zu können: Hierfür können spezielle Trainings angeboten werden, bei denen es u. a. um die klare Formulierung der Trennungsbotschaft geht. Aber auch der Rückhalt durch die Geschäftsleitung spielt eine wichtige Rolle, damit der einzelne Vorgesetzte die Kündigung überhaupt vertreten und glaubwürdig argumentieren kann. Viele Führungskräfte wissen nicht, wie sie mit dem Gekündigten bis zu dessen Austritt umgehen sollen: Wichtig ist, ihn bis zum letzten Tag einzubinden. Sich für die geleistete Arbeit zu bedanken und seine Wertschätzung zu zeigen, gehört zu einem würdigen Abschied. Eine Alternative kann eine Freistellung ab dem Termin des Gespräches sein, da auch möglich ist, dass der Betriebsfrieden durch den Gekündigten gestört oder nachhaltig beeinträchtigt wird.

10.8.2 Externe Beratung

Bereits in der Trennungsphase können sich Unternehmen zur Einführung und Umsetzung des Trennungsprozesses sowie für das Training der Führungskräfte externe Unterstützung holen, um Gerüchten und Imageschäden vorzubeugen. Eine Outplacementberatung beispielsweise bietet betroffenen Mitarbeitenden Hilfe an. Hier können berufliche Perspektiven entwickelt, Unterlagen auf den neusten Stand gebracht und Vorstellungsgespräche trainiert werden. Der Klient erhält Rückmeldungen zu seinen Zielen, Erwartungen und gemeinsam werden Möglichkeiten besprochen.

10.8.3 Phasen des Trennungsprozesses

Bei der Gestaltung des Trennungsprozesses kommt es auf die faire und zukunftsgerichtete Planung an. Der Prozess in drei Phasen:

1. In der **Vorbereitungsphase** sollte eine Steuerungsgruppe eingerichtet werden. Zu der zählen in der Regel die Geschäftsleitung, Betriebsrat, Personalverantwortliche und Vorgesetzte der betroffenen Mitarbeiter. Gemeinsam sollte sich zunächst grundsätzlich über eine Trennungskultur verständigt werden, bevor einzelne Projektschritte anlaufen. Fragen, die hier beantwortet werden müssen sind: Wem wird gekündigt (Auswahlprozess durch HR)? Wer spricht die Kündigung wann und wo aus, und wie wird sie begründet? Welche organisatorischen und inhaltlichen Rahmenbedingungen für den Sozialplan müssen mit dem Betriebsrat ausgehandelt werden? Wie können Führungskräfte in Zusammenarbeit mit dem Personalverantwortlichen auf Trennungsgespräche vorbereitet werden? Wie gehen wir mit den verbleibenden Mitarbeitern um?
2. In der Trennungsphase werden die im Sozialplan vereinbarten Maßnahmen umgesetzt. Externe Outplacement-Berater werden eingesetzt, um sich den Mitarbeitern z. B. bei einer Betriebsversammlung vorzustellen und über Ziele und Maßnahmen der Outplacement-Beratung zu informieren. Begonnen wird mit den Trennungsgesprächen mit den zu entlassenden Mitarbeitenden. Nach einem Erstgespräch werden in der Regel weitere Gespräche, wenn möglich, in Zusammenarbeit mit Beratern durchgeführt. Dabei geht es darum, den Mitarbeiter bei der persönlichen Trauerverarbeitung zu unterstützen und ihm Angebote zu machen. Das kann von einem Weiterbildungsbudget zur beruflichen Neuorientierung oder Auffrischung der Kenntnisse bis zur Finanzierung einer Umschulung reichen.
3. Die **Phase der Nachbereitung und Neuausrichtung** umfasst die Betreuung, Coaching- und Karriereberatung. Ein guter Outplacement-Berater ist darauf spezialisiert, dem Gekündigten Mut zu machen, in die Zukunft zu schauen und sich beruflich neu zu orientieren. Sowohl Führungskräfte sollten unterstützt werden, z. B. bei der Suche nach möglichen Angeboten für den Betroffenen, als auch bei Gesprächen zur Betreuung der verbleibenden Mitarbeiter.

10.8.4 Arbeitsrechtliche Pflichten

Grundsätzlich muss jede Kündigung schriftlich erfolgen. Der Arbeitgeber ist zudem verpflichtet, bei Vorhandensein eines Betriebsrates und einer bestimmten Zahl an zu entlassenden Mitarbeitern (z. B. bei einer Betriebsgröße zwischen 60 und 250 Mitarbeitern mindestens 20 %) diesen frühzeitig von geplanten Entlassungen zu unterrichten, unter anderem über:

- die Gründe für die geplanten Entlassungen,
- die Zahl und die Berufsgruppen der zu entlassenden Arbeitnehmer,
- den Zeitraum, in dem die Entlassungen vorgenommen werden sollen,
- die vorgesehenen Kriterien für die Auswahl der zu entlassenden Arbeitnehmer,

- die für die Berechnung etwaiger Abfindungen vorgesehenen Kriterien (§ 17 Abs. 2 S. 1 Nr. 1 bis 6 KSchG).

Bei Überschreitung einer Mindestarbeitnehmerzahl muss der Arbeitgeber bei der Agentur für Arbeit Anzeige erstatten, bevor in Abhängigkeit von der jeweiligen Unternehmensgröße ein bestimmter Prozentsatz von Arbeitnehmern innerhalb von 30 Kalendertagen entlassen wird (§ 17 Abs. 1 S. 1 KSchG).

Die gesetzlichen Kündigungsfristen sind abhängig von der Betriebszugehörigkeit (vertraglich können auch längere Kündigungsfristen gelten): Die gesetzlichen Kündigungsfristen können zwischen zwei Wochen und sieben Monaten betragen.

Ein ganz anderer Gedanke kann sein, dass das Unternehmen selbst in einem Branchenverband oder einem regionalen Netzwerk die anonymisierten Biografien der freizusetzenden Mitarbeiter publik macht und so einen reibungslosen Wechsel oder einen vorübergehenden Einsatz fördert.

In dem fairen Umsetzen von Trennungen liegt ein großes Potenzial, denn es kann verhindert werden, dass Mitarbeiter, die eigentlich für das Unternehmen von großer Bedeutung sind, das Unternehmen verlassen. Das passiert leider recht oft, wenn Trennungsgerüchte beginnen die Runde zu machen. Um das zu verhindern ist eine rechtzeitige und transparente Kommunikation unerlässlich. Doch es gibt auf dem Arbeitsmarkt noch viel mehr ungenutztes Potenzial, das dem Fachkräftemangel entgegenwirken kann. In vielen Unternehmen schlummern Frauen – in Teilzeit, ältere Mitarbeiter – in Erwartung der Rente und veränderungswillige Mitarbeiter ihren Dornröschenschlaf, weil es für sie keine Angebote gibt, weil sie nicht zu den sogenannten High Potential gehören. Doch das ist zu ändern. Irgendwann kommen Unternehmen zurück auf diese noch ungenutzten Potenziale.

Literaturhinweise
Andrzejewski, Laurenz: Trennungs-Kultur und Mitarbeiterbindung, Wolters Kluwer Deutschland GmbH, Köln 2008.

10.9 Ungenutzte Potenziale

Um dem drohenden Fachkräftemangel zu entkommen, gibt es Potenziale, die von Unternehmen aus meiner Sich zu wenig bis gar nicht ausgeschöpft werden. Es wird Zeit sich darüber Gedanken zu machen, wie Mängel im Bildungssystem und die Folgen des demografischen Wandels entschärft werden können. Immer wieder lese und höre ich, dass die Wirtschaft mit einer Vielzahl an Maßnahmen dafür sorgt, dass die Potenziale von Frauen, Älteren und Migranten erschlossen und somit genutzt werden. Leider kann ich in der Praxis eher wenig davon erkennen. Ich berate und unterstütze seit elf Jahren Menschen, die auf der Suche nach neuen beruflichen Chancen sind, neue Wege gehen wollen und einen für sich attraktiven Arbeitgeber, sinnvolle Aufgaben und Entwicklungsmöglichkeiten suchen. Relativ einfach haben es hierbei Akademiker Mitte dreißig, gesuchte Fachkräfte im IT-Bereich und teilweise medizinisches Personal, wobei sich hier öfter die Frage nach den Arbeitsbedingungen und dem Arbeitsumfeld stellt, die doch auch immer wieder negativ beantwortet wird. Schwer und sehr schwer haben es nach wie vor Frauen mit Kindern oder Frauen, bei denen noch mit Nachwuchs gerechnet werden kann, Arbeitnehmer über fünfzig und was mich immer wieder fassungslos macht – Quereinsteiger.

Die Bundesagentur für Arbeit macht 10 Handlungsfelder aus, wie der Fachkräftemangel überwunden werden kann (siehe Abb. 10.4).

Im Folgenden werde ich mich mit den drei dieser Handlungsfelder näher auseinandersetzen, in denen Unternehmen Verantwortung übernehmen müssen und können.

10.9.1 Das weibliche Potenzial

Zwar liegt der Anteil der arbeitenden Frauen mit 71,5 % höher als in den Jahren zuvor (2011: 67,7 %; 2001: 58,7 %), doch werden diese Zahlen vor allem aus Gewerkschaftskreisen stark angezweifelt. Aus Sicht von IG-Metall-Vorstandsmitglied Christiane Benner ist die Zahl irreführend: „Die nackte Zahl an berufstätigen Frauen sagt nichts über die Qualität der Jobs aus. Es ist kein Zufall, dass zwei Drittel der insgesamt über sieben Millionen Minijobber weiblich sind."

	Potenzial 2025 in Mio. Personen/ Vollzeitäquivalenten	Führende Rolle
1. Weniger Schulabgänger ohne Abschluss	0,05 - 0,3	Länder
2. Weniger Ausbildungsabbrecher	0,1 - 0,3	Unternehmen
3. Weniger Studienabbrecher	0,1 - 0,6	Universitäten
4. Menschen über 55 fördern Erwerbspartizipation erhöhen Lebensarbeitszeit steigern	0,5 - 1,2	Unternehmen Bund
5. Frauen fördern Erwerbspartizipation erhöhen Arbeitszeit Teilzeitbeschäftigter steigern	0,4 - 0,9 0,3 - 1,2	Unternehmen Unternehmen
6. Zuwanderung von Fachkräften steuern	0,4 - 0,8	Bund
7. Arbeitszeit Vollzeitbeschäftigter steigern	0,4 - 1,1	Tarifpartner
8. Qualifizierung/Weiterbildung vorantreiben	0,4 - 0,7	Bundesagentur für Arbeit/ Unternehmen
9. Arbeitsmarkttransparenz erhöhen	–	Bundesagentur für Arbeit
10. Steuern und Abgaben prüfen	–	Bund

Abb. 10.4 Perspektive 2025: Fachkräfte. (Quelle: Bundesagentur für Arbeit: „Perspektive 2025: Fachkräfte für Deutschland", 2011)

In Deutschland hat noch immer die Hälfte der Bevölkerung nur aufgrund ihres Geschlechtes eingeschränkte Berufsoptionen, schlechtere Entwicklungschancen, weniger Einkommen und weniger Rente. Nach einer Forsa-Umfrage im Auftrag der Gewerkschaft sehen nur 19 %, dass Männer und Frauen im beruflichen Umfeld gleichgestellt sind. 78 % sahen eine Benachteiligung besonders beim Arbeitslohn und bei der Besetzung von Führungspositionen. Ebenfalls die Mehrheit war der Ansicht, dass Kinder sich als Hemmnis auswirken (vgl. Abb. 10.5).

Um dieses Potenzial nutzen zu können, ist ein Umdenken erforderlich. Dazu muss die Unternehmenspolitik stärker auf die Vereinbarkeit von Familie und Beruf ausgerichtet sein, Kinderbetreuung, Homeoffice, vertretbare Teilzeitmodelle, die auch Anwendung finden, sind erforderlich. Bisher ist diese Vereinbarkeit allerdings häufig noch Theorie. Viele Mütter wünschen sich Sonderregelungen für Urlaubszeiten und Auszeiten und nicht erwerbstätige Mütter würden gern arbeiten. Dazu würde auch die Förderung von partnerschaftlicheren Arbeitsmodellen beitragen.

10.9.2 Die Kompetenz der Älteren

Ein weiteres teilweise ungenutztes oder nicht ausreichend genutztes Potenzial sind ältere Mitarbeitende. Personalentwicklungsmaßnahmen gehen häufig an ihnen vorbei und sind sie erstmal arbeitslos, wird es schwer für sie wieder eine neue Stelle zu finden. Was für ein Wahnsinn.

Der Anteil der älteren Menschen, auch derjenigen, die am Erwerbsleben teilnehmen können, steigt. Doch während vor einigen Jahren das 45. Lebensjahr die Grenze hinsichtlich der Arbeitsmarktchancen darstellte, scheint diese jetzt bereits auf Ende 30 gesunken zu sein.

Das Alter wird zunehmend negativ besetzt. So titelte eine große Berliner Zeitung: „Berlin vergreist – jeder Vierte ist über 60." Und dieses Bild sitzt scheinbar fest in den Köpfen der Menschen.

> **Praxisbeispiel**
>
> In einem Wirtschaftsgespräch, an dem ich teilnahm, ging es ebenfalls um diese Frage. Ein Unternehmer der IT-Branche, ein ergrauter älterer Herr, mokierte sich über fehlende Arbeitskräfte im IT-Sektor. Der Markt sei leer gefegt, keine vernünftigen Mitarbeiter mehr zu finden, alles, was sich bewerbe, sei über 50. Und die könne man ja nicht einstellen, weil IT einen klaren Kopf brauche und ständig an Weiterbildung interessiert sein müsse und das wäre mit über 50 ja wohl nicht mehr möglich. Jeder wisse doch, dass die Hirnleistung in dem Alter abnehme. Ein immer lauter werdendes Raunen begleitete seine Ausführungen und eine hitzige Diskussion entstand.

Eine Meinung, die kein Einzelfall ist, wie ich immer wieder erlebe. Stigmatisierung, Diskriminierung und ein negativ besetztes Bild des Alterns scheint in vielen Unternehmer- oder

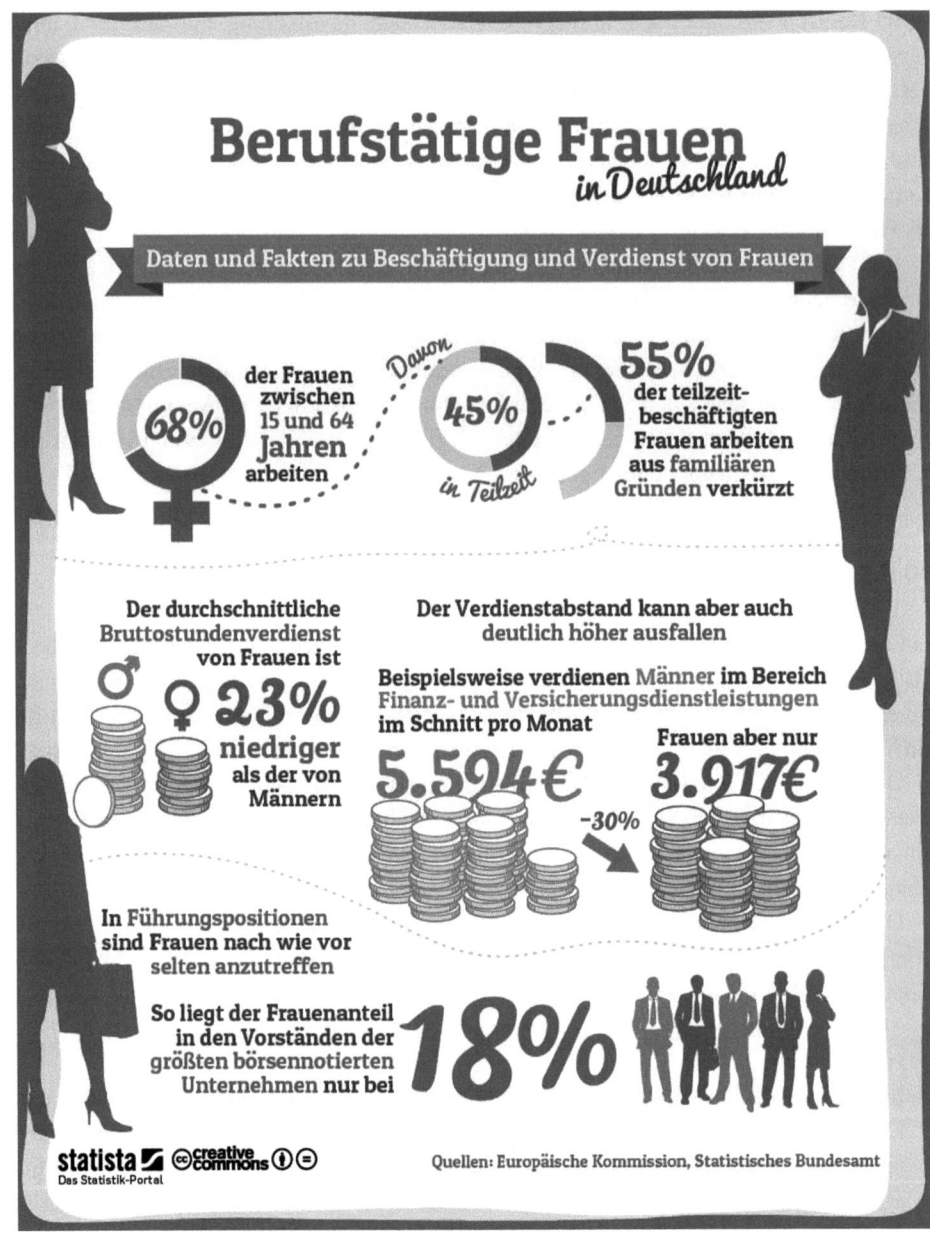

Abb. 10.5 Frauen in Deutschland

Personalerköpfen noch immer zu existieren. Wenn es in ein paar Jahren mehr Ältere gibt, ändert sich das hoffentlich. Vor allem seit das Durchschnittsalter von Personalverantwortlichen sinkt, scheint es Vorbehalte, vor allem aber auch Erfahrungsmangel zu geben.

> **Praxisbeispiel**
> Auf einer Employer-Branding-Veranstaltung, die ich besuchte, waren sehr viele Recruiter und Personalverantwortliche als Teilnehmer und ich kam mit ihnen ins Gespräch. Irgendwann kamen wir auch auf das Alter zu sprechen und ich erkundigte mich nach Einstellungskriterien hinsichtlich des Alters. Einhellig wurde mir berichtet, dass 50 plus eher keine Chance hat, bei einigen Unternehmen war es bereits 40+.

Was also will 50 plus? Natürlich können auch hier nicht alle über einen Kamm geschert werden, aber viele wollen eine interessante Tätigkeit, in die sie ihre Erfahrung einbringen können, wollen aber auch dazulernen und einfach nicht aussortiert werden. Sicher sind die nicht ganz billig zu bekommen, was aber auch gerechtfertigt ist, denn sie haben sich schon aus mancher schwierigen betrieblichen Situation gekämpft, können querdenken und ihre lange Erfahrung ist nicht zu unterschätzen. Zudem ist die Familienplanung meist abgeschlossen, Urlaub muss nicht mehr in den Ferien gemacht werden und krank sind sie in dem Alter noch lange nicht. Sie lernen und arbeiten anders als die Jugend, aber ist Vielfalt nicht genau das und brauchen wir Vielfalt nicht, um die Herausforderungen des Marktes zu bestehen?

10.9.3 Quereinsteiger – die willkommene Bereicherung

Schön wäre es, Quereinsteiger als Bereicherung. Das erlebe ich höchst selten, was mich wundert, denn da niemand vorhersagen kann, welche Berufsbilder, welche Fähigkeiten zukünftig gefragt sein werden, müssen sich Unternehmen noch mehr auf den Wandel in der Berufswelt einstellen. Den einmal erlernten Beruf sein Leben lang auszuüben wird nicht mehr in allen Berufen möglich sein. Befristete Arbeitsverhältnisse, Projektarbeiten und Freelancer-Tätigkeiten wechseln sich ab.

Spezialisten werden weiterhin ihre Berechtigung haben, aber es braucht auch Generalisten, die Erfahrungen aus verschiedenen Bereichen und Unternehmen mitbringen. Sie vermögen das Netz zwischen den einzelnen Spezialaufgaben zu weben. Sehr eng auf ein Tätigkeitsfeld zugeschnittene Berufe können den Wandel weniger sicherstellen.

Breit angelegte Berufsbilder gehen mit einer relativ hohen Flexibilität einher, bunte Lebensläufe können sich schneller an vollkommen neue Situationen anpassen. Sie haben bereits Strategien entwickelt und ihr breites Wissen bietet dafür eine perfekte Basis. Erste Bildungswege gibt es, die dem Rechnung tragen.

So hat sie Universität Lüneburg das Studium individuale entwickelt, das an die Tradition der Studienstruktur der alten Zeiten anknüpft, in denen das Universalgenie das erstrebenswerteste Berufsbild war.

Und genau diese Quereinsteiger schlummern auch im Unternehmen. Wie oft kommt es vor, dass sich bei Teamentwicklungsmaßnahmen oder Führungskräfteberatungen herausstellt, dass einfach eine Person am falschen Platz sitzt. Da gibt es Mitarbeiter, die in der Buchhaltung versauern, obwohl ihnen Marketing mehr liegt, es gibt Führungskräfte, die keine sein wollen oder auch Vertriebler, die besser im Controlling aufgehoben wären. Aus meiner Sicht sind auch hier Unternehmen gefragt, wenn es darum geht, das Potenzial der Mitarbeiter auszuschöpfen.

Wie sicher sind Sie, dass in Ihrem Unternehmen jeder am richtigen Platz sitzt? Eine Frage, die sich sowohl Konzerne als auch kleine und mittelständische Unternehmen stellen sollten.

10.10 Mitarbeiterbindung im Kleinunternehmen

Kleine und mittelständische Unternehmen tun sich oft schwer, die Rahmenbedingungen für eine nachhaltige Mitarbeiterbindung zu schaffen. Sie sind oft weder wegen ihrer Produkte noch als Arbeitgeber bekannt, haben teilweise einen Standortnachteil, oft starre Vergütungsmodelle und wenig finanziellen Spielraum für Personalentwicklungsmaßnahmen. Arbeitszeit- und -ortmodelle sind schwer umsetzbar.

Auf ihre Vorteile weisen jedoch die wenigsten Unternehmen hin: Schnelle Entscheidungswege, frühzeitige Übernahme von Verantwortung, Wahrnehmung der Person mit ihren Talenten und Fähigkeiten. Zudem ermöglicht es vor allem jungen Beschäftigten, die Unternehmensstrukturen und -praxis schneller und umfassender kennenzulernen. Sie werden von Beginn an in alle Prozesse einbezogen. Spezialisierungen, eng abgesteckte Aufgabengebiete lassen sich hier viel schwerer umsetzen. Man ist näher am Gesamten, näher am Kunden und näher an allen Unternehmensentwicklungen. Während in Großkonzernen sich oft erst die Sporen verdient werden müssen, gibt es hier die Möglichkeit von Beginn an dabei zu sein, tiefe und ganzheitliche Einblicke zu bekommen und mitzuwirken.

Zudem können kleine und mittelständische Unternehmen Partnerschaften eingehen mit regionalen Anbietern auf dem Wohnungsmarkt, mit Kitas und Schulen und mit anderen Wirtschaftsunternehmen auf regionaler Ebene, um für den oder die Partner(in) ebenfalls eine Beschäftigung zu ermöglichen. Ich denke gerade kleineren Unternehmen sind regionale Kooperationen unbedingt anzuraten, hier können sich Unternehmen auch im Bereich Personalentwicklung zusammentun und übergreifende Angebote machen.

10.11 Fazit: Die 11 Top-Instrumente der Mitarbeiterbindung

- Über attraktive und herausfordernde Aufgaben und Arbeitsinhalte wird die Zufriedenheit und die intrinsische Motivation der Mitarbeitenden gewonnen. Fähigkeiten unter Beweis stellen, sich an spannenden neuen Aufgaben weiterentwickeln und stolz sein können auf die eigenen Erfolge, eine Arbeit mit Handlungs- und Entscheidungsspielräumen in

10.11 Fazit: Die 11 Top-Instrumente der Mitarbeiterbindung

Verbindung mit sinnvollen Zielen gehört zu den wichtigsten Bindungsinstrumenten überhaupt.

- Aufstiegs- und Entwicklungschancen sowie weitere Karrieremöglichkeiten zeigen dem Mitarbeitenden Perspektiven auf, die permanente und motivierende Herausforderungen darstellen. Zudem fördern sie wichtige Kernkompetenzen, erhöhen das Arbeitgeberimage und steigern die Produktivität der Mitarbeiter, da diese meist alles daran setzen, die eigenen Karriereziele zu erreichen und ihre Entwicklung aktiv mitgestalten. Systematische und aktive Personalentwicklung, die Kompetenzen erhält, weiterentwickelt und somit motiviert, erhöht das Leistungsniveau des Unternehmens. Dabei sollte die Balance zwischen den Bedürfnissen der Mitarbeiter und denen des Unternehmens hergestellt bleiben – Talente fördern und Prioritäten bei Kernkompetenzen setzen. Gefördert und anerkannt werden sollte das selbst gesteuerte und eigenverantwortliche Lernen. Damit gut qualifizierte Mitarbeiter nicht abgeworben werden, ist diese mit wertschätzenden Elementen, wie Unternehmenskultur zu verbinden.
- Wenn dann die erbrachten Leistungen noch ehrlich anerkannt und wertgeschätzt werden, werden die Mitarbeitenden weiter angespornt und es kommt zu Leistungssteigerungen. Das kann über unterschiedliche Maßnahmen erfolgen, die von Prämien über Beförderungen, offenem Lob bis zum Feiern von Erfolgen usw. reichen.
- Mitgestaltungsmöglichkeiten sind für Mitarbeitende ein wichtiges Zeichen, dass ihre Arbeit geschätzt wird. Sie können sich, ihre Ideen, Meinungen aber auch Kritik einbringen und somit zur Unternehmensentwicklung beitragen.
- Entlohnung ist immer wieder ein Thema, auch wenn es oft nicht mehr auf Platz eins der Top-Themen der Mitarbeiterbindung steht, was aber eher zutrifft, wenn die Höhe die Leistung anerkennt und als gerecht empfunden wird. Auch Gewinn-, Umsatz oder Kapitalbeteiligungen sind Mittel, die das Verantwortungsgefühl der Mitarbeitenden steigern.
- Arbeitszeit- und Arbeitsortsgestaltung gehören nicht erst durch Firmen wie Google zu wichtigen Aspekten der Mitarbeiterbindung. Flexible Arbeitszeiten, Arbeiten von unterschiedlichen Orten (besonders Homeoffice) werden immer öfter als motivierende Faktoren benannt.
- Kompetenz der Führungskräfte, und zwar Führungskompetenz. Leider ist es immer noch in vielen Branchen und Unternehmen so, dass der fachlich beste zur Führungskraft wird. Oft ohne ausreichend zu prüfen, ob derjenige Führungsqualitäten hat oder diesen Posten ernsthaft will. Nicht selten werden die gebotenen Funktionen auch aus Eitelkeit angenommen und die Konsequenzen nicht ausreichend bedacht. Und dabei heißt führen: fördern, Freiräume schaffen und für eine gute Zusammenarbeit im Team sorgen.
- Transparente, offene und vollständige Kommunikation sind für die Mitverantwortung und Mitgestaltung durch Mitarbeitende die Grundvoraussetzung. Unternehmen, die offen kommunizieren, beweisen ihren Mitarbeitenden, dass sie ernst genommen werden und ihre Mitarbeit erwünscht und gewollt ist.

- Change – ja, auch Veränderungen können sich als Bindungsinstrument erweisen, wenn sie systematisch, geplant und kontinuierlich erfolgen und den Mitarbeitenden die Möglichkeit zur Mitgestaltung geben. „Jede Woche eine neue Sau durchs Dorf treiben", ist eher hinderlich bei der Umsetzung.
- Unternehmens- und Teamkultur mit dem Wir-Geist heißt nicht: Wir grillen jeden Abend zusammen, wir gehen bowlen und wehe du kommst nicht mit. Hierbei geht es um Rituale, Erfolge feiern und eine gemeinsame Anerkennung der eigenen (Team- oder Unternehmensleistung).

Über all diesen Instrumenten steht eins, welches sich immer stärker als das wichtigste und herausragendste zeigt und das ist Ehrlichkeit und Glaubwürdigkeit des Unternehmens. Es sollte eine Einheit herrschen zwischen Außenauftritt und gelebten Werten, die sich in der Unternehmens- und Führungskultur wiederfinden. Versprechen einhalten, Fehler zuzulassen und eingestehen und somit echtes Vertrauen schaffen, Transparenz und Offenheit, Mut und Respekt gegenüber Mitarbeitenden führen in jedem Fall zu einem hohen Bindungsgrad. Aus der Vielzahl der vorgestellten Instrumente und Maßnahmen sind diejenigen auszuwählen, die zum Unternehmen, zur Zielgruppe, Branche und vor allem zu den zu erreichenden Zielen passen. Wirtschaftliche Betrachtungen müssen hier genauso eine Rolle spielen wie Erwartungen und Wünsche der Beschäftigten. Letztendlich geht es für alle um gemeinsames Wachstum in der Auseinandersetzung mit den sich rasant verändernden Gegebenheiten. Unternehmen suchen nach Mitarbeitenden, die passen und willens sind die kommenden Herausforderungen mitzutragen. Beschäftigte suchen nach Arbeitgebern, die ihnen den Rahmen für Entwicklung bei angemessenem Einkommen und einem ausbalancieren Leben entsprechend den eigenen Vorstellungen schaffen.

Es geht beiderseits um Wertschätzung und Respekt, um Verständnis füreinander und um zukunftsfähige Lösungen für die erfolgreiche Zusammenarbeit.

Haben Sie schon mal ihre Mitarbeiter gefragt, warum sie bei Ihnen arbeiten? Nein? Dann tun Sie es jetzt.

Literatur

Stefan Buchner (2003), MPH, UBGM – Unternehmensberatung für Betriebliches Gesundheitsmanagement

Schermuly C. et al (2010) Expertendelphi Personalentwicklung 2020 http://www.tschroeder.eu/publikationen/pe2020.pdf

Megan Torrance (2017), How (your) data can enable learning personalization (today), Online Summit der eLearning Guild zum Thema «Learning Personalization», https://www.elearningguild.com/summits/content/5141/learning-personalization-summit-2017-home/

Weiterführende Literatur

Barsch, Petra: Jobhunting: Geht doch! Karriere mit Knicken; Business Village GmbH, Göttingen 2016
https://de.statista.com/infografik/969/berufstaetige-frauen-in-deutschland (Abbildung) November 2017
http://studiengaenge.zeit.de/studiengang/g1344098/studium-individuale
Berg, Elmar: Employer Branding als Fachkräftesicherung im Generationenwechsel, Diplomica Verlag GmbH Hamburg 2015
Bock, Laszlo: Work Rules, Verlag Franz Vahlen GmbH, München 2016
Brecke, Jan: So wollen Top-Talente arbeiten, Frankfurter Societäts-Medien GmbH, Frankfurt am Main 2015
Brockhoff, Stephan/Panreck, Klaus: Menschlichkeit rechnet sich, Campus Verlag GmbH, Frankfurt am Main 2016
Eugster, Jörg: Übermorgen, Midas Verlag AG, Zürich 2017
Geffroy, Edgar/Geffroy, Barbara: Die neue Macht der Mitarbeiter; GABAL Verlag GmbH, Offenbach 2017
Graf/ Gramß/ Edelkraut: Agiles Lernen, Haufe-Lexware GmbH 6 Co. KG, Freiburg 2017
Hackl, Benedikt/ Gerpott, Fabiola: HR 2020 Personalmanagement der Zukunft; Verlag Franz Vahlen GmbH, München 2015
Hanssen, Dennis: Generation Y und Z: Analyse ausgewählter Werke der Mitarbeiterbindung, Books on Demand 2015
Hofert, Svenja: Agiler führen: Springer Gabler Springer Gabler, Springer Fach Medien, Wiesbaden 2016
Jànszky, Gàbor Das Recruiting-Dilemma, Zukunft der Personalarbeit in Zeiten des Fachkräftemangels, Haufe Gruppe, 2014
Knoblauch, Jörg/Kurz Jürgen: Die besten Mitarbeiter finden und halten, Campus Verlag GmbH, Frankfurt am Main 2007
Knoblauch Jörg/Kuttler, Benjamin: das Geheimnis der Champions; Campus Verlag GmbH, Frankfurt am Main 2016
Kürschner, Isabelle: Wie wir morgen tun, was wir heute wollen, Goldegg Verlag 2015
Lang, Karl: Personalmanagement 3.0; Linde Verlag Ges.m.b.H., Wien 2014
Remdisch, Sabine Hrsg.: Human Performance Management; Haufe-Lexware GmbH 6 Co. KG, Freiburg 2014
Rosenberger, Bernhard Hrsg.: Modernes Personalmanagement; Springer Gabler, Springer Fach Medien, Wiesbaden 2014
Rump, Jutta/ Walter, Norbert: Arbeitswelt 2030; Schäffer-Pöschel Verlag Stuttgart, Stuttgart 2013
Schermuly, Carsten C.: New Work – Gute Arbeit gestalten; Haufe-Lexware GmbH 6 Co. KG, Freiburg 2016
Schüller, Anne M.; Das Touchpoint-Unternehmen, GABAL Verlag GmbH, Offenbach 2014
Sprenger, Reinhard K.: Mythos Motivation; Campus Verlag, Frankfurt am Main 2014
Weckmüller, Heiko: Exzellenz im Personalmanagement, Haufe-Lexware GmbH 6 Co. KG, Freiburg 2013

Über den Initiator der Chefsache-Reihe

Peter Buchenau gilt als der Indianer in der deutschen Redner-, Berater- und Coaching-Szene. Selbst ehemaliger Top-Manager in französischen, Schweizer und US-amerikanischen Konzernen kennt er die Erfolgsfaktoren bei Führungsthemen bestens. Er versteht es wie kaum ein anderer auf sein Gegenüber einzugehen, zu analysieren, zu verstehen und zu fühlen. Er liest Fährten, entdeckt Wege und Zugänge und bringt Zuhörer und Klienten auf den richtigen Weg.

Peter Buchenau ist Ihr Gefährte, er begleitet Sie bei der Umsetzung Ihres Weges, damit Sie Spuren hinterlassen – Spuren, an die man sich noch lange erinnern wird. Der mehrfach ausgezeichnete Chefsache-Ratgeber und Geradeausdenker (denn der effizienteste Weg zwischen zwei Punkten ist immer noch eine Gerade) ist ein Mann von der Praxis für die Praxis, gibt Tipps vom Profi für Profis. Heute ist er auf der einen Seite Vollblutunternehmer und Geschäftsführer, auf der anderen Seite Sparringspartner, Mentor, Autor, Kabarettist und Dozent an Hochschulen. In seinen Büchern, Coachings und Vorträgen verblüfft er die Teilnehmer mit seinen einfachen und schnell nachvollziehbaren Praxisbeispielen. Er versteht es vorbildhaft und effizient ernste und kritische Sachverhalte so unterhaltsam und kabarettistisch zu präsentieren, dass die emotionalen Highlights und Pointen zum Erlebnis werden.

Die von ihm initiierte Chefsache Serie beschreibt wichtige Führungsthemen der sogenannten Ebene 2. Dies sind hauptsächlich die weichen zusätzlichen Erfolgsfaktoren abseits von Umsatz, Finanzen und rechtlichen Gegebenheiten. Als Zielgruppe sind hier Kleinunternehmer, Vorgesetzte und Inhaber in mittelständischen Unternehmungen sowie Führungskräfte in Konzernen angesprochen.

Mehr zu Peter Buchenau unter www.peterbuchenau.de.

Springer Gabler — springer-gabler.de

Topaktuelles Wissen für die Praxis

P. Buchenau (Hrsg.)
Chefsache Diversity Management
1. Aufl. 2016, XII, 194 S. 9 Abb., Hardcover
*29,99 € (D) | 30,83 € (A) | CHF 31.00
ISBN 978-3-658-12655-1

P. Buchenau, B. Balsereit
Chefsache Leisure Sickness
Warum Leistungsträger in ihrer Freizeit krank werden
1. Aufl. 2015, XIII, 115 S. 4 Abb., Hardcover
*19,99 € (D) | 20,55 € (A) | CHF 21.50
ISBN 978-3-658-05782-4

P. Buchenau, M. Geßner, C. Geßner, A. Kölle (Hrsg.)
Chefsache Nachhaltigkeit
Praxisbeispiele aus Unternehmen
1. Aufl. 2016, XVIII, 314 S., Hardcover
*29,99 € (D) | 30,83 € (A) | CHF 31.00
ISBN 978-3-658-11071-0

P. Buchenau (Hrsg.)
Chefsache Frauenquote
Pro und Kontra aus aktueller Sicht
1. Aufl. 2016, XII, 204 S. 5 Abb., Hardcover
*29,99 € (D) | 30,83 € (A) | CHF 31.00
ISBN 978-3-658-12182-2

P. Buchenau (Hrsg.)
Chefsache Frauen
Männer machen Frauen erfolgreich
1. Aufl. 2015, XII, 294 S. 23 Abb., Hardcover
*29,99 € (D) | 30,83 € (A) | CHF 32.00
ISBN 978-3-658-07497-5

P. Buchenau (Hrsg.)
Chefsache Frauen II
Frauen machen Frauen erfolgreich
1. Aufl. 2017, X, 291 S. 31 Abb., Hardcover
*29,99 € (D) | 30,83 € (A) | CHF 31.00
ISBN 978-3-658-14269-8

P. Buchenau (Hrsg.)
Chefsache Gesundheit I
Der Führungsratgeber fürs 21. Jahrhundert
2. Aufl. 2017, VIII, 280 S., Hardcover
*29,99 € (D) | 30,83 € (A) | CHF 37.50
ISBN 978-3-658-16579-6

P.H. Buchenau (Hrsg.)
Chefsache Prävention I
Wie Prävention zum unternehmerischen Erfolgsfaktor wird
2014, XIV, 325 S. 48 Abb., Softcover
*29,99 € (D) | 30,83 € (A) | CHF 37.50
ISBN 978-3-658-03611-9

P. Buchenau, D. Fürtbauer
Chefsache Social Media Marketing
Wie erfolgreiche Unternehmen schon heute den Markt der Zukunft bestimmen
1. Aufl. 2015, XIV, 115 S. 33 Abb., Hardcover
*29,99 € (D) | 30,83 € (A) | CHF 32.00
ISBN 978-3-658-07507-1

€ (D) sind gebundene Ladenpreise in Deutschland und enthalten 7 % MwSt. € (A) sind gebundene Ladenpreise in Österreich und enthalten 10 % MwSt. Die mit * gekennzeichneten Preise sind unverbindliche Preisempfehlungen und enthalten die landesübliche MwSt. Preisänderungen und Irrtümer vorbehalten.

Jetzt bestellen: springer.com/shop

Ihr Bonus als Käufer dieses Buches

Als Käufer dieses Buches können Sie kostenlos das eBook zum Buch nutzen. Sie können es dauerhaft in Ihrem persönlichen, digitalen Bücherregal auf **springer.com** speichern oder auf Ihren PC/Tablet/eReader downloaden.

Gehen Sie bitte wie folgt vor:
1. Gehen Sie zu **springer.com/shop** und suchen Sie das vorliegende Buch (am schnellsten über die Eingabe der eISBN).
2. Legen Sie es in den Warenkorb und klicken Sie dann auf: **zum Einkaufswagen/zur Kasse.**
3. Geben Sie den untenstehenden Coupon ein. In der Bestellübersicht wird damit das eBook mit 0 Euro ausgewiesen, ist also kostenlos für Sie.
4. Gehen Sie weiter **zur Kasse** und schließen den Vorgang ab.
5. Sie können das eBook nun downloaden und auf einem Gerät Ihrer Wahl lesen. Das eBook bleibt dauerhaft in Ihrem digitalen Bücherregal gespeichert.

EBOOK INSIDE

eISBN
Ihr persönlicher Coupon

Sollte der Coupon fehlen oder nicht funktionieren, senden Sie uns bitte eine E-Mail mit dem Betreff: **eBook inside** an **customerservice@springer.com**.

If you have any concerns about our products,
you can contact us on
ProductSafety@springernature.com

In case Publisher is established outside the EU,
the EU authorized representative is:
**Springer Nature Customer Service Center GmbH
Europaplatz 3, 69115 Heidelberg, Germany**

Printed by Libri Plureos GmbH
in Hamburg, Germany